U0939119

OAL CONSUMPTION SCENARIO AND CASE STUDIES ON CHINESE CITIES

中国城市煤炭消费情景与案例研究

许光清 胡秀莲 翁素云
胡远泊 王 伟 简丹丹 著

人民出版社

策划编辑:郑海燕
责任编辑:郑海燕　李甜甜
封面设计:吴燕妮
责任校对:周晓东

图书在版编目(CIP)数据

中国城市煤炭消费情景与案例研究/许光清等 著. —北京:人民出版社,
2018.12
ISBN 978 - 7 - 01 - 019861 - 3

Ⅰ.①中…　Ⅱ.①许…　Ⅲ.①城市-煤炭-能源消费-研究-中国
Ⅳ.①F426.21

中国版本图书馆 CIP 数据核字(2018)第 225456 号

中国城市煤炭消费情景与案例研究

ZHONGGUO CHENGSHI MEITAN XIAOFEI QINGJING YU ANLI YANJIU

许光清　胡秀莲　翁素云　胡远泊　王　伟　简丹丹　著

人民出版社 出版发行
(100706　北京市东城区隆福寺街 99 号)

北京中科印刷有限公司印刷　新华书店经销

2018 年 12 月第 1 版　2018 年 12 月北京第 1 次印刷
开本:710 毫米×1000 毫米 1/16　印张:16.25
字数:241 千字

ISBN 978 - 7 - 01 - 019861 - 3　定价:66.00 元

邮购地址 100706　北京市东城区隆福寺街 99 号
人民东方图书销售中心　电话 (010)65250042　65289539

前　言

中国40年的改革开放取得了举世瞩目的成就，但是急剧发展的城市化和重工业化进程也带来了严重的环境问题。近几年横扫中国大半个国土面积的雾霾问题让人揪心，同时中国的碳排放已经引起了全球的关注，由于煤炭在中国能源结构中的主导地位，煤炭消费量决定了中国的能源消费量进而决定了中国的二氧化碳排放量，而煤炭消费又是引起大气环境污染的重要原因，近年来中国政府开展的大气污染防治行动在控制煤炭消费量的同时，为中国早日达到碳排放峰值奠定了坚实的基础。

在中国的行政区划中，地级市是中国有能源统计的最小行政单位，本书的研究对象就是294个地级以上的城市，在2010年，这些城市的总面积占国土面积的52.82%；常住人口占总人口的92.44%；地区生产总值占GDP的97.45%；能源消费量占全国能源消费量的95.58%；煤炭消费量占全国煤炭消费量的94.56%。这是一个非常庞大和复杂的研究对象，中国地大物博，幅员辽阔，东中西部发展阶段不同，人口规模不同，自然资源禀赋不同，导致城市与城市之间差别巨大，但是计划经济时期的工业布局以及以重化工业为主的发展模式又导致了很多城市具有同质性，本书就是基于这样的想法，将294个城市分成了十三类城市，然后使用情景分析和案例研究的方法，研究不同类型城市在大气污染治理的强制约下，在未来达到煤炭消费

峰值的时间以及采取怎样的技术和政策措施以达到峰值。

具体来讲，我们首先总结了中国煤炭总量控制的政策背景，中国在“三区十群”施行煤炭总量控制，缘起于大气污染治理的需要。其次，我们总结了在城市层面上与煤炭消费总量控制相关的政策和实践，除了大气污染治理，地方层面上的低碳试点省市、低碳生态城市、智慧城市以及生态文明先行示范区的建设等丰富的政策与实践和煤炭总量控制的途径和措施有非常大的协同性。再次，我们呈现了2010年294个地级市的煤炭消费在空间分布上的特点和规律，进一步验证了煤炭消费与空气污染的相关性；然后利用统计学中聚类分析的方法，根据人口规模和能耗强度将294个地级市分成十三类；再利用计量经济学方法确定中国煤炭消费量和经济增长之间的关系，由此得到2010年至2050年的基准情景。采用多指标评价法，将294个城市大气污染制约重要性划分成四个级别。根据不同类型城市的大气污染制约等级，以及不同类型城市高耗煤行业及其技术的发展趋势，得到十三类城市2010年至2050年的政策情景；基于情景分析，提出针对不同类型城市的煤炭消费总量控制的政策措施建议。最后，选取了天津、西安、宁波、石家庄四个案例城市从社会经济发展和空气污染现状、煤炭消费总量控制的有利和不利条件、情景分析和政策措施等几个方面进行了详尽的研究，以期找到目前中国城市进行煤炭消费总量控制的困难和障碍。

在研究过程中，我们得到了来自能源、环境、气候变化等各个领域专家、学者、领导们的指导和帮助，这是一份很长的名单，让我在此一并表示衷心的感谢。白荣春，国家发改委能源局原巡视员；周凤起，国家发改委能源研究所原所长；胡兆光，国网能源研究院原副院长；潘家华，中国社科院城市发展与环境研究所所长；吴晗，国家发改委能源局原副局长；韩文科，国家发改委能源研究所所长；杨富强，自然资源保护协会首席顾问；宋国君，中国人民大学环境学院教授；马中，中国人民大学环境学院教授；蓝虹，中国人民大学环境学院教授；周景博，中国人民大学环境学院副教授；王克，中国人民大学环境学院副教授；陈潇君，环保部环境规划院副研究员；张阿玲，清华大学能源环境经济研究所教授；鲁奇，中科院地理所研究员；韩永伟，中国环境科学研究院生态所研究员；王立平，宁波发改委能源局局长；方理力，宁波环保局污防处处长；牛国新，石家庄环保局大气处处长；侯明山，石家庄发改委资环处处长；赵辉，石家庄节能监察中心副主任；郭广强，西安发改委能源办主任；谢宏皓，西安节能协会常务副会长。正是有了专家们犀利的思维、对中国社会经济和能源环境问题的深刻理解和独到的视角，我们的研究才一遍遍试图从一个综合的视角，采用综合的方法来回答中国面临严峻的挑战。可以说，没有专家们的指导和帮助，我们的研究是不可能完成的。同时，中国人民大学环境学院的学生董家、钱一夫、赵天琪、赵艺柯、邓旭和加州大学圣地亚哥分校数学系的学生董小琦也参与了项目，他们都是非常优秀的学生，在此一并致谢。

在中国日益崛起的同时又面临生态环境严峻挑战的今天，希望我们的研究能在中国经济发展与生态环境保护的进程中发挥一点作用。

书中提及的环保部，如果没有特殊说明，均指的是2018年国务院机构改革前的环境保护部。特别需要说明的是，该书的出版得到了中央高校基本科研业务费专项资金资助项目(11XI017)的资助。

许光清

2018年7月于北京

目　录

第一章　煤炭消费研究概述

第一节　煤炭消费与生态环境挑战

改革开放以来,中国的经济发展取得了令世人瞩目的成就,2017 年中国国内生产总值为 82.71 万亿元,GDP 总量稳居世界第二位。伴随着经济规模的不断扩大,中国的能源消费量也日益增加,2017 年中国能源消费总量达到 44.9 亿吨标准煤。由于自然禀赋和经济发展阶段的制约,煤炭依然在能源消费总量中占据主导地位,煤炭消费量占一次能源消费总量的比例为 60.4%。以煤炭为主的能源供应支撑了经济的高速发展,但煤炭是高污染、高排放且不可再生的资源,也就意味着目前中国依靠环境红利的发展模式是不可持续的。

一方面,中国的资源禀赋决定了煤炭的大量消耗。中国煤炭预估储量达到 1145 亿吨,中国煤炭储量占据世界总储量的 13.3%,位列美国和俄罗斯之后,中国还是世界上煤炭开采量和煤炭出口量最多的国家。另一方面,煤耗高的现状与中国长期以来以工业为主的经济发展模式也有很大的关系。中国 2013 年共消耗煤炭 42.2 亿吨,从一次能源消费的角度,发电、供热、炼焦及工业终端消费超过 90%的比重。由此可见,很多地方依靠工业发展,而工业中的电力、冶金、建材等重工业又是耗煤大户,是中国高煤耗现状的主因之一。

以煤炭为主的能源供应支撑了经济的高速发展,但煤炭是不可再生的资源,持续增长的煤炭开采和使用在中国已经造成了一系列生态恶化、气候影

响、大气污染、水资源浪费和污染、土壤污染等生态环境问题，关乎人体健康、社会稳定和经济发展，意味着目前中国依靠粗放型利用煤炭的经济发展模式是不可持续的。

煤炭占主导的能源消费结构带来的大气污染是非常严重的。2013 年全国 74 个重点监测城市的统计情况显示，$PM_{2.5}$平均浓度为 70 微克/立方米，超过了《环境空气质量标准》(GB3095—2012)中二级标准约 1 倍，京津冀、长三角、珠三角等区域出现灰霾污染天数达 100 天以上，个别城市甚至超过 200 天。经过《大气污染防治行动计划》第一阶段的攻坚战，2017 年京津冀、长三角、珠三角等重点区域 $PM_{2.5}$平均浓度，比 2013 年分别下降了 39.6%、34.3%、27.7%；北京市 $PM_{2.5}$平均浓度从 2013 年的 89.5 微克/立方米降至 58 微克/立方米。2017 年全国 74 个重点城市优良天数比例为 73.4%，比 2013 年上升 7.4 个百分点，重污染天数比 2013 年减少一半。但是，还有很多城市没有达到 35 微克/立方米的国家空气质量二级标准，而世界卫生组织认定的对健康没有危害的 $PM_{2.5}$年均浓度在 10 微克/立方米以下。

中国以煤炭为主的能源结构带来的碳排放是巨大的。从 2013 年的数据来看，全球范围内二氧化碳的排放量大概为 361 亿吨，高于之前的任何年份。其中，中国二氧化碳的排放量约为 100 亿吨，仅依靠能源消费造成的二氧化碳排放量也在 90 多亿吨，可以算出，中国能源活动排放的二氧化碳总量占全球二氧化碳排放总量的 27.7%，其中因能源消费带来的二氧化碳排放总量占全球二氧化碳排放总量的 24.9%(Friedlingstein P.等，2014)。可见，中国的碳排放对全球碳排放的贡献非常大，作为一个负责任的大国，同时也面临可持续发展的内在要求，中国需要减少碳排放。

在应对气候变化问题上，中国根据自身国情、发展阶段、可持续发展战略和国际责任担当，于 2015 年 6 月 30 日向联合国提交了到 2030 年的自主行动目标：二氧化碳排放 2030 年左右达到峰值并争取尽早达峰；单位国内生产总值二氧化碳排放比 2005 年下降 60%—65%，非化石能源占一次能源消费比重达到 20%左右，森林蓄积量比 2005 年增加 45 亿立方米左右。

即使在煤炭消费的同时做到清洁化利用，尽量少地排放大气污染物，仍然不能解决气候变化的问题，在化石能源的使用过程中伴随二氧化碳的排放，而煤炭是碳排放因子最高的化石能源，因此应对气候变化挑战与煤炭总量制约密不可分。中国尚未完成工业化和城镇化的历史任务，发展仍很不平衡，经济仍然还要增长，面对日益增长的能源需求和应对气候变化挑战的双重压力，中国更要制定和执行积极的能源政策，推进能源结构改变，制约化石能源的使用，发展低碳能源，提高非化石能源比重。

在长期的煤炭矿区开发利用中，煤炭资源开采的外部成本一直被忽视，大量煤炭资源被过度开采，矿区生态环境不断恶化并且难以恢复治理。煤炭矿区的生态环境问题源于煤炭开采、加工、储运和燃烧等各个复杂的过程。生态环境保护要求对能源开发活动以及煤化工等高耗水行业形成制约。

中国主要煤矿区大多分布在干旱半干旱地区，生态脆弱，水资源供需矛盾突出，煤矿开发加剧了缺水地区的供水紧张和土地荒漠化。中国煤炭资源和水资源呈逆向分布，中部及近西部煤炭资源占全国的73.6%，水资源仅占全国的22.7%。局部地区水资源贫乏，但是又与中国主要的煤炭基地、发电基地和煤化工基地重合叠加，使水资源过度开采。具体来说，在黄土高原水土交互胁迫区，如延安、铜川、榆林、鄂尔多斯、乌兰察布、乌海和神木等地，制约煤炭开发的主要因子为水资源、土地强度、干燥指数、水土流失和地表自然覆盖；在地质不稳定协迫区，如云贵基地，煤炭开发的主要制约因子是地质坡度、水资源、地质灾害、滑坡；在水资源胁迫区，如锡林郭勒、赤峰、通辽等地，制约煤炭开发的主要因子是水资源和干燥指数；在生态功能胁迫区，如呼伦贝尔，煤炭开发的主要制约因子是生态服务功能。近年来随着“西电东送”“西气东输”，中国西部的水资源短缺和空气恶化不断加重，特别是内蒙古、宁夏、山西、陕西等省区水资源需求和供给缺口巨大。而西部煤制天然气项目的发展更是对西部本身已经缺水的生态环境造成了进一步的冲击。

北方和西北部地区要坚决贯彻实施中国最严格的水资源标准，对能源的利用，尤其是煤炭的利用要划出生态红线。《国家环境保护“十二五”规划》要求推进资源开发生态环境监管、落实生态功能区划，规范资源开发利用活动。加强矿产、水电、煤炭资源开发中的生态监管，落实相关企业在生态保

护与恢复中的责任。《煤炭工业发展“十二五”规划》要求合理制约煤炭消费总量，限制粗放型经济对煤炭的不合理需求，瓦斯、水害、地温、地压等自然灾害日趋严重，煤矿安全生产和生态环境保护要求更加严格，生产成本不断增加。

根据中国工程院的研究，在综合考虑煤炭资源开采条件、科技发展水平、生态环境承载力、水资源、煤矿安全、运输条件和人口等多种因素的前提下，到2020年，中国科学的煤炭生产能力应在34亿—38亿吨，而2012年中国的煤炭消费总量已达到35亿吨。因此，从生态环境保护和煤炭工业可持续发展的角度考虑，应对煤炭消费进行总量目标的制约。

目前，国家层面上主要通过有关部门制定相关的行动计划和实施细则，明确大气污染防治的标准和措施，制定完善的大气污染防治体系，由大气污染控制目标倒逼能源结构转型。

第二节　国际上煤炭利用及减量化的经验

对于发达国家而言，在工业化高速发展时期也经历过高煤炭消费和空气严重污染的时期。在美国、欧盟和日本等发达国家工业化快速发展阶段，煤炭是当时的主要能源。在20世纪60年代，煤炭在美国能源结构中的比重为35%左右（齐天宇等，2012），而在日本能源结构中的比重更是接近一半，为47%左右（姜雅，2006）。大多数发达国家在工业化过程中并没有形成足够的资源和环境保护的意识，对煤炭消费带来的环境污染和碳排放并未给予重视，因此，发达国家在工业化过程中基本上没有对煤炭生产和消费总量进行针对性的控制举措。以英国为例，20世纪20年代，英国的煤炭生产就达到了峰值期，但即使在产量峰值时期，英国国内也并未对煤炭生产和消费采取限制措施（国家能源委员会科技局，2008）。同样，日本、加拿大、德国等国家也已经度过了煤炭生产峰值时期，煤炭在能源消费结构中的比例一直处于下降趋势。在工业化后期，发达国家已完成工业化过程，国内经济发展相对平稳，能源消费结构也趋向稳定，石油取代煤炭成为发达国家主要的一次能源，煤炭在能源消费中维持较低的比例。

虽然在工业化阶段和工业化后期，发达国家并没有针对煤炭消费采取减量措施，但是像美国、日本在经历过高煤炭消费和空气严重污染的时期后通过调整能源结构，最终实现煤炭在能源消费结构中的比例降到25%左右，甚至更低。美国通过控制分散型煤炭消费，将90%的煤炭消费集中到电力部门，促使煤炭发电消费比例的上升和工业与炼焦煤炭消费比例的下降（乔振祺，2014），推广清洁高效的煤炭利用；日本在煤炭开发和利用上提出了节能战略、海外煤炭资源开发战略、煤炭清洁利用技术开发等战略，在清洁煤技术领域，日本在提供燃烧效率和脱硫脱氮方面都处于世界领先水平。发达国家在能效提升、煤矿安全管理以及节能等方面都值得发展中国家借鉴。

与发达国家不同，发展中国家还未完成工业化，经济发展相对比较滞后，因此经济增长是发展中国家的主要目标，而保障能源供应是经济发展的必要条件。印度是少数同中国一样以煤炭为主要消费能源的国家，煤炭是国内相对较丰富的资源。印度正处于能否跨越工业化走向现代化的选择中，发展经济仍然是印度的首要任务，其能源需求增长趋势明显，但随着国际碳排放的压力以及煤炭需求的进一步增加，印度作为一个煤炭消耗大国在未来的时期内也会面临能源转型的问题。

英国是世界上最早经历工业化和城市化的国家，自工业化以来，英国一直依赖于化石燃料作为能源供应，煤炭占能源供应的比例一度高达100%。随着气候变化问题日益突出，英国政府从20世纪50年代开始出台了一系列政策措施，在煤炭减量化和清洁利用方面的措施主要有三大类（刘明明等，2014）：一是气候变化法案。2008年英国颁布“气候变化法案”，承诺与1990年水平相比，到2020年温室气体排放削减34%的中期目标和2050年削减80%的长期目标。英国成立了气候变化委员会负责开展相关工作，将减少碳排放纳入政府预算框架，是第一个为减少温室气体排放建立起法律约束的国家，碳预算和长期减碳目标的设定压制了对煤炭的需求。二是气候变化税。英国从2001年开始实施气候变化税，旨在鼓励社会加大对高效技术和清洁能源的投入，促使企业更倾向于使用低污染、低排放的能源，从而抑制煤炭产业的发展。三是碳排放交易体系。英国参与了欧盟碳排放交易体系，可以帮助

英国重点耗能企业以最低成本实现减排目标。

德国的煤炭资源以褐煤为主，然而褐煤燃烧效率低，会带来严重的环境污染，因此德国政府一直注重对煤炭消费的清洁利用并实现减量化，主要有两大措施（Karl Storchmann，2005）：一是推进能效升级。东西德合并推动了东德落后重工业的淘汰和能源利用效率的升级。由于德国重工业的瓦解，落后产能被淘汰，德国的总体能源效率提升了约24%，煤炭消费也下降了40.7%，工业部门耗煤的大幅减少是煤炭能效提升和减量化的主要原因。二是大力发展可再生能源。在2011年日本福岛核事故后，德国政府重申去除核电的决心，为了完成能源转型、减少温室气体排放，德国大力发展可再生能源，使其成为最主要的能源供应。

作为世界上煤炭储量最丰富的国家，美国的煤炭产量和消费量始终处于世界的前列，美国在一定程度上仍然依靠煤炭来支撑经济的发展。总体上，美国在煤炭消费减量化和清洁利用方面的经验可以归结为三点：一是制定《清洁空气法》。《清洁空气法》于1963年正式出台，先后进行了三次修订，从零散的、地方式的空气污染治理，过渡到国家层面统一强制性的治理阶段。美国环保署制定了空气质量标准，对六种空气污染物进行管制，2012年，二氧化碳也纳入了污染物控制范围。强制性的管制使其污染物的排放大大降低，也对燃煤电厂产生很大的影响。二是开发页岩气。从2008年开始，由于北美页岩气的大规模开发，页岩气出现爆发性增长（李慷等，2011）。因此，美国的天然气具有显著的价格优势，最终取代了煤炭在能源结构中的地位，从而导致燃煤电厂转向天然气发电，大大降低了煤炭需求，2013年美国能源利用结构中，煤炭所占比例仅为18.6%。三是实施清洁电力计划。2014年6月，美国环境保护署提出的温室气体减排法草案——《清洁电力计划》，针对各州设定了强制性减排指标。《清洁电力计划》的实施对以煤作为主要燃料的电力行业提出了更苛刻的要求，美国环保署预计，到2030年，该计划的实施可使美国电力行业比2005年减少30%的二氧化碳排放。

与能源、资源储量丰富的美国相比，日本消费的石油、天然气和煤炭都主要依靠进口，由于日本保留了一定的工业比重，日本的煤炭消费没有大幅下降。日本虽然没有实现煤炭消费减量化，但是在煤炭清洁利用方面有显著的特点。一是发展高效清洁技术。日本的工业和发电效率一直处于世界最先进水平,高效清洁技术能帮助日本在满足严格的环境标准的前提下继续使用煤炭。二是实施核电发展计划。作为资源匮乏的国家,日本一直注重开发替代能源来满足国内需求,20 世纪 80 年代以来,日本核电得到快速发展,并在一定程度上减缓了煤炭的增速,但在 2011 年福岛核事故后,所有核电站被关停,造成很大的电力缺口,日本开始转向煤炭和天然气。

第三节 以城市为目标的研究

当前在国家层面上已经明确提出重点地区的煤炭总量控制目标和大气污染防治考核办法,制定了 2014 年、2020 年全国煤炭总量目标和比例目标,2014 年煤炭消费比重降低到 65%以下,煤炭消费总量控制在 38 亿吨,到 2020 年,煤炭消费比重控制在 62%以内,煤炭消费总量控制在 42 亿吨左右。其他主要地区如北京市、天津市、河北省、山东省、上海市、江苏省、浙江省和广东省珠三角区域也基于国家法规,各自提出煤炭总量控制目标。

中国的城市化进程处在发展十分迅速的阶段,城市人口比重从 1978 年的 17. 9%升至 2017 年的 58. 5%,40 年来,城市人口快速增长、经济高速扩张、化石能源大量消耗、重工业集聚以及产业高度集中导致了严重的城市空气污染问题。

由于城市是工业的集聚地,因此除少数农村居民生活所耗的能源外,几乎所有的能源都被投入城市的日常运作和生产之中。从城市的角度研究控制煤炭消费总量的政策有利于我们自下而上、由点到面地看待问题,剖析不同城市的异质性对煤炭消费总量的影响,从而更加深入地分析不同地区的煤炭消费状况和利用水平。通过模拟不同条件下各类城市的发展趋势,我们可以尝试制定特异性的城市煤炭消费总量控制政策,从而更好地促进全国煤炭消费总量控制政策的实施。

本书所选择的四个案例城市也具有代表性,通过对其社会经济发展阶段、对煤炭的依赖程度、所处地理区间、空气污染控制等相关方面的研究,可以在

一定程度上反映中国城市面临的社会经济发展和环境保护的矛盾,及煤炭总量控制的挑战和机遇,并且,可以为在城市层面上开展煤炭消费总量控制战略提供案例支撑。

本书的分析对象是294个地级市(自治州、盟)以上的城市,并选出4个案例城市进行研究。

首先,以2010年为基准年,将294个城市分为十三类。其总面积占国土面积的52.82%;常住人口占总人口的92.44%;地区生产总值占GDP的97.45%;能源消费量占全国能源消费量的95.58%;煤炭消费量占全国煤炭消费量的94.56%,具体见表1-1。

表1-1 294个地级市(自治州、盟)的主要指标在全国占比情况

	常住人口（万人）	面积（平方千米）	生产总值（亿元）	能源消耗量（万吨标准煤）	煤炭消耗量（万吨标准煤）
294个城市	126686.28	5126819.8	391272.36	372304.48	257505.39
全　国	137053.69	9706961	401512.80	389509.00	272328.88
占　比	92.44%	52.82%	97.45%	95.58%	94.56%

其次,在294个城市中选择西安、石家庄、宁波、天津作为案例城市进行分析,分析案例城市的资源禀赋和所处的经济发展阶段,分析其目前发电、炼焦、供热、工业直接利用和居民生活用煤等主要用途的煤炭消费状况、利用技术及水平,分析影响案例城市未来能源和煤炭消费需求的主要影响因素,及其实行煤炭总量控制和煤炭减量替代的有利条件和不利因素;分析其未来煤炭消费量变化的主要影响因素,包括各种驱动因素,例如经济增长速度的变化、产业结构的变动、能源结构的变动、能源利用效率的提高、生活方式的变动等;应用社会经济模型和情景分析方法,以2013年为基准年,2020年为目标年,重点分析"十三五"期间各种因素对案例城市未来能源和煤炭消费需求的影响,研究提出在不同时段,选择、推广应用不同技术和实施不同政策措施情况下,案例城市煤炭消费总量控制的主要路径及政策建议。

针对不同类型城市,利用情景分析法分析未来中国城市能源及煤炭消费

水平，回答以下问题：各类城市未来煤炭消费水平的变化趋势；各类城市煤耗和能耗量的峰值，出现峰值的时间；各类城市的消费量在全国煤炭消费总量控制中的占比和贡献。

此外，结合所选择出的案例城市的社会经济发展现状和面临的资源、环境约束，结合国家和区域层面大气污染治理目标、公众身体健康目标和二氧化碳排放目标，合理设立案例城市煤炭消费总量控制目标，分析案例城市 2016—2020 年实现煤炭总量目标的战略、技术选择和政策路径，推动其合理、高效、清洁地利用煤炭，从而实现其经济转型、节约资源和保护环境的多重目标。

本书首先进行资料搜集，对煤炭消费总量控制的缘起与发展进行了梳理，详细阐述了煤炭消费总量控制的历史沿革，并从碳排放、空气质量、保护生态等角度论述了煤炭消费总量控制的必要性。

基于搜集到的资料，本书对煤炭总量控制的相关政策与实践进行了总结，列出了城市煤炭消费总量控制措施清单，并指出了城市煤炭消费总量控制现在所面临的问题与挑战。

通过进行信息和数据收集，本书基于两个维度对研究对象进行了分类，首先基于市区常住人口将 294 个城市分为：超大型城市（4 个直辖市）、特大城市（>300 万人）、大城市（100 万—300 万人）、中等城市（50 万—100 万人）、小城市（<50 万）；再基于煤炭消费强度将四类城市（除超大型城市外）分为高、中、低三类城市，因此一共有十三类城市。

分析各类型城市的资源禀赋、工业化水平、城市化水平及所处经济发展阶段；分析各类型城市能源和按用途煤炭消费状况和技术水平；最后识别影响各类型城市未来能源和煤炭消费需求的主要影响因素。

设定情景、确定参数、应用模型和情景分析方法分析各类型城市 2010—2050 年的煤炭消费量；每类城市中收集一些具体城市的相关指标和规划目标，举例说明；基于情景分析结果研究并提出不同类型城市控制煤炭消费量的技术、政策措施；提出在城市层面控制煤炭消费的相关政策建议。

在城市分类（十三类）的基础上计算每类城市的代表参数值，将煤炭消费

变量分解为几个影响因素，通过分析影响因素在2010—2050年的变化趋势，综合运用计量经济学、因素分解、技术优化、专家估计等方法来进行情景分析，从而预测煤耗和能耗峰值、出现峰值的时间以及每年的煤耗。

本书采用统计分析方法从定量的角度分析了目前中国煤炭能源消费的现状，同时呈现了煤炭及能源消费在空间分布上的特点和规律；运用因素分解法分析了煤炭消费的主要驱动因素以及不同驱动因素的贡献占比；利用计量经济学模型，确定中国煤炭消费量和经济增长之间的关系，从而确定基准情景；采用多指标评价法，即结合不同城市社会经济发展水平、大气污染状况、煤炭消费强度及大气污染联防联控的相关要求等因素，确定城市空气污染制约级别，根据不同类型城市的空气污染制约级别，确定政策情景中中国煤炭消费变化趋势以及峰值出现的时间节点；最后基于以上分析研究，根据因地制宜、政策配套组合、成本效益、区域协同发展等原则提出城市层面有针对性的煤炭消费总量控制的政策措施建议。

情景是对可能出现的未来的实现过程的描述，反映出关于现有趋势如何发展，主要的不确定性会如何产生影响以及新因素如何开始产生影响的不同假设。在进行情景设定之前，人们需要对过去的历史进行回顾分析然后对未来的趋势进行一系列合理的、可认可的假定，或者说确立某些未来希望达到的目标，亦即对未来的蓝图或发展前景进行构想，然后再来分析达到这一目标的种种可行性及需要采取的措施（张学才等，2005）。

本书设定了不同的情景，包括：基准情景和煤炭消费总量控制政策情景，根据不同城市类别的高耗煤行业的技术发展和不同城市类别面临的空气污染制约因子的不同，设定不同政策情景下的参数，模拟其煤炭消费变化趋势，分析不同政策情景的模拟结果。

进行选定城市的案例研究，合理设置案例城市2016—2020年的煤炭消费总量控制目标。应用社会经济模型和情景分析方法，以2013年为基准年，2020年为目标年，重点分析"十三五"期间各种因素对案例城市未来能源和煤炭消费需求的影响，研究提出在不同时段，选择、推广应用不同技术和实施不同政策措施情况下，案例城市煤炭消费总量控制的主要路径及政策建议。

第四节　研究的数据来源与计算过程

一、相关社会经济数据

本书的人口数据包括常住人口、市区人口、市区暂住人口、市区常住人口。其中,除市区常住人口是通过市区人口与市区暂住人口加和得到,其他人口数据都直接来自统计资料,即中国经济与社会发展统计数据库中的 2011 年城市统计数据,表 1-2 列出了各类数据的来源和计算过程。

表 1-2　相关经济指标及数据来源

指　　标	单　位	数据来源或计算过程
不变价地区生产总值	亿元	利用各市地区生产总值指数(2006—2010 年)计算得到
当年价地区生产总值	亿元	《中国区域经济统计年鉴 2011》
修正后当年价地区生产总值	亿元	根据全国 GDP 修正各省地区生产总值,再根据修正后的省地区生产总值修正各市地区生产总值
人均地区生产总值	元/人	计算所得,修正后当年价地区生产总值/常住人口

本书中的经济指标包括:不变价地区生产总值(2005 年价格)、当年价地区生产总值(2010 年价格)、修正后当年价地区生产总值以及人均地区生产总值,各指标来源及计算过程如以下公式所示。根据 2010 年中国国内生产总值数据来修正各省份和各地级市的地区生产总值加总数据。详细的方法如下:

$$Y = \alpha \times \sum_{i=1}^{m} X_i \tag{1-1}$$

$$\alpha = \frac{Y}{\sum_{i=1}^{m} X_i} \tag{1-2}$$

$$X'_i = \alpha \times X_i \tag{1-3}$$

$$X_i = \beta_i \times \sum_{j=1}^{n} Z_j \tag{1-4}$$

$$\beta_i = \frac{X_i}{\sum_{j=1}^{n} Z_j} \tag{1-5}$$

$$Z'_j = \beta_i \times Z_j \tag{1-6}$$

其中，Y 为国内生产总值，指全国31个省、自治区和直辖市的汇总；$i = 1, 2, 3, \cdots, m$，代表中国31个省份；X_i 为省份的原始的地区生产总值。X'_i 为根据全国数据修正的省级地区生产总值；$j = 1, 2, 3, \cdots, n$，表示各省内的地级行政区，Z_j 为地级行政区生产总值数据，指本书所涉及的294个地级行政区；Z'_j 为根据省级数据修正的地级市生产总值数据；α、β_i 为调整系数。

二、能源消费数据

本书中的能源指标包括城市能源消费量、单位地区生产总值能耗（包括以2005年价格和2010年价格为基准）以及修正后的城市能源消费量。其中：

2005年价格的单位地区生产总值能耗数据大部分直接来自中国经济与社会发展统计数据库，部分数据来自政府网站等。

城市能源消费量计算依据：

城市能源消费总量=城市单位地区生产总值能耗×城市不变价地区生产总值

各市能源消费量根据各省的能源消费总量进行修正，修正方法与前述生产总值的修正方法相同。

三、煤炭消费数据

本书中的煤炭消费指标包括城市煤炭消费量、各省市煤炭消费占比、单位地区生产总值煤耗（包括以2005年价格和2010年价格为基准）以及各城市按用途煤炭消费量。

煤炭消费量数据直接来自2011年中国能源统计年鉴，各市煤炭消费量数据根据煤炭消费占比计算得到。

各省市煤炭消费占比数据分为两类，重点省份城市和非重点省份城市。其中，非重点省份城市煤炭消费占比简单化处理，即依据省的煤炭消费占比数据。

非重点省份的煤炭消费占比数据计算依据：

煤炭消费占比=省煤炭消费总量/省能源消费总量

重点省份主要包括煤炭消费总量超过2亿吨的省份，依次为：山东省、山西省、河北省、内蒙古、河南省、江苏省。在重点省份内，设置了三组不同的煤炭消费水平，包括：高煤耗水平、平均水平、低煤耗水平，以进一步区分不同城市的能源消费结构特点。各省市按用途煤炭消费主要包括以下用途：发电、炼焦、供热、工业直接利用、居民生活以及其他。

四、案例城市的数据

本书中，案例城市的社会经济数据均通过该市的统计年鉴获得，能源数据和环境数据除能在网络、年鉴等相关渠道搜集到之外，本书参与者还进行了大量的实地调研工作，跟当地政府相关负责人员进行了交流和沟通，取得了较为翔实的资料，比如能源方面的数据，天津市、西安市、石家庄市获得了能源平衡表，宁波市获得了 2011—2014 年的能源发展报告等。

第五节 研究的方法学

本书的研究方法见图 1-1。第一，进行文献资料的查阅，总结煤炭消费总量控制的历史沿革，分析煤炭消费总量控制的必要性，并综述相关的政策和实践；第二，收集信息和统计数据，查阅国内外文献，进行基础数据的核查校准，并按煤耗强度和市区常住人口进行城市分类；第三，分析中国城市能源和煤炭消费现状以及影响各类型城市未来能源和煤炭消费需求的主要影响因素；第四，应用计量经济学模拟中国煤炭消费量与经济增长之间的关系，得到三类不同煤炭消费强度与地区生产总值的关系函数；第五，采用多指标评价法，即结合不同城市社会经济发展水平、大气污染状况、煤炭消费强度及大气污染联防联控的相关要求等因素，确定城市空气污染制约级别，从而确定政策情景中中国煤炭消费变化趋势以及峰值出现的时间节点；第六，设定情景、确定参数、应用模型和情景分析方法分析各类型城市 2010—2050 年的能源和煤炭消费量，这是本书的重点工作；第七，基于情景分析结果研究并提出不同类型城市控制煤炭消费量的技术、政策措施；第八，选择案例城市，对案例城市的社会经济状况、能源消费状况、煤炭消费状况、环境状况进行分析，要考虑到煤炭消费总量控制目标的约束，对案例城市进行情景分析，并提出相应的政策建议。

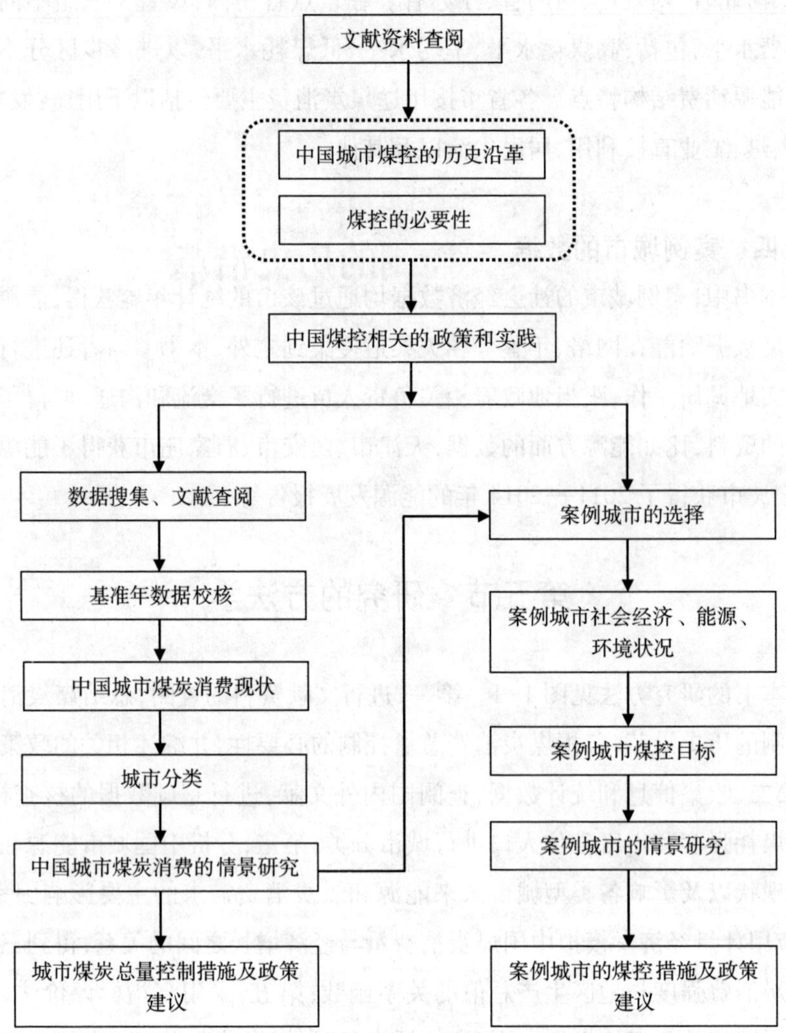

文献资料查阅
中国城市煤控的历史沿革
煤控的必要性
中国煤控相关的政策和实践
数据搜集、文献查阅
基准年数据校核
中国城市煤炭消费现状
城市分类
中国城市煤炭消费的情景研究
城市煤炭总量控制措施及政策建议
案例城市的选择
案例城市社会经济、能源、环境状况
案例城市煤控目标
案例城市的情景研究
案例城市的煤控措施及政策建议

图 1-1　研究方法示意图

第二章　中国煤炭消费总量控制的历史沿革

第一节　煤炭消费总量控制的缘起与发展

首先煤炭消费总量控制缘起于大气污染治理。中国历来重视大气环境质量和污染问题,《宪法》中有针对大气环境保护的概括性条款。早在 1956 年,为减少厂矿企业生产中粉尘对工人的危害,中国制定了《关于防止厂矿企业中矽尘危害的决定》。而中国真正意义上的环境保护起始于 1973 年第一次全国环境大会,最初环境问题主要表现为水污染。20 世纪 80 年代由于工业和居民燃煤的急剧增多,北方许多城市出现煤烟型的大气污染。1983 年将环境保护定为一项基本国策,并于 1987 年由全国人民代表大会审议并通过了中国首部《大气污染防治法》,2000 年和 2014 年分别予以修改完善。80 年代以前很少有大气污染问题,80 年代出现的城市煤烟型污染主要以总悬浮颗粒物(TSP)为代表,90 年代表现为 PM_{10} 污染,2006 年第六次全国环境大会后,国家重视“两控区”建设,使 $PM_{10}/PM_{2.5}$ 浓度均有所下降,2009 年以后由于没有北京奥运会等环境压力,全国很多城市经济社会快速发展导致 $PM_{2.5}$ 和雾霾污染问题较为突出(曹军骥,2016)。

中国煤炭消费的总量、分布、结构及技术水平等因素均对大气环境造成了严重影响。燃煤过程是大气污染物排放的重要来源,我国二氧化硫排放量的 90%、氮氧化物排放量的 67%、烟尘排放量的 70%以及二氧化碳排放量的 70%都来自燃煤。环保部环境规划院的研究计算了 2012 年煤炭消费

产生的大气污染物排放量，并利用空气质量模型，分别采用组分分析法和情景模拟法研究了煤炭消费对全国 $PM_{2.5}$ 污染的影响。组分分析法研究表明，2012 年煤炭消费对全国 $PM_{2.5}$ 年均浓度的贡献率约为 61%，其中煤炭直接燃烧、煤炭相关行业的贡献率分别约为 37%、24%；情景模拟法研究表明，2012 年煤炭消费对全国 $PM_{2.5}$ 年均浓度的平均贡献率约为 56%，煤炭消费对 $PM_{2.5}$ 年均浓度贡献率较大的省份主要集中在重庆、黑龙江、辽宁、吉林、浙江、内蒙古等，综合两种研究结果，煤炭消费对全国 $PM_{2.5}$ 年均浓度的贡献率为 56%—61%（薛文博等，2016）。另一项模拟估算表明，煤炭消费对中国地区 $PM_{2.5}$ 污染的贡献夏季达到 46%，冬季 35%（Ma Q.等，2016）。

由此可见，实现大气污染治理的必经之路是调整能源结构、控制煤炭消费总量。环保部环境规划院的研究采用空气质量模型，定量分析了煤炭消费—污染物排放—空气质量之间的影响关系，结合重点地区行业发展与能源供需等因素，提出了各省煤炭消费总量控制目标，研究结果表明，要实现 2020 年、2030 年空气质量改善阶段性目标，全国煤炭消费总量应分别控制在 40.8 亿吨和 37.7 亿吨左右，京津冀鲁豫等 11 个重点省份 2020 年煤炭消费量应控制在 15.8 亿吨，2030 年控制在 13.1 亿吨，全国煤炭清洁化利用水平需要在当前基础上大幅度提高（陈潇君，2015）。

国家有关部门通过制定相关的行动计划和实施细则明确大气污染防治的主体、标准和措施，制定完善的大气污染防治体系，由大气污染控制和明确的空气质量目标倒逼能源结构转型。当前在国家层面上明确提出重点地区的煤炭总量控制目标和大气污染防治考核办法，制定了 2014 年、2020 年全国煤炭总量目标和比例目标，2014 年煤炭消费比重降低到 65%以下，煤炭消费总量控制在 38 亿吨，到 2020 年，煤炭消费比重控制在 62%以内，煤炭消费总量控制在 42 亿吨左右。其他主要地区如北京市、天津市、河北省、山东省、陕西省、上海市、江苏省、浙江省和广东省珠三角区域等也纷纷基于国家的政策，各自提出其煤炭总量控制目标。

目前的大气污染防治的机制是各级地方政府对环境质量、煤炭减量目标负责，并在国家层面上建立大气污染区域联防联控机制，同时实行生态补偿、环境监管执法联动，搭建大气污染防治的项目、技术和资金对接平台，引导对符合大气污染防治要求的企业或项目的技术和资金投入，淘汰限制高耗能高污染的行业。

图 2-1 和表 2-1 分别梳理了自 2010 年开始，国家发布的与煤炭消费总量控制相关的各项政策，从中可以看出基于大气污染治理而转变能源结构的政策思路。

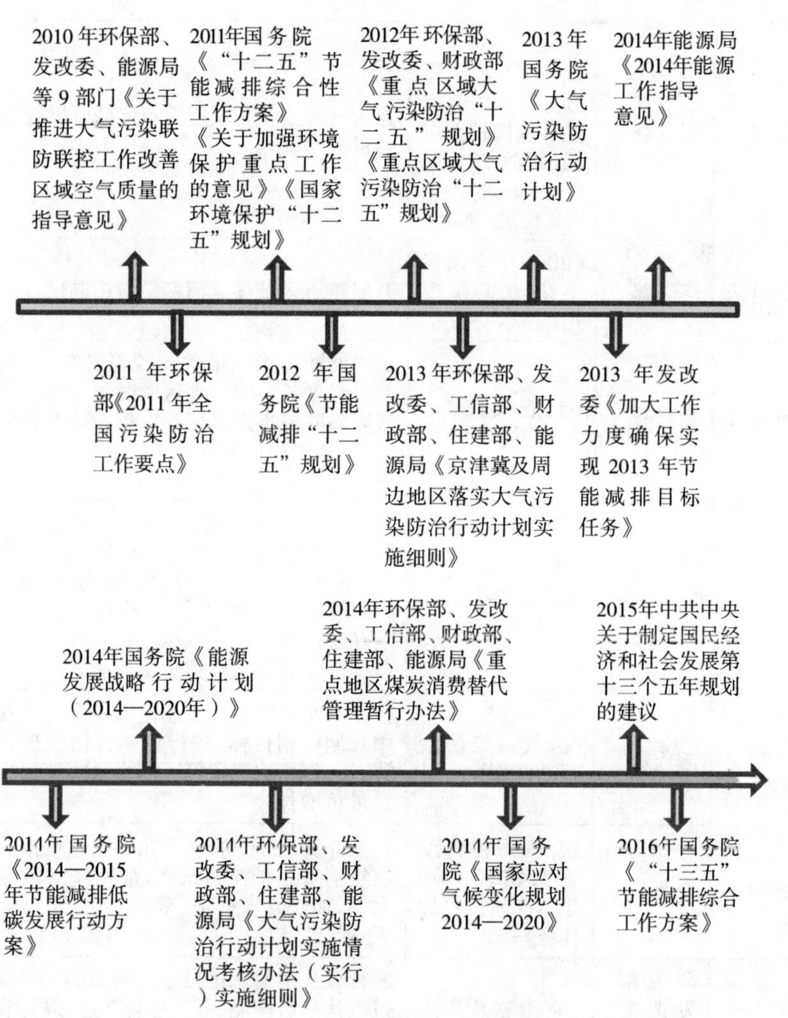

图 2-1 我国煤炭消费总量控制政策的缘起和发展

表 2-1　煤炭消费总量控制相关政策

颁布时间	颁布机关	文件名称	相关内容
2010	环保部、发改委、能源局等9部门	《关于推进大气污染联防联控工作改善区域空气质量的指导意见》	严格控制重点区域内燃煤项目建设，在“三区六群”（京津冀地区、长三角地区、珠三角地区，辽宁中部城市群、山东半岛城市群、武汉城市群、长株潭城市群、成渝城市群、海峡西岸城市群）开展区域煤炭消费总量控制试点工作
2011	国务院	《“十二五”节能减排综合性工作方案》《关于加强环境保护重点工作的意见》《国家环境保护“十二五”规划》	在大气污染联防联控重点区域开展煤炭消费总量控制试点
2011	环保部	《2011 年全国污染防治工作要点》	开展重点区域煤炭消费总量控制试点
2012	国务院	《节能减排“十二五”规划》	建立能源消费总量预测预警机制，对能源消费总量增长过快的地区及时预警调控。在大气联防联控重点区域开展煤炭消费总量控制试点，从严控制京津冀、长三角、珠三角地区新建燃煤火电机组
2012	环保部、发改委、财政部	《重点区域大气污染防治“十二五”规划》	提出十三个重点区域（三区十群）大气污染防治规划，各地应制定煤炭消费总量实施方案，把总量控制目标分解落实到各地政府，实行目标责任管理，加大考核和监督力度。探索在京津冀、长三角、珠三角区域与山东城市群积极开展煤炭消费总量控制试点
2013	国务院	《大气污染防治行动计划》	控制煤炭消费总量。制定国家煤炭消费总量中长期控制目标，实行目标责任管理。京津冀、长三角、珠三角等区域力争实现煤炭消费总量负增长
2013	发改委	《加大工作力度确保实现 2013 年节能减排目标任务》	在京津冀、长三角、珠三角和山东城市群开展煤炭消费总量控制试点，加快清洁能源替代利用，加快燃煤锅炉、窑炉、自备燃煤电站的天然气改造
2013	环保部、发改委、工信部、财政部、住建部、能源局	《京津冀及周边地区落实大气污染防治行动计划实施细则》	实行煤炭消费总量控制。到 2017 年年底，通过淘汰落后产能、清理违规产能、强化节能减排、实施天然气清洁能源替代、安全高效发展核电以及加强新能源利用等综合措施，北京市、天津市、山东省压减煤炭消费总量 8300 万吨

续表

颁布时间	颁布机关	文件名称	相关内容
2014	国务院	《2014—2015 年节能减排低碳发展行动方案》	实行煤炭消费目标责任管理，严控煤炭消费总量，降低煤炭消费比重。京津冀及周边、长三角、珠三角等区域及产能严重过剩行业新上耗煤项目，要严格实行煤炭消耗等量或减量替代政策，京津冀地区 2015 年煤炭消费总量力争实现比 2012 年负增长
2014	国务院	《能源发展战略行动计划(2014—2020 年)》	到 2020 年，煤炭消费总量控制在 42 亿吨左右；煤炭消费比重控制在 62%以内。加快清洁能源供应，控制重点地区、重点领域煤炭消费总量，推进减量替代，压减煤炭消费
2014	能源局	《2014 年能源工作指导意见》	2014 年煤炭消费比重降低到 65%以下；煤炭消费量 38 亿吨，增长 1.6%。降低煤炭消费比重，出台并组织实施煤炭减量替代管理办法。严格控制京津冀、长三角、珠三角等区域煤电项目
2014	环保部、发改委、工信部、财政部、住建部、能源局	《大气污染防治行动计划实施情况考核办法(试行)实施细则》	对 8 个省市(北京市、天津市、河北省、山东省、上海市、江苏省、浙江省和广东省珠三角区域)2014—2017 年煤炭消费总量控制提出具体要求。2014 年，北京市、天津市、河北省、山东省、上海市、江苏省、浙江省和广东省珠三角区域煤炭消费总量与 2012 年持平；2015 年、2016 年，北京市、天津市、河北省、山东省煤炭消费总量与 2012 年相比实现负增长，上海市、江苏省、浙江省和广东省珠三角区域煤炭消费总量与 2012 年持平；2017 年，北京市、天津市、河北省、山东省分别完成 1300 万吨、1000 万吨、4000 万吨、2000 万吨的煤炭压减任务，上海市、江苏省、浙江省、广东省珠三角区域煤炭消费总量与 2012 年持平
2014	环保部、发改委、工信部、财政部、住建部、能源局	《重点地区煤炭消费减量替代管理暂行办法》	重点地区人民政府对本行政区域煤炭消费减量替代工作负总责。重点地区人民政府要制订煤炭减量替代工作方案，提出煤炭减量具体措施和相应的削减数量，明确煤炭减量年度目标，并分解落实到各市(区)县和重点耗煤行业、企业。工作方案应提出能源替代供应方案，确保合理用能
2014	国务院	《国家应对气候变化规划(2014—2020 年)》	实行能源消费总量控制，到 2020 年，一次能源消费总量控制在 48 亿吨标准煤左右。同时，合理控制煤炭消费总量，加强煤炭清洁利用，优化煤炭利用方式，制定煤炭消费区域差别化政策，大气污染防治重点地区实现煤炭消费负增长。加快石油、天然气资源勘探开发力度，推进页岩气等非常规油气资源调查评价与勘探开发利用。2020 年天然气消费量在一次能源消费中的比重达到 10%以上

续表

颁布时间	颁布机关	文件名称	相关内容
2015	中共中央	《中共中央关于制定国民经济和社会发展第十三个五年规划的建议》	强化约束性指标管理，实行能源和水资源消耗、建设用地等总量和强度双控行动
2016	国务院	《“十三五”节能减排综合工作方案》	将“十三五”能源消费总量和强度“双控”目标分解到各省（区、市），明确对未完成强度降低目标的省级人民政府实行问责，实行高耗能项目缓批限批。推进京津冀及周边地区、长三角、珠三角、东北等重点地区，以及大气污染防治重点城市煤炭消费总量控制

其中，2012 年环保部、发改委、财政部联合发布的《重点区域大气污染防治“十二五”规划》中提出十三个重点区域（“三区十群”）大气污染防治规划，“三区”有：京津冀地区、长三角地区、珠三角地区，“十群”包括：辽宁中部、山东、武汉及其周边、长株潭、成渝、海峡西岸、山西中北部、陕西关中、甘宁、新疆乌鲁木齐城市群。

由此可见，国家煤炭消费总量控制缘起于大气污染治理，从重点地区试点，已经深入城市层面。

第二节 大气污染治理与煤炭总量控制

当前中国大气环境形势十分严峻，随着重化工业的快速发展、能源消费和机动车保有量的快速增长，排放的大量二氧化硫、氮氧化物与挥发性有机物导致细颗粒物、臭氧、酸雨等二次污染呈加剧态势，区域内空气重污染现象大范围同时出现的频次日益增多，严重制约社会经济的可持续发展，威胁人民群众身体健康。

一、城市煤炭消费对大气污染的贡献

地均煤炭消费量是指一个地区每平方千米土地上消费的煤炭量，它更能真实地反映一个地区的煤炭消费量，也可用来解释分析该地区的大气污染状

况。根据2010年中国各城市地均煤炭消费量及其空间分布状况，中国地均煤炭消费量较高的城市主要分布在河北、山东、山西以及长三角等地区，如唐山、邯郸、淄博、莱芜、太原、南京、苏州、无锡、上海等城市，该区域可表示为以"北京—西安—杭州"为顶点的高煤耗三角区，其涵盖了大部分地均高煤耗城市，主要集中在京津冀鲁晋豫苏沪省市。

我国地区的煤炭消费量与大气污染状况具有正相关性。根据2010年中国$PM_{2.5}$年均浓度模拟结果可知，2010年中国$PM_{2.5}$浓度较高的地区主要集中在京津冀、长三角、山东城市群、山西中北部城市群、成渝城市群以及武汉及其周边城市群，该区域可表示为以"北京—西安—杭州"为顶点的三角区，该区域基本上可涵盖大部分$PM_{2.5}$年均浓度较高的城市，当然还有一部分城市分布在成渝城市群和武汉及其周边城市群。成渝城市群的$PM_{2.5}$年均浓度较高与其处在四川盆地，扩散条件较不利有关；武汉及其周边城市群与三角形区域内的城市相比，其$PM_{2.5}$年均浓度相对较低。在很大程度上，地均煤耗较高的区域与$PM_{2.5}$年均浓度较高的区域是相吻合的，即都可表示为以"北京—西安—杭州"为顶点的三角区，地均煤耗较高的城市所在区域恰好是中国大气污染最为严重的区域。

虽然不同地域的污染来源和程度不同导致各省份$PM_{2.5}$污染特征存在差异，国内学者对中国各城市$PM_{2.5}$的污染源已进行了大量研究。马丽梅和张晓（2014）的分析得出雾霾污染与地区生产总值并不存在倒"U型"关系，雾霾污染与产业结构以及能源结构存在很强的正相关关系。相关研究认为（Chan等，2000；宋宇等，2002），除了地面扬尘、建筑源、机动车排放等，燃煤是北京市$PM_{2.5}$的主要来源。王菊等（2009）检测了长春细粒子的元素组成，推断细颗粒物的主要来源为燃煤尘、道路尘和建筑尘。对广州$PM_{2.5}$的季节性特征的研究（Jun Tao等，2014）表明，工业来源、机动来源、发电厂排放是珠江三角洲地区$PM_{2.5}$的主要来源。余江和张凤青（2016）基于环境科学实验证据将$PM_{2.5}$的主要污染源转换为经济变量，并在控制其他污染因素的情况下，利用2000—2010年中国省级层面$PM_{2.5}$年均浓度数据分析煤炭消费对中国$PM_{2.5}$污染的影响。实证结果表明，在各种污染源中，煤炭消费量和以煤炭比重体现的中国能源消费结构对各省市$PM_{2.5}$年均浓度的影响贡献最大，是$PM_{2.5}$污染

的最主要来源。

煤炭消费量与雾霾的关系也不能简单化处理。中国雾霾的产生并持续加重是机动车排放污染、燃煤排放污染、工业污染、城镇化尤其是大城市快速扩张带来的大规模建设的污染、农业生产污染、农村污染以及城市生活型污染综合作用的结果,但从宏观和整体来看,燃煤污染排放是主要原因。在燃煤污染排放中,虽然发电占了煤炭消耗量的一半左右,但是由于污染物排放标准、污染控制技术、污染源布局等因素的影响,煤电排放的影响是逐年减少的;燃煤对环境产生污染的主要是散烧煤和大量低污染控制水平的燃煤工业污染源排放,即在分用途的煤炭消费量中,供热的一部分、炼焦的一部分、工业直接利用的一部分、民用和其他。

$PM_{2.5}$浓度分布及雾霾事件的强度、频率除了受排放影响外,还与当地气象因素、全球气候背景有密切关系,如超强厄尔尼诺气候事件(Chang L.Y 等,2016)。影响 $PM_{2.5}$的主要气象因素包括混合层高度、风(风速和风向)、相对湿度、温度、降水,它们会直接影响 PM 的排放、化学反应速率、传输及气溶胶的干湿沉降等。混合层高度低会导致大气扩散能力减弱,使污染物停滞积累在近地面,加剧污染的程度;风速越大,越有利于 $PM_{2.5}$的扩散,其浓度越小,但中国东部人口密集区风速较小,不利于污染物扩散;相对湿度可以影响颗粒物的化学组成、混合状态、粒径分布、光学特性等;温度越高,对具有挥发性或半挥发性的硝酸盐或多环芳烃等的形成不利,但有利于二次转化过程;降水对 $PM_{2.5}$中的水溶性成分具有较强的清除作用。

总之,$PM_{2.5}$污染受人为污染物排放和自然条件的共同影响,来源复杂,影响因素较多。包括京津冀、山东和河南在内的华北平原以及关中盆地春季受沙尘、夏秋受秸秆燃烧、冬季受集中供暖影响,同时地形条件在一些地区不利于污染物的扩散,是中国污染严重的区域;以长三角为代表的长江流域地区,工业生产发达,同时夏季受秸秆燃烧影响;以珠三角和海峡西岸为代表的华南沿海地区,第三产业发达,但受其全年温度相对较高,太阳辐射较强的影响,$PM_{2.5}$与臭氧的复合污染已经呈现。同时,上述区域是中国经济发展最为活跃的区域,在未来经济持续高速或中速发展的背景下,$PM_{2.5}$污染防治将是一个长期和持续的过程(曹军骥,2016)。

二、改善区域和城市环境控制质量的战略措施

中国大气污染的区域性特征日趋明显，城市间大气污染又相互影响，仅从行政区划的角度考虑单个城市大气污染防治措施已难以解决大气污染问题。2010 年 5 月国务院办公厅转发环保部等部门《关于推进大气污染联防联控工作改善区域空气质量指导意见》。《关于推进大气污染联防联控工作改善区域空气质量指导意见》要求全面推进大气污染联防联控工作，切实改善区域和城市环境空气质量，提出开展大气污染联防联控工作的重点区域是京津冀、长三角和珠三角地区；在辽宁中部、山东半岛、武汉及其周边、长株潭、成渝、台湾海峡西岸等区域，防控重点行业是火电、钢铁、有色、石化、水泥、化工。

考虑到不同城市社会经济发展水平与环境污染状况不同，煤炭消费强度也不同，应区分不同城市大气污染制约级别，即对大气污染防治采取不同城市分级制约的对策，实施差异性管理，在不同时间段根据各城市的污染现状以及社会经济发展水平和可承受力，对不同城市采取不同程度的制约对策。2012 年 12 月由环保部印发《重点区域大气污染防治"十二五"规划》，根据区域内不同城市社会经济发展水平与环境污染状况，划分了重点控制区与一般控制区，实施差异性管理，按照属地管理的原则，明确区域内污染减排的责任与主体。中国"三区十群"包括京津冀、长三角、珠三角、辽宁中部城市群、武汉及周边城市群等，涉及 19 个省（自治区、直辖市）125 个城市。其中，执行大气污染物特别排放限值的地区即重点控制区共涉及京津冀、长三角、珠三角等"三区十群"19 个省（自治区、直辖市）47 个地级及以上城市，见表 2-2；"三区十群"范围内的除重点控制区的城市外为一般控制区，共包括 78 个城市，见表2-3。

表 2-2　大气污染重点控制区 47 个城市

区域名称	省　份	重点控制区
京津冀	北京市	北京市
	天津市	天津市
	河北省	石家庄市、唐山市、保定市、廊坊市

续表

区域名称	省　份	重点控制区
长三角	上海市	上海市
	江苏省	南京市、无锡市、常州市、苏州市、南通市、扬州市、镇江市、泰州市
	浙江省	杭州市、宁波市、嘉兴市、湖州市、绍兴市
珠三角	广东省	广州市、深圳市、珠海市、佛山市、江门市、肇庆市、惠州市、东莞市、中山市
辽宁中部城市群	辽宁省	沈阳市
山东城市群	山东省	济南市、青岛市、淄博市、潍坊市、日照市
武汉及其周边城市群	湖北省	武汉市
长株潭城市群	湖南省	长沙市
成渝城市群	重庆市	重庆市主城区
	四川省	成都市
海峡西岸城市群	福建省	福州市、三明市
山西中北部城市群	山西省	太原市
陕西关中城市群	陕西省	西安市、咸阳市
甘宁城市群	甘肃省	兰州市
	宁夏回族自治区	银川市
新疆乌鲁木齐城市群	新疆维吾尔自治区	乌鲁木齐市

表 2-3　大气污染一般控制区 78 个城市

区域名称	省　份	一般控制区
京津冀	河北省	邯郸市、秦皇岛市、张家口市、承德市、沧州市、衡水市、邢台市
长三角	江苏省	徐州市、连云港市、淮安市、盐城市、宿迁市
	浙江省	舟山市、温州市、金华市、衢州市、台州市、丽水市
辽宁中部城市群	辽宁省	鞍山市、抚顺市、本溪市、营口市、辽阳市、铁岭市
山东城市群	山东省	烟台市、威海市、东营市、枣庄市、济宁市、泰安市、莱芜市、临沂市、德州市、聊城市、滨州市、菏泽市
武汉及其周边城市群	湖北省	鄂州市、黄石市、黄冈市、孝感市、咸宁市、仙桃市、天门市、潜江市
长株潭城市群	湖南省	株洲市、湘潭市

续表

区域名称	省　份	一般控制区
成渝城市群	四川省	绵阳市、德阳市、内江市、资阳市、遂宁市、自贡市、泸州市、宜宾市、南充市、广安市、达州市、眉山市、乐山市
海峡西岸城市群	福建省	厦门市、泉州市、漳州市、莆田市、宁德市、龙岩市、南平市、平潭综合试验区
山西中北部城市群	山西省	大同市、朔州市、忻州市
陕西关中城市群	陕西省	铜川市、宝鸡市、渭南市、杨凌国家农业高新技术产业示范区
甘宁城市群	甘肃省	白银市
新疆乌鲁木齐城市群	新疆维吾尔自治区	昌吉市、阜康市、五家渠市

仅仅做好末端治理是否就能确保空气质量的改善？很显然，治理大气污染除了强化末端减排外，还要从源头制约煤炭消费。

首先，中国大型工业的污染减排、末端治理都已非常完善，但是中国的煤炭消费行业过于分散，这些分散利用如农村居民生活等低效率高污染的煤炭消费缺乏末端治理，根据统计数据显示，这部分比例在13%左右，所以仅仅依靠这些大型工业如电力、水泥、钢铁行业的末端减排并不能改善大气污染的现状；其次，目前中国现有的环保技术已较为先进，污染治理水平提高的潜力也较小，削减空间非常有限，必须在深挖减排潜力的同时，严格制约煤炭消费增量；再者，中国各地雾霾成因复杂，大气中各污染物的协同机理以及雾霾的科学成因还并不是十分清晰，为了减排对尾气进行脱销，但同时这个过程伴随产生氨气、有机碳，增加了空气中铵的浓度，它们可能造成的结果是未知的，相反从源头上制约是最有保证的，煤炭消费少了污染物排放自然就减少了，也不会有未知的后果；最后，污染物减排只是“拆东墙补西墙”，能源结构依然是依赖煤炭消费，产业结构也还是原来偏重的结构，而源头制约不仅可以减少污染，还能促进能源结构调整，优化产业结构，最终推动中国经济发展模式的改变升级。

2013年9月12日国务院发布《大气污染防治行动计划》，该计划被誉为“史上最严厉的”行动计划，开始从淘汰落后产能、抑制“两高”产业的角度入手，首次正式提出了京津冀鲁四省2017年要在2012年的基础上削减燃煤消费8300万吨,“两高”行业的新增产能要实行等量或减量置换。并且提出了更积极的空气质量改善目标,到2017年年底,全国地级及以上城市可吸入颗粒物浓度比2012年下降10%以上,其中京津冀、长三角、珠三角等区域细颗粒物浓度分别下降25%、20%、15%左右。《大气污染防治行动计划》制定了国家煤炭消费总量中长期制约目标,实行目标责任管理。到2017年,煤炭占能源消费总量比重降低到65%以下。京津冀、长三角、珠三角等区域力争实现煤炭消费总量负增长,通过逐步提高接受外输电比例、增加天然气供应、加大非化石能源利用强度等措施替代燃煤。为实现以上目标,《大气污染防治行动计划》确定了十项具体措施,即“大气十条”。为了落实国务院印发的《大气污染防治行动计划》和《节能减排“十二五”规划》等要求,确保实现节能减排约束性目标,促使企业减少污染物排放,发改委、财政部和环保部联合印发了《关于调整排污费征收标准等有关问题的通知》,要求调整排污费征收标准,2015年6月底前,各省(自治区、直辖市)价格、财政和环保部门要将废气中的二氧化硫和氮氧化物排污费征收标准调整至不低于每污染当量1.2元,充分发挥价格杠杆作用,促进治污减排和环境保护。

京津冀及周边地区(包括北京市、天津市、河北省、山西省、内蒙古自治区、山东省)是中国大气污染最严重的区域,一直是大气污染防治的重点区域。为贯彻落实《国务院关于印发大气污染防治行动计划的通知》(国发〔2013〕37号),加大京津冀及周边地区大气污染防治工作力度,切实改善环境空气质量,2013年9月17日环保部等部门颁布了《京津冀及周边地区落实大气污染防治行动计划实施细则》。该《京津冀及周边地区落实大气污染防治行动计划实施细则》提出了“到2017年,北京市、天津市、河北省细颗粒物($PM_{2.5}$)浓度在2012年基础上下降25%左右,山西省、山东省下降20%,内蒙古自治区下降10%”的具体指标。《京津冀及周边地区落实大气污染防治行动计划实施细则》明确提出了在京津冀及周边地区实施综合治理,强化污染物协同减排,全面淘汰燃煤小锅炉、加快重点行业污染治理及深化面源污染治理;为达到产业结构调整和优化的目标,京津冀及周边地区不得审批钢铁、水泥、电解铝、平板玻璃、船舶等产能严重过剩行业新增产能项目;同时在该地区实行煤炭总量控制,推动能源利用清洁化等。

第三章 与煤炭消费总量控制相关的城市实践

城市是中国实施各项发展战略和政策的重要主体。城市是经济活动、能源消耗、污染排放的主体,也在改变能源结构、提高能源效率,推动生态文明建设,推行低碳生产和生活方式以及促进技术创新等方面扮演着关键角色。

在中国,中央政府为地方政府规划和管理其发展、能源、资源和环境等方面提供指导。在中央政府提出的发展原则和方针的基础上,地方政府将制定和实施有关城市规划的地方政策,确定和批准适合地方发展的优先项目,管理地方财政支出。由于中国是一个幅员辽阔人口众多的国家,国家层面的战略和政策都必须要分解到省级乃至城市的层面才能够得到有效实施。与此同时,绝大多数的投资、消费等经济活动也都发生在城市。因此,城市是中国实施国家能源战略和大气污染防治的重要主体。

第一节 城市层面的低碳、生态、绿色实践

全球范围内的低碳、生态、绿色潮流与煤炭总量控制之间具有很强的协同性。一方面,煤炭消费引起严重的环境问题——环境污染、生态破坏、气候变化,煤炭消费的高速增长,带来的就是温室气体和大气污染物的大量排放,并且,煤炭粗放式的开采严重破坏生态环境,所以控制煤炭的消费总量就是在践行低碳、生态、绿色的目标;另一方面,城市低碳、生态、绿色方面的规划和实践

也有助于煤炭消费总量的合理控制。我们看到，在各省（自治区、直辖市）出台的《大气污染防治目标责任书》《低碳发展规划》等文件中都会提到煤炭总量控制，并且有相应的措施，比如说禁燃区建设、淘汰整治燃煤小锅炉等，这些在很大程度上控制了各省市的煤炭消费总量。

2015 年 5 月 5 日，国家发布《关于加快推进生态文明建设的意见》，明确提出，"坚持把绿色发展、循环发展、低碳发展作为基本途径。经济社会发展必须建立在资源得到高效循环利用、生态环境受到严格保护的基础上，与生态文明建设相协调，形成节约资源和保护环境的空间格局、产业结构、生产方式"。这体现了国家对生态文明建设的重视程度，生态文明建设与煤炭消费总量的控制之间也有良好的协同性，有利于更好地控制煤炭消费。

一、发改委主导的低碳试点省市

国家发展改革委在 2010 年 7 月选择了广东、天津等 13 个地区（"五省八市"）开展低碳试点工作，明确支持各地进行低碳发展的探索和尝试。2012 年 11 月，国家发展改革委又开展了第二批低碳试点地区，选择了北京、海南、上海等 29 个省（自治区、直辖市）来继续推进低碳试点的工作。2017 年 1 月，国家发展改革委经统筹考虑各申报地区的试点实施方案、工作基础、示范性和试点布局的代表性等因素，确定在内蒙古自治区乌海市等 45 个城市（区、县）开展第三批低碳城市试点工作。

目前，中国已确定了 6 个低碳省区试点和 81 个低碳城市试点，每个省份都至少有一个低碳试点城市。低碳试点城市根据自身的实际情况出台相应的低碳试点规划，这有助于煤炭消费总量的控制。

二、住建部主导的低碳生态城市试点

住建部主导的低碳生态城市试点主要包括部省共建的生态示范城市/城区（目前包括唐山市唐山湾新城、石家庄市正定新区等 4 个项目）、部市共建的国家低碳生态示范市/示范区（目前包括深圳市、无锡太湖新城 2 个项目）、国家绿色生态示范城区（目前包括中新天津生态城、唐山市唐山湾生态城等 8 个项目）、国家生态园林城市试点（目前包括青岛市、南京市、杭州市等 11 个城市)、中美低碳生态试点城市(目前包括廊坊市、济源市等 6 个城市)。

近几年来,住建部主要将重心放在对外合作项目上,注重落实原有对外合作项目的发展,同时积极探索新的对外合作形式。

中新(新加坡)天津生态城合作开始较早,起步区已基本建成,绿色建设标准得到有效实施,大批企业落户,节能环保等企业群初具规模。

中法武汉生态示范城合作项目自实施以来,中法双方开展了示范城总体规划相关工作,生态示范城选址区域的现状调查和登记工作已经完成。

中美低碳生态城市试点工作(河北廊坊市、山东潍坊、日照市、河南鹤壁、济源市、安徽合肥市)多次成为中美战略与经济对话的重要议题。美方提供的技术方案经多次论证和协调,已纳入部分城市对外合作计划。下一步将以新技术推广为重点,为低碳生态城市建设积累经验。

中德低碳生态城市试点是落实 2013 年中德联合新闻公报内容的具体合作。中德双方已共同选取试点城市[张家口市(含怀来)、烟台市、江苏省宜兴市、海门市、乌鲁木齐市],将在城市规划、基础设施、被动式超低能耗建筑、绿色交通灯多领域开展务实合作,推动试点城市实现低碳生态发展。

中欧低碳生态城市合作项目是“中欧低碳和环境可持续项目”的重要组成部分。欧盟提供 930 万欧元赠款支持,开展低碳生态城市发展机制研究、城市试点、服务平台建设等工作。项目已确定 2 个综合试点城市(珠海市、洛阳市)和 8 个专项试点城市(江苏省常州市、安徽省合肥市、山东省青岛市和威海市、湖南省株洲市、广西壮族自治区柳州市、桂林市、陕西省西咸新区),该项目通过中欧在可持续城镇化相关政策技术领域的研究、示范与经验共享,提高中国建设低碳生态城市、实现城镇可持续发展的水平和能力。

通过不同部委主导的不同规模、不同类型的低碳试点示范,在影响城市发展的关键领域实施和推广相关的战略、政策及技术,探索一条通向低碳城市的可持续发展模式,通过联动效应在区域层面开展模式应用推广,逐步实现中国低碳城市发展之路。低碳试点城市根据自身的实际情况出台相应的低碳试点规划,从而有助于煤炭消费总量的控制。

三、住建部主导的智慧城市/城区试点

为规范和推动智慧城市的健康发展，构筑创新 2.0 时代的城市新形态，引领中国特色的新型城市化之路，住房和城乡建设部启动了国家智慧城市试点工作。住建部于 2013 年 1 月 29 日，公布第一批试点城市 90 个(后增补 9 个)，2013 年 8 月 1 日，公布第二批试点城市 103 个，2015 年 4 月 7 日，公布第三批试点城市 84 个，扩大范围试点 13 个，专项试点 41 个。

目前，我国智慧城市试点已覆盖全国各省、直辖市与自治区，智慧城市的建设有利于城市在大气质量监测管理、信息公开等方面的发展，使大气质量信息能够及时、透明、快捷地发布，通过智慧城市的试点项目，以点带面，从而辐射试点城市周边区域，推动整个城市智慧生活的发展，这在一定程度上有助于煤炭总量的控制。

四、国家发展改革委主导的生态文明先行示范区

2013 年 8 月，国务院在《关于加快发展节能环保产业的意见》中提到，开展生态文明先行先试在全国范围内选择有代表性的 100 个地区开展国家生态文明先行示范区建设。2013 年 12 月，发改委与财政部、国土资源部、水利部、农业部、国家林业局联合发布《国家生态文明先行示范区建设方案(试行)》，计划在未来五年之内建设 100 个生态文明先行示范区。

2014 年 8 月，国家发展改革委、国土资源部等六部门同意将北京市密云县、北京市延庆县、天津市武清区等 55 个地区作为第一批生态文明先行示范区。生态文明先行示范区根据自身的实际情况出台相应的生态文明建设方案，方案中也大都提到对煤炭消费控制的相应措施，这有助于煤炭消费总量的控制。

通过对 55 个地区的辨别，可以看到有些示范区突破了行政区划的限制，比如说武陵山地区的生态文明建设就需要湖北、湖南、贵州、重庆等有关地区的协调统一，河南省南阳市、湖北省十堰市也要做好南水北调丹江口库区及上游地区生态文明建设的协调衔接。这与大气污染防治中区域联防联控的原则也是一致的，因为生态环境问题的边界往往突破行政区划的限制，具有区域性。

第二节 城市煤炭消费总量控制政策和措施

一、更严格的法治环境

自2015年1月新《环境保护法》实施以来，环境行政处罚变得更加严厉。新《环境保护法》不仅规定了按日计罚制度，还可以责令停业、关闭，同时可以使用“行政拘留”手段。北京市根据新修订的环保法，组织市区两级环保、城管、质监、公安等部门联合执法，打击各类环境违法行为。2015年前四个月，北京市环保部门共实施环境行政处罚775起，金额2315万元，并责令京能石景山热电厂和国华北京热电厂燃煤机组关停。杭州市也以新《环境保护法》实施为契机，有效利用查封扣押、移送行政拘留、信息公开等手段，加强企业监管，打造“最严格环境监管城市”的升级版。2015年3月19日，德州市人民法院受理了中华环保联合会诉德州晶华集团振华有限公司大气污染责任纠纷案，这是新《环境保护法》实施后我国首例针对大气污染提起的公益诉讼，新《环境保护法》规定非政府环保组织具备提起环保公益诉讼的主体资格。按日计罚提高了违法成本，同时增加环保部门的查封扣押权等权力，有利于增强环境执法主体的权威性，提高环境执法效率和震慑力。

2015年8月，修订后的《大气污染防治法》公布，并于2016年1月1日开始施行。修订后的《大气污染防治法》制定了更加严格的监督管理制度，鼓励各部门之间协调合作共同监督，对那些未完成国家下达的大气环境质量改善目标的地区，省级以上人民政府环境保护主管部门应当会同有关部门约谈该地区人民政府的主要负责人，并暂停审批该地区新增重点大气污染物排放总量的建设项目环境影响评价文件，且约谈情况要向社会公开。

中央环保督查自2015年年底从河北试点开始，到党的十九大之前已经实现了31个省（自治区、直辖市）的全覆盖，是生态文明体制机制的一项重大改革措施。环保督查在提升各方面加强生态环境保护推动绿色发展意识、解决群众身边突出环境问题、促进地方产业结构转型升级、促进地方环境保护机制的健全和发展的同时，对于大气污染防治和煤炭消费总量控制起到了巨大的推动作用。

近年来，地方立法进程不断加快，相对于国家层面的立法，地方立法更有针对性。防治大气污染，地方立法可先行。继北京实施《大气污染防治条例》以后，上海市、天津市、重庆市、安徽省、江苏省等省市也积极推进地方大气污染防治条例的制定工作。以上各省市的大气污染防治条例均要求地方有关部门制定清洁能源利用发展规划，确定燃煤总量控制目标，并规定实施步骤，逐步削减燃煤总量。

二、禁燃区建设

为了控制大气污染，国家相关部门将禁燃区建设作为一项重要的政策措施。原国家环保总局于 2000 年 11 月下发了《关于征求〈高污染燃料的划分规定及其“禁燃区”的划分指导原则〉意见的通知》，旨在对各地方高污染燃料“禁燃区”的建设加以指导，并于 2001 年制定了高污染燃料的划分方法。2004 年明确提出了“各地应加强能源使用管理，划定高污染燃料禁燃区；制定高污染燃料销售、使用、转运、存放的管制办法，加强对高污染燃料禁燃区的监督管理”的要求。

2012 年环保部、国家发展改革委、财政部等联合发布的《重点区域大气污染防治“十二五”规划》中提出，要加强“高污染燃料禁燃区”划定工作，逐步扩大禁燃区范围。重点控制区高污染燃料禁燃区面积要达到城市建成区面积的 80%以上，一般控制区达到城市建成区面积的 60%以上。2013 年年底前重点控制区完成高污染燃料禁燃区划定工作；2014 年年底前一般控制区完成划定工作。

2013 年，河南、黑龙江、湖北、湖南、广东、吉林、江苏、江西、辽宁、山西、天津、四川等省市大气污染防治目标责任书里提出要扩大城市高污染燃料禁燃区范围，逐步由城市建成区扩展到近郊。同时，山东省和河北省明确提出到 2013 年年底，完成“高污染燃料禁燃区”划定工作，城市禁燃区面积不低于建成区面积的 80%。

三、淘汰改造燃煤小锅炉

燃煤小锅炉使用原煤直接燃烧，很难达到完全燃烧，还伴随着烟尘的直接排放，不仅造成能源浪费，更造成污染。针对这一问题，国家各部委、各地区、各省市也出台了相关规定和措施来治理燃煤小锅炉。

2012 年 10 月，环保部、国家发展改革委、财政部联合发布《重点区域大气污染防治"十二五"规划》，提出要逐步淘汰小型燃煤锅炉，热网覆盖范围内的分散式燃煤锅炉全部拆除，城市建成区、地级及以上城市市辖区逐步淘汰 10 蒸吨/时以下燃煤锅炉，到 2015 年，工业园区基本实现集中供热，逐步淘汰农村地区居民散烧供暖煤炉，鼓励使用清洁能源，有条件的地区应实现集中供热。

2013 年 9 月 17 日，环保部、发改委、工信部等 6 部委联合发布《京津冀及周边地区落实大气污染防治行动计划实施细则》，要求"全面淘汰燃煤小锅炉"。要加快热力和燃气管网建设，通过集中供热和清洁能源替代，加快淘汰供暖和工业燃煤小锅炉。到 2015 年年底，京津冀及周边地区地级及以上城市建成区，除必要保留的以外，全部淘汰 10 蒸吨/时及以下燃煤锅炉、茶浴炉；北京市建成区取消所有燃煤锅炉，改由清洁能源替代。到 2017 年年底，京津冀地级及以上城市建成区基本淘汰 35 蒸吨/时及以下燃煤锅炉，城乡结合部地区和其他远郊区县的城镇地区基本淘汰 10 蒸吨/时及以下燃煤锅炉。京津冀晋鲁地级及以上城市建成区原则上不得新建燃煤锅炉。

2014 年 11 月，国家发展改革委、财政部等在内的 7 部委发布了《关于燃煤锅炉节能环保综合提升工程实施方案的通知》。其主要目标规定：到 2018 年，推广高效锅炉 50 万蒸吨/时（规模），高效燃煤锅炉市场占有率由目前的不足 5%提高到 40%；淘汰落后燃煤锅炉 40 万蒸吨/时；完成 40 万蒸吨/时燃煤锅炉的节能改造；推动建成若干个高效锅炉制造基地；燃煤工业锅炉平均运行效率在 2013 年的基础上提高 6 个百分点，形成年 4000 万吨标准煤的节能能力；减排 100 万吨烟尘、128 万吨二氧化硫、24 万吨氮氧化物。该实施方案的主要任务包括加快推广高效锅炉、加速淘汰落后锅炉、加大节能改造力度、提升锅炉系统运行水平、提升锅炉污染治理水平、推动高效锅炉产业化和推进燃料结构优化调整等。

该实施方案对政府监管职能和大气污染防治重点地区均提出了非常明确的强制性要求，例如提出了政府应公告高效锅炉型号目录和能效参数，并加强

监督监管。新改扩建固定资产投资项目和政府采购项目应优先选用列入高效锅炉推广目录或能效等级达到一级的产品。严格落实现行税收优惠政策,适时研究完善《节能节水专用设备所得税优惠目录》;在城市热力管网覆盖区域,加快淘汰小型分散燃煤锅炉,推行城市集中供热。逐步禁止生产和使用手烧锅炉及其他落后炉型。妥善处理淘汰的旧锅炉,研究建立统一回收机制,已淘汰锅炉要及时报废,采取去功能化处理并注销使用登记证,严格控制已淘汰锅炉重新进入市场,防止落后锅炉移装到农村或偏远地区继续使用;加强锅炉能效测试工作,2017 年年底前完成对 10 蒸吨/时及以上的在用燃煤工业锅炉能效普查,将锅炉能效数据纳入现有锅炉动态监管系统,实现信息共享;加大对锅炉节能环保技术的研发力度,并加强对科技成果推广应用的支持力度;落实《商品煤质量管理暂行办法》,加强煤炭质量管理,实现煤炭分质分级利用。加快制定锅炉燃煤技术条件,提高燃煤品质及使用等级,推进煤炭清洁化燃烧;到 2015 年年底,京津冀及周边地区地级及以上城市建成区全部淘汰 10 蒸吨/时及以下燃煤锅炉,北京市建成区取消所有燃煤锅炉;到 2017 年,地级及以上城市建成区基本淘汰 10 蒸吨/时及以下的燃煤锅炉,天津市、河北省地级及以上城市建成区基本淘汰 35 蒸吨/时及以下的燃煤锅炉;地级及以上城市建成区禁止新建 20 蒸吨/时以下的燃煤锅炉,其他地区原则上不得新建 10 蒸吨/时及以下的燃煤锅炉。北京、天津、河北、山西、山东等地区地级及以上城市建成区原则上不得新建燃煤锅炉。

各省(自治区、直辖市)也发布了各自的燃煤锅炉节能环保方案,比如:安徽省于 2014 年 9 月发布《安徽省燃煤小锅炉污染整理工作方案》,福建省于 2015 年 1 月发布《福建省燃煤锅炉节能环保提升工程实施方案》,山东省于 2015 年 2 月发布《山东省燃煤锅炉节能环保综合提升工程实施方案》,浙江省于 2015 年 3 月发布《关于进一步加大力度推进燃煤(重油)锅(窑)炉淘汰改造工作》,河南省于 2015 年 4 月发布《河南省燃煤锅炉节能环保综合提升工程工作方案》。

四、产业结构调整

由于煤炭需求增长空间受限,当前煤炭行业重点工作是加快煤炭产业结构调整，大力转变发展方式，促使煤炭工业健康稳定发展。根据国务院印发的《节能减排“十二五”规划》中的内容，产业结构调整主要包括：(1)抑制高耗能、高排放行业过快增长。(2)淘汰落后产能。关于产业结构调整中淘汰落后产能的问题，国家先后出台了《产业结构调整指导目录(2011年本)》和《部分工业行业淘汰落后生产工艺装备和产品指导目录(2010年本)》，同时国家发展改革委又于2013年对产业结构调整目录进行了修正，出台了《产业结构调整指导目录(2011年本)修正版》。(3)促进传统产业优化升级。重点支持对产业升级带动作用大的重点项目和重污染企业搬迁改造。调整加工贸易禁止类商品目录，提高加工贸易准入门槛。(4)推动服务业和战略新兴产业发展。加快发展生产性服务业和生活性服务业，推进规模化、品牌化、网络化经营。

2014年12月发改委、工信部等6部委发布的《重点地区煤炭消费减量替代管理暂行办法》中提出的煤炭消费减量具体措施中也包括“淘汰效率低、煤耗高、污染中的项目，重点是电力、钢铁、水泥、炼焦等行业落后产能项目”。

各省市出台的大气污染防治的措施、低碳城市的规划、生态城市的规划都提到了地区的产业结构调整方案。比如：《杭州市大气污染防治行动计划(2014—2017年)》提出的“优化产业结构”具体包括：严格项目环境准入，加快淘汰关停落后产能和重污染、高耗能企业，按照长三角区域规划明确的杭州“建设高技术产业基地和国际重要的旅游休闲中心、全国文化创意中心、电子商务中心、区域性金融服务中心”的功能定位是发展经济。可见，地方政府在制定产业结构调整的具体方案时都会考虑到各自的实际情况，以因地制宜的产业结构调整方式来实现煤炭总量的有效控制。

五、提高工业能效

我国能源利用率较低，单位GDP的能源消耗远高于世界平均水平，而我国能源的消费结构中有接近7成[①]的比例是煤炭消费，并且，从一次能源统计

① 我国煤炭在能源结构中的比例长期维持在70%左右，但是近年来比重不断降低，2014年66.0%、2015年63.7%、2016年61.8%、2017年60.4%。

的角度来看,全社会消耗的煤炭中有90%都是工业消耗,所以提高工业能效对煤炭总量控制的意义重大。

2006年7月,国家发展改革委发布《"十一五"十大重点节能工程实施意见》,提出了一系列以提高工业能耗为主的措施,包括改造落后燃煤工业锅炉(窑炉)、更新改造低效工业锅炉、建设区域锅炉专用煤集中配送加工中心、热电联产、余热余压利用工程、电机系统节能工程等。

2011年9月,国务院发布《"十二五"节能减排综合性工作方案》,方案中提到要实施节能重点工程:实施锅炉窑炉改造、电机系统节能、能量系统优化、余热余压利用等节能改造工程,以及节能技术产业化示范工程、合同能源管理推广工程和节能能力建设工程。到2015年,工业锅炉、窑炉平均运行效率比2010年分别提高5个和2个百分点,电机系统运行效率提高2—3个百分点,新增余热余压发电能力2000万千瓦。

地方政府在治理大气污染或者低碳规划中也多次提到应该提高工业能效,比如,黑龙江省发布的《黑龙江省大气污染防治行动计划实施细则》提出"提高煤炭使用效率,严格落实节能评估审查制度",杭州市的《杭州市大气污染防治行动计划(2014—2017年)》中提到要"提高能源使用效率"。并且有些地方政府也根据各自的实际情况出台了针对性提高工业能效的方案,比如,2011年7月,上海提出《上海市"十二五"工业锅炉提高能效总体方案》;2013年9月,山东省发布《关于加强工业锅炉节能管理工作的意见》等。

六、能源结构调整

面对资源日益紧缺、大气污染加重的形势,我们必须把能源结构调整作为当前中国能源发展的重要任务之一,减少对石化能源资源的需求与消费,降低煤电的比重。

2012年8月,国务院发布《节能减排"十二五"规划》,其中提到能源结构调整主要包括:促进天然气产量快速增长,推进煤层气、页岩气等非常规油气资源开发利用,加强油气战略进口通道、国内主干管网、城市配网和储备库建设。结合产业布局调整,有序引导高耗能企业向能源产地适度集中,减少长距离输煤输电。在做好生态保护和移民安置的前提下积极发展水电,在确保安全的基础上有序发展核电。加快风能、太阳能、地热能、生物质能、煤层气等清洁能源商业化利用，加快分布式能源发展，提高电网对非化石能源和清洁能源发电的接纳能力。

2013 年 9 月，国务院发布《大气污染防治行动计划》，计划要求，加快调整能源结构，增加清洁能源供应。京津冀区域城市建成区、长三角城市群、珠三角区域要加快现有工业企业燃煤设施天然气替代步伐。到 2017 年，煤炭占能源消费总量比重降低到 65%以下。

2014 年 11 月 19 日，国务院印发《能源发展战略行动计划（2014—2020 年）》，文件中提出要降低煤炭消费比重，加快清洁能源供应，控制重点地区、重点领域煤炭消费总量，推进减量替代，压减煤炭消费，到 2020 年，全国煤炭消费比重降至 62%以内，并提出要安全发展核电，大力发展可再生能源，积极发展能源替代。

七、建筑节能

我国正处于城镇化快速发展时期，建筑总量持续增长。按照 2006 年的数据，新建建筑和既有建筑改造消耗了我国钢铁产量的 54%、水泥产量的 45%、陶瓷玻璃制品产量的 65%以上，这些材料的生产能耗约占我国每年总能耗的 19%左右（庄贵阳等，2011），同时，这些产业也是煤炭消耗的重点领域。未来，随着城镇化发展、生活水平提高、农村用能商品化，建筑规模、建筑能耗将持续增加。在我国城市建设规模日益扩大的条件下，以建筑领域的节能减排为主线，向建筑材料制造和建筑用能管理两端延伸的全过程管理，对实现城市可持续发展具有重要的作用和意义。

国家有关部门早已关注到这一情况并出台了相关的方案，2006 年 7 月，国家发展改革委发布《“十一五”十大重点节能工程实施意见》，文件指出，“新建建筑全面严格执行 50%节能标准，四个直辖市和北方严寒、寒冷地区实施新建建筑节能 65%的标准，并实行全过程严格监管”。2011 年 9 月，国务院发布《“十二五”节能减排综合性工作方案》，文件指出，“北方采暖地区既有居住建筑供热计量和节能改造 4 亿平方米以上，夏热冬冷地区既有居住建筑节能改造 5000 万平方米，公共建筑节能改造 6000 万平方米，高效节能产品市场份

额大幅度提高”。2012 年 5 月,住建部发布《“十二五”建筑节能专项规划》,提出要“促进建筑节能向绿色、低碳转型”。

截至 2013 年年底,我国已推广绿色建筑 6.46 亿平方米,其中标识面积 2.68 亿平方米(1446 个项目),强制推广 3.78 亿平方米,启动绿色保障性住房建设工作,批准建设 8 个绿色生态城区。

表 3-1 和表 3-2 分别列出了主要的建筑节煤技术和建筑节电技术。

表 3-1 建筑节煤技术

序 号	建筑类型	具体技术措施
1	北方城镇节能 75%以上的新建居住建筑	更高性能外围护结构
2	城镇新建居住建筑	高性能围护结构、可再生能源
3	城镇新建公共建筑	高性能围护结构
4	北方既有居住建筑节能改造	外围护结构,室内外热平衡
5	既有公共建筑节能改造	采暖—空气源热泵

表 3-2 建筑节电技术

序 号	建筑类型	具体技术措施
1	北方城镇新建居住建筑	公共区域高效照明、太阳能热水
2	其他地区新建居住建筑	公共区域高效光源、太阳能热水、可再生能源
3	城镇新建公共建筑	公共区域高效光源、高效空调机组、太阳能热水、可再生能源、智能控制
4	既有公共建筑节能改造	新能源—光伏发电
5	既有公共建筑节能改造	电梯变频控制
6	既有公共建筑节能改造	制冷系统—智能群控系统
7	既有公共建筑节能改造	高效照明
8	既有公共建筑节能改造	管理措施及其他

八、经济激励

经济激励型的政策主要包括建立排污权交易市场,如碳交易市场等,以及征收资源税、环境税、制定更严格的排污收费制度。

（一）碳交易市场

中国能源燃烧排放的二氧化碳中超过80%是燃煤排放的，碳交易在减少二氧化碳排放的同时，肯定会减少煤炭的消耗。根据国家发展改革委发布的《碳排放权交易管理暂行办法》，计划建设全国统一的碳排放权交易市场。2015年"两会"期间，我国碳交易市场建设时间表确定。全国碳排放市场建设按照总体设计、分步实施的原则，分三个阶段进行。2014—2015年为准备阶段，完成碳排放权交易市场基础建设工作，具备启动交易的条件；2016—2020年为运行完善阶段，全面启动实施和完善碳市场；2020年后为稳定深化阶段，扩大参与的企业范围和交易产品，逐步形成运行稳定、健康活跃的交易市场，同时探索与国际上其他碳市场进行连接的可行性。

2011年，国家发展改革委在北京、天津、上海、重庆、广东、湖北、深圳7个省市开展碳排放交易试点工作。近年来，7省市试点工作有序推进，初步建成了制度要素齐全、初具规模、各具特色的试点碳交易市场。截至2017年9月，7个试点碳市场共纳入20余个行业、近3000家重点排放单位，累计成交排放配额约1.97亿吨二氧化碳当量，累计成交额约45.16亿元。此外，福建省于2016年9月发布《福建省碳排放权交易管理暂行办法》，纳入电力、石化、航空、陶瓷等9个行业的227家重点排放企业，并于2016年12月正式启动碳市场，启动当日成交配额78.63万吨，交易额1822.65万元。

与此同时，国家发展改革委开展了《温室气体自愿减排交易管理办法》和项目审定与核证指南相关修订工作。截至2017年3月，中国已开发198个温室气体资源减排方法学，12家机构获得温室气体资源减排项目审定和减排量核证机构资格，累计公示温室气体自愿减排审定项目2871个，备案项目1315个。截至2016年12月，国家温室气体自愿减排交易注册登记系统已实现与7个碳交易试点省市和福建、四川的碳交易平台对接，累计成交减排量8111万吨二氧化碳当量，累计成交额约72亿元（国家发展和改革委员会，2017）。

碳交易是长期发生作用的机制，主要作用对象是大、中型的企业。碳交易价格由市场决定，灵敏度大，效率高，但在有些高煤耗的行业和部门覆盖不到，且交易价格很低时交易便失去作用，一般来说短期内不会发挥主要作用。

（二）煤炭资源税费政策

2014年9月，财政部、国家发展改革委联合下发《关于全面清理涉及煤炭原油天然气收费基金有关问题的通知》，规定自2014年12月1日起，在全国范围内实施煤炭资源税从价计征改革，煤炭资源税税率幅度为2%—10%，其中内蒙古税率最高为9%，黑龙江、吉林、辽宁、北京、河北、河南、江苏、安徽、江西、福建、湖北等省税率最低，只有2%。目前我国煤炭资源费税率总体水平较低，未能发挥通过征收煤炭资源税来降低煤炭消费总量的作用，有必要进一步改革并配合环境保护税、碳税等改革，提高煤炭的使用成本。

（三）可再生能源税收优惠政策

支持可再生能源的开发利用，对于改善我国的能源消费结构意义重大。随着经济快速发展和能源消耗的加快，我国对可再生能源开发利用的税收扶持政策逐年增多。

增值税方面：自2001年1月1日起，对属于生物质能源的垃圾发电实行增值税即征即退政策；自2001年1月1日起，对风力发电实行增值税减半征收政策；自2005年起，对国家批准的定点企业生产销售的变性燃料乙醇实行增值税先征后退；对县以下小型水力发电单位生产的电力，可按简易办法依照6%征收率计算缴纳增值税；对部分大型水电企业实行增值税退税政策。消费税方面：自2005年起，对国家批准的定点企业生产销售的变性燃料乙醇实行免征消费税政策。

（四）天然气税收优惠政策

2011年财政部出台《关于对2011—2020年期间进口天然气及2010年年底前“中亚气”项目进口天然气按比例返还进口环节增值税有关问题的通知》，其中提出在2011年1月1日至2020年12月31日期间，在经国家准许的进口天然气项目、进口天然气价格高于国家天然气销售定价的情况下，将相关项目进口天然气（包括液化天然气）的进口环节增值税按该项目进口天然气价格和国家天然气销售定价的倒挂比例予以返还。对2010年年底前“中亚—中国天然气管道”项目进口的天然气，也按上述政策返还进口环节增值税。

（五）节能项目税收优惠政策

根据《中华人民共和国企业所得税法》，国家对节能项目税收方面优惠的具体方式是实现税收的三免三减半，即自项目取得第一笔生产经营收入所属纳税年度起，第一年至第三年免征企业所得税，第四年至第六年减半征收企业所得税。

除此之外，国家还提出节能技改奖励。“十一五”期间制定发布了十大重点节能工程实施意见，并设立节能专项资金，对节能改造实行投资补助和财政奖励。广东省、江苏省、山东省、上海市、深圳市、天津市、浙江省等省市均设立了节能专项资金，对节能技术改造项目、资源综合利用及循环经济项目、节能能力培训项目等进行奖励、补助、贴息，其中深圳市最高项目贴息总额可达600 万元，上海市单个项目资助总额最高可达 500 万元。

2011 年 6 月《节能技术改造财政奖励资金管理办法》还规定，“十二五”期间，政府将对节能量在 5000 吨标准煤以上及年综合能源消费量在 2 万吨标准煤以上的节能项目，东部地区按 240 元/吨标准煤、中西部地区按 300 元/吨标准煤给予一次性奖励。

（六）排污费和环保税征收政策

为进一步发挥排污费对生态环境保护和煤炭总量控制的促进作用，相关部门加快了排污费改革的进程，从 2015 年 6 月起，废气中的二氧化硫和氮氧化物排污费征收标准不低于每污染当量 1.2 元。鼓励污染重点防治区域及经济发达地区，按高于上述标准调整排污费征收标准。其中，北京市二氧化硫和氮氧化物排污费征收标准为每污染当量 10 元；天津市二氧化硫征收标准为每污染当量 6.3 元，氮氧化物为每污染当量 8.5 元。

2015 年 6 月 10 日国务院法制办发布了《环境保护税法（征求意见稿）》，其中规定的税额标准与现行排污费的征收标准基本一样，但是对超标、超总量排放污染物的行为提出了严厉的惩戒措施，加倍征收环保税，最高可按照当地适用税额标准的 3 倍计征。《环境保护税法》自 2018 年 1 月 1 日正式施行。

（七）煤炭消费总量控制与财税政策的关系

通过建立碳排放交易市场、征收煤炭资源税、提高排污费费率，提高煤炭使用成本。同时，对可再生能源、天然气实施税收优惠和补贴，可以增强可再生能源和天然气的竞争能力。运用财政支出政策和税收优惠政策，鼓励节能技术改造，促进能效提高。表 3-3 为对煤炭消费总量控制路径与经济激励政

策作用的总结。

表 3-3　煤炭消费总量控制路径与经济激励政策作用

煤炭消费总量控制路径	财税政策
能源结构调整	完善财政体制和财政支出政策，实施营改增改革，完善税收优惠政策，促进第三产业发展，转变经济增长方式，调整产业结构
可再生能源替代	运用财政支出政策和税收优惠政策支持可再生能源发展，同时征收煤炭资源税，提高煤炭使用成本，从而提高可再生能源的竞争力
节能和提高能效	运用财政支出政策和税收优惠政策，促进技术创新和进步，鼓励节能和提高能效
市场机制	完善碳排放权交易市场，通过市场机制引导能源的低碳转型，实现碳排放总量和煤炭消费总量

（八）信息公开和监督核查

信息公开和监督核查作为城市煤炭总量控制的有效保障措施，是煤炭总量控制的重要内容。2014 年新修订的《环保法》也进一步突出了信息公开和监督的重要性，强调“公民、法人和其他组织依法享有获取环境信息、参与和监督环境保护的权利”。但由于环境信息公开涉及政府很多部门，如果各部门公开的环境信息内容交叉，将不利于环境保护工作的开展。因此，新《环保法》规定了环境保护主管部门对环境保护工作实施统一监督管理，环境信息公开的主要主体就是各级环保部门。为此，新《环保法》又规定了各级环保部门分类公开环境信息的等级责任。即环保部统一发布国家环境质量、重点污染源监测信息及重大环境信息；省级环保部门发布环境状况公报；县级及以上的环保部门要公开属地环境质量、环境监测、突发环境事件以及行政许可、行政处罚、排污费的征收和使用情况等信息。

2015 年 8 月最新修订的《大气污染防治法》提出了更高的信息公开和监督核查要求。《大气污染防治法》规定城市大气环境质量限期达标规划应当向社会公开，直辖市和设区的市的大气环境质量限期达标规划应当报国务院环境保护主管部门备案；城市人民政府每年在向本级人民代表大会或者其常务委员会报告环境状况和环境保护目标完成情况时，应当报告大气环境质量限期达标规划执行情况，并向社会公开。省、自治区、直辖市人民政府制定考核办法，对本行政区域内地方大气环境质量改善目标、大气污染防治重点任务完成情况实施考核，考核结果应当向社会公开。

为进一步落实煤炭消费总量控制的实施，《重点地区煤炭消费减量替代管理暂行办法》规定，北京市、天津市、河北省、山东省、上海市、江苏省、浙江省和广东省珠三角等重点地区人民政府应于每年6月底前编制上一年度煤炭消费减量替代工作自查报告，报给重点地区煤炭消费减量替代工作协调小组办公室。协调小组办公室于每年7—8月会同协调小组其他成员单位，对重点地区煤炭消费减量替代工作情况进行实地抽查，结果报告国务院，并向社会公告。对未完成煤炭减量年度目标的地区要给予通报批评，暂缓审批其新建燃煤项目，上一年度未完成的减量目标继续计入下一年度进行考核。

山东省、广东省、辽宁省、河北省、湖南省等省市的《大气污染防治目标责任书》中也提出要全面实行环境信息公开，主动接受社会监督；及时发布城市空气质量状况，公布辖区内地级城市空气质量排名；建立重污染行业企业环境信息强制公开制度。其中天津市还公布了大气污染防治网格化管理方案，将16个区县及海河教育园区划定为4个级别7992个网格管理区域，实行定区域、定人员、定职责、定标准、定流程、定考核“六定”管理，重点监管煤炭消费总量控制等任务。

第三节　城市煤炭消费总量控制相关规划路线

一、中国新型城镇化战略与城市煤炭消费总量控制

中国正处在城市化的历史进程中，《国家新型城镇化规划（2014—2020）》提出到2020年常住人口城镇化率达到60%，当前的工作重点是解决“三个1亿人”问题，即到2020年，要解决约1亿进城常住的农业转移人口落户城镇、约1亿人口的城镇棚户区和“城中村”改造、约1亿人口在中西部地区的城镇化。城镇化过程中会带来大量的基础设施建设与公共服务需求，构成了中国经济增长与结构调整的巨大而持续的动力源泉，既对传统城镇化路径下的能源消耗形成了巨大的挑战，同时也为城市经济社会发展向绿色、低碳、生态文明转型带来了空前机遇。

在城市化的进程中，如何在城市层面上制定和实施煤炭消费总量控制战略与规划，是非常重要的问题，其核心是实现城市大气污染控制目标，并通过产业结构和能源结构调整，实现城市发展转型，提高城市竞争力，提高城市宜居水平，保障城市能源供给，与生态文明建设和绿色、低碳发展实现协同。

二、控制中国城市煤炭消费总量的主要规划

中国城市煤炭总量控制缘起于国家和区域层面的大气污染防治，同时，煤炭消费总量控制相关的内容包括产业结构调整、能源供应方面的非化石能源的发展和化石能源结构优化、能源加工与转换技术的改进，能源终端利用环节的节能和能效水平的提高等，与城市层面的其他规划如国民经济与社会发展规划、城市总体规划、城市生态文明规划、城市低碳发展规划、大气污染防治规划、节能减排规划具有非常强的协同性。与城市煤炭消费总量控制相关的因素体现在上述种种规划中，各个规划之间的协调统一是非常重要和必要的。图 3-1 显示出了影响中国城市煤炭消费总量的主要相关规划。

城市煤炭消费总量控制规划是一项系统工程，应该在时间、空间、结构三个维度上构建城市煤炭总量控制的战略重点。

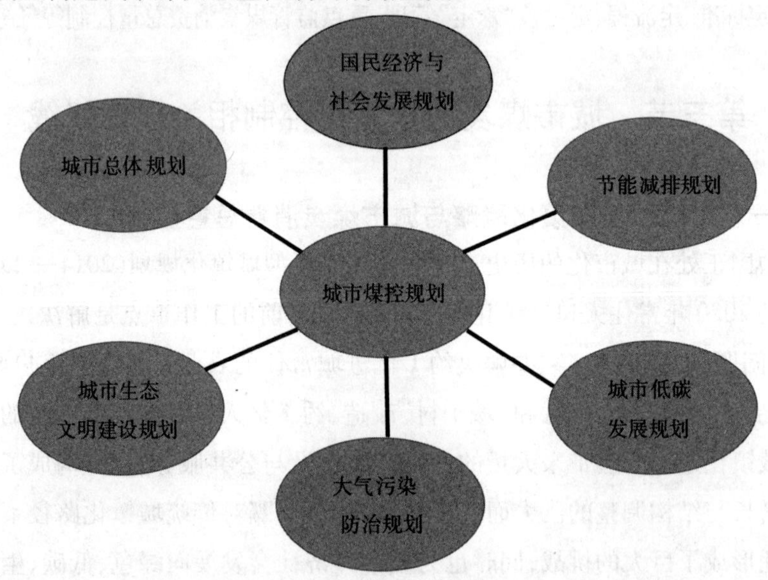

图 3-1　影响中国城市煤炭消费总量控制的主要规划

第一在时间维度上，要在短、中、长期时间尺度内建立发展进程与煤炭消费总量控制目标的关联，合理选择战略路径，分阶段设定社会经济发展和煤炭消费总量的控制目标。

第二在空间维度上，结合大气污染控制目标，在城市群、城市、城区与小城镇尺度优化产业空间布局，位于煤炭产地的中小城市可以发展清洁火电厂，在避免落后产能跨界转移的基础上承接煤炭消费总量控制压力大的大中城市的优质产能转移。同时优化建筑能源利用，优化基础设施布局，在经济较发达的区域，提前布局天然气管网。

第三在结构维度上，以转变城市经济发展方式和调整经济结构为主线，优化城市产业、行业与产品结构，实现煤炭消费总量控制与提升经济和技术竞争力的“双赢”。图 3-2、图 3-3、图 3-4 分别是在时间维度、空间维度和结构维度上的煤炭消费总量控制路径。

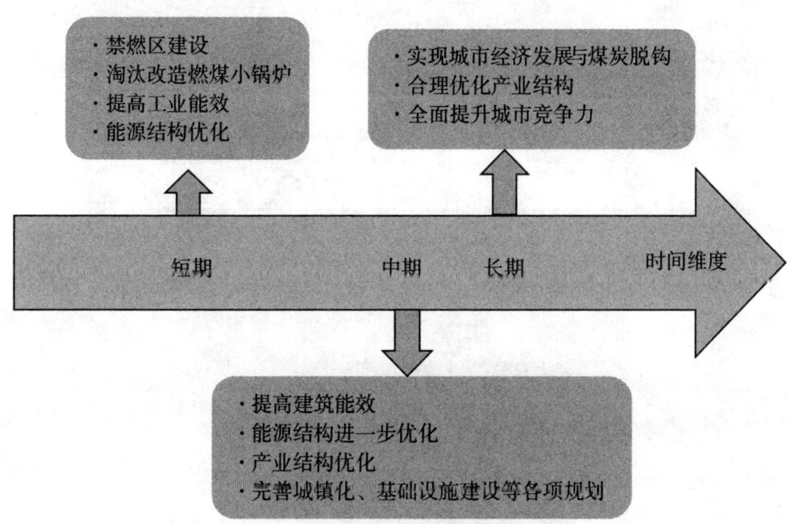

图 3-2　时间维度的煤炭消费总量控制路径

对于一个城市来说，在制定与煤炭消费总量控制相关的规划时，首先应该考虑所处区域的经济发展状况，是否处于大气污染治理的重点控制区或者一般控制区，资源禀赋特点如何，与周边城市的竞争合作关系等。其次要系统分析城市的经济活动和能源消费特点，具体来说，要分析城市的产业结构特别

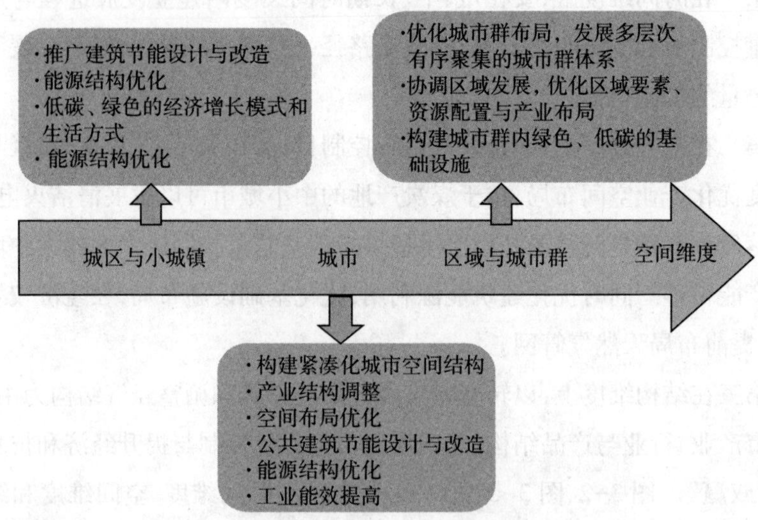

图 3-3　空间维度的煤炭消费总量控制路径

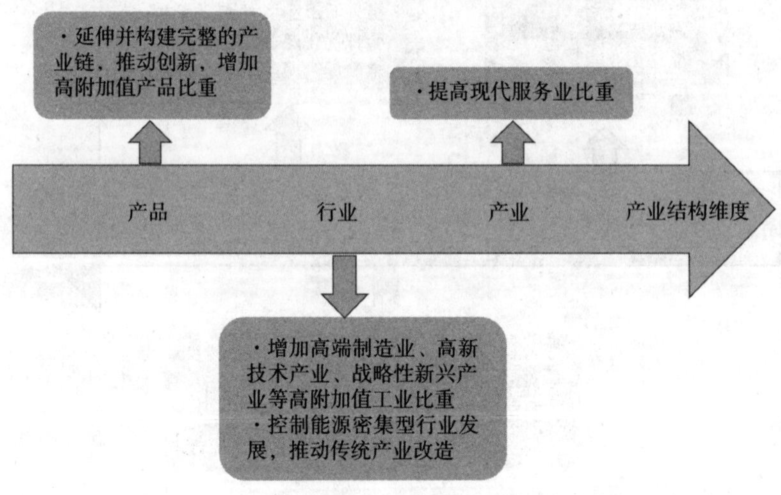

图 3-4　结构维度的煤炭消费总量控制路径

是工业结构，根据人均地区生产总值和第二产业与第三产业的比例判断城市所处的经济发展阶段，计算劳动生产率、单位地区生产总值能源消耗量和单位地区生产总值煤炭消耗量等经济效率指标，对城市未来可能的发展路径进行预估和分析。分析城市的能源消费结构和主要消费煤炭的产业，判断各种因地制宜的替代煤炭和减量煤炭的技术路径，由于在中国煤炭资源丰富的背景下能源结构和产业结构具有一定的内生性，这部分内容除了分析各种技术路径，还包括各种因地制宜进行产业结构调整的可能性。再次要进行空间、时间和结构维度的分析，要对城市进行不同维度上的社会经济发展、能源资源利用、生态环境约束和空间布局优化的系统分析，在不同维度上进行态势分析(SWOT)分析。考虑时间维度时要考虑短期、中期、长期的煤炭节约和煤炭替代策略，考虑空间维度时要结合城市的规模及与周边城市的关系，因地制宜地进行建筑节能改造、调整产业结构、优化能源结构、优化空间布局、注重低碳绿色的基础设施规划与建设等，考虑结构维度时要分别从微观的产品、中观的行业和宏观的产业角度考虑如何进行升级改造，从而减少对煤炭的依赖。最后在明确城市发展定位的基础上确定能源替代的目标、煤炭消费总量控制的技术和政策路径、保障措施和相关的制度建设等。图 3-5 显示出了中国城市煤炭消费总量控制相关规划的实施路线。

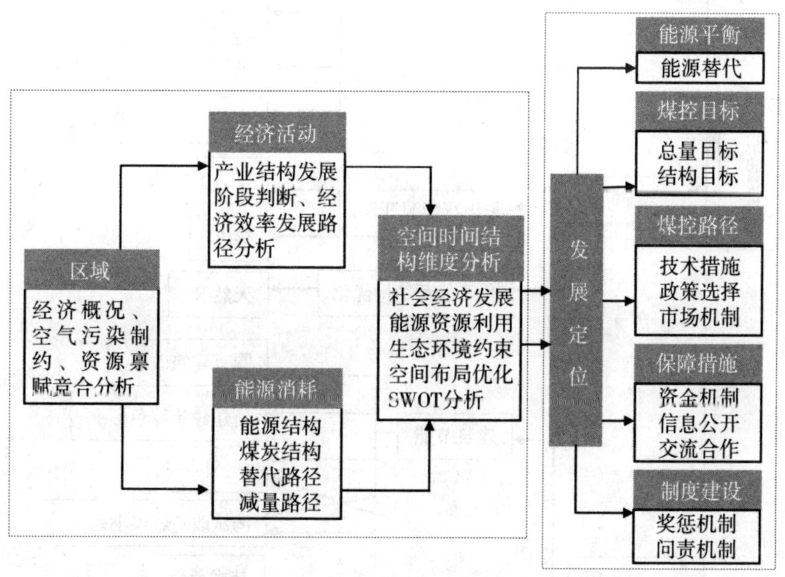

图 3-5　中国城市煤炭消费总量控制相关规划的实施路线

第四节　城市煤炭消费总量控制的重点领域

煤炭消费总量控制政策措施的重点领域主要分为三个方面,分别是调整产业结构、优化能源供应和提高能源利用效率。图 3-6 显示出了城市煤炭消费总量控制政策措施的重点领域,其中:

调整产业结构主要包括淘汰落后产能;增大高端制造业,高新技术产业,战略性新兴产业比重;控制能源密集型行业发展和提高现代服务业比重等。

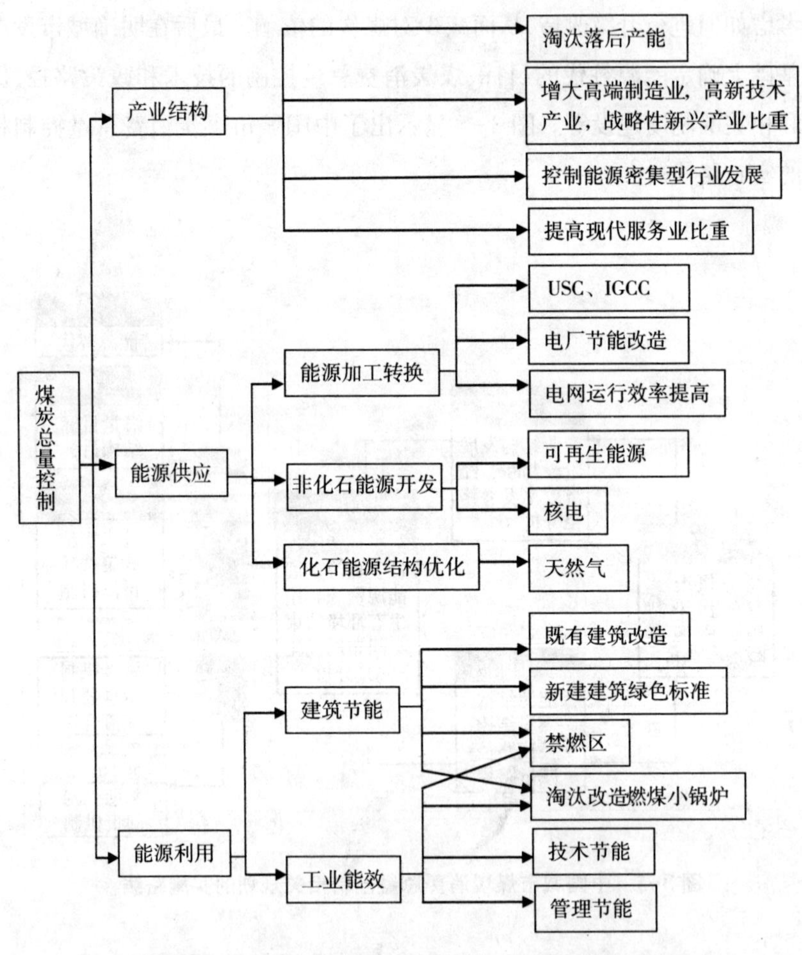

图 3-6　城市煤炭消费总量控制政策措施的重点领域

优化能源供应主要包括提高能源加工、转换和输送的效率、非化石能源的开发及化石能源结构的优化,能源加工转换效率的提高涵盖整体煤气化联合循环发电系统(IGCC)和超超临界燃煤发电技术(USC)等技术的应用、电厂的节能改造和电网运行效率的提高。非化石能源的开发利用主要有可再生能源的开发和发展以及核电的合理开发利用。化石能源结构优化主要是天然气的发展及增加天然气对煤炭和石油的替代。

提高能源利用效率方面主要包括发展建筑节能和提高工业能效两大方面,发展建筑节能包含对既有建筑的改造,还有针对新建建筑实施的绿色标准及与工业能效方面共有的禁燃区政策和淘汰改造燃煤小锅炉政策。提高工业能效方面还包括技术节能和管理节能等政策措施。

一、产业结构调整

产业结构调整可以从严格项目环境准入、加快淘汰关停落后产能和重污染、高耗能企业、因地制宜地发展战略性新兴产业和现代服务业等方面展开。

(一)严格项目环境准入

发布并执行严于国家要求的产业导向目录,将大气污染物排放总量控制作为建设项目环评审批的前置条件,对新增大气污染物排放的建设项目,实施减量替代审批制度,把煤炭减量替代作为新建项目通过节能评估的前提条件。禁止新建20蒸吨/时以下的高污染燃料锅炉,禁止新建直接燃用非压缩成型生物质燃料锅炉等。

(二)加快淘汰关停落后产能和重污染、高耗能企业

结合地方实际,制定范围更广、标准更高的落后产能淘汰政策;加大对重污染、高耗能行业污染企业的淘汰关停力度;对未按期完成淘汰关停任务的地区,暂停办理该地区对应行业建设项目的核准、审批和备案手续。

(三)发展战略性新兴产业和现代服务业

各地应该因地制宜地发展战略性新兴产业和现代服务业,推动创新型经济发展实现新突破。加快信息化与工业化深度融合,促进制造业与服务业紧密结合,推动实体市场和虚拟市场相互运用,引导企业运用高新技术、先进适用技术改造提升传统优势产业。加快推动纵向产业链与横向产业链有机融

合,通过“机器换人”、技术改造和营销模式创新等手段,抓好信息技术在工业领域的深入应用,推进产业链向研发和营销两端延伸。

二、能源供应

能源供应可以从发展非化石能源,优化化石能源结构,提高能源加工、转换和输送效率等方面进行城市煤炭消费总量控制规划。

(一)发展非化石能源

各类城市应该根据资源禀赋因地制宜地发展可再生能源和核电,例如水利资源丰富地区的城市在生态安全和妥善安置移民前提下继续发展水电,风力资源丰富地区大力推动陆上及近海风电开发,根据国家核电发展规划,合理发展利用核电等。

(二)优化化石能源结构

各类城市应该大力发展清洁煤技术,同时大力发展天然气,提高天然气在化石能源供应中的比重。加快城市天然气基础设施建设,保障和增加天然气来源,增加天然气对煤炭和石油的替代。积极推广天然气分布式能源系统的应用,继续拓展天然气在居民燃气供应、交通、发电、供热等领域的应用。加快工业天然气推广,推进工业燃煤、燃油锅炉的天然气改造,推动重点园区工业用天然气的普及。

(三)提高能源加工、转换和输送效率

鼓励电厂和热电厂等企业进行节能改造,主要途径是推广应用先进超超临界燃煤机组、循环硫化床燃煤发电、整体煤气化联合循环等高效燃煤发电技术,推广大规模热电联产机组,鼓励电厂和热电厂等企业进行节能改造,提高供热和发电、供电效率,降低厂用电率等。有条件的地区发展特高压输电和智能电网。

三、能源利用

(一)提高工业能源效率

中国过去在工业能效方面取得了显著的成绩。提高工业能效、促进工业节能一直是国家社会经济发展工作的重点领域,国家已经制定和颁布了一系

列促进工业节能的总体部署和专项规划，为城市在煤炭消费总量控制规划中设定工业能效目标和制定措施提供了良好基础。城市煤炭消费总量控制规划中应通过明确行动计划和具体工程来推动工业能效目标的实现。

在技术节能方面，可参考已有的各级节能专项规划中的工业能效措施，例如实施工业锅炉窑炉节能改造、内燃机系统节能、电机系统节能改造、余热余压回收利用、工业副产煤气回收利用、先进适用节能技术推广等。有关能效技术信息可以参考由工信部、科技部和财政部联合组织开展和筛选的工业分行业的节能减排先进适用技术目录等。

在管理节能方面，可以通过企业能源管控中心建设、节能产品认证、能效标识制度、合同能源管理、电力需求侧管理、能源审计、开展节能咨询与节能宣传等方式，建立和完善节能服务体系，利用市场机制促进煤炭消费总量控制。

（二）提高建筑能效

随着中国经济、社会发展和城镇化进程的持续推进，建筑部分的能耗快速增长。按建筑功能划分，可将建筑分为居住建筑和公用建筑，同时由于中国城市的行政辖区包含农村单元，因此提高建筑能效的过程中需要关注农村建筑。

提高建筑能效主要从老建筑改造和新建筑设计环节的节能和建筑运营环节的节能两个方面着手。首先根据中国的五个主要气候区（夏热冬暖、温和、夏热冬冷、寒冷、严寒），因地制宜地选择被动式设计策略，注重自然通风和被动式太阳能供暖以及蒸发制冷等；其次是注重建筑材料的循环利用，比如铝材、型钢的重复利用率、水泥中粉煤灰的替换比率等，这些建筑材料的循环利用率越高，建筑物的隐含能耗越低；最后是采用适合本地社会经济发展和资源禀赋的建筑节能和节电技术，充分利用可再生能源等。

第五节　城市煤炭消费总量控制的问题与挑战

一、相关的实践还没有形成合力

通过前面的论述和总结，可以看到国家发展改革委、环保部、住建部等多家部委都有一些政策和实践，其本质的内容与煤炭消费总量控制是相关的，地方政府也在创建低碳城市和生态文明先行示范区以及智慧城市的过程中因地制宜地出台了相应的目标和措施，但是比较突出的一个问题就是目前这些实践还没有形成合力，尚不能发挥最大的效力。因此各部门之间如何加强协调，在建设生态文明美丽中国的进程中最终实现煤炭消费减量，是当前面临的一个挑战。

二、地方经济发展情况的制约

城市实现煤炭消费总量控制的另一个挑战主要表现在两个方面，一方面，在降低能耗的过程中可能会导致高耗能企业的搬迁和关闭，这样就会减少政府的税收收入，并可能会影响当地的就业水平，这将导致煤炭消费总量控制措施的实施存在一定的阻力；另一方面，居民生活水平的不同也会导致其对于高价燃料（比如说天然气、电力等）的接受程度不同，进而影响各地区煤改电、煤改气等相关能源替代措施的进行。

第四章 重点行业煤炭消费总量控制的技术路径

第一节 电力行业

长期以来，电力行业消耗了一半的煤炭量。2013 年中国全社会用电量 5.32 万亿千瓦时，装机容量 12.47 亿千瓦，首次超过美国成为世界第一。体现在人均装机上也有较快增长，但人均装机水平仍不足 1 千瓦，未来增长空间巨大。2012 年，电力二氧化硫排放为全国的 41.7%，氮氧化物排放也接近全国的 40%，供电煤耗为 325 克标准煤/度，主要污染物排放绩效近年来也显著提高。但与《煤电节能减排升级与改造行动计划》的要求相比，节能减排的空间和压力巨大：新建机组供电煤耗小于 300 克标准煤/度，现有机组平均低于 310 克标准煤/度；东部煤电污染物排放绩效达到燃气机组水平，中部接近燃气机组水平（袁家海等，2015）。

一、技术路径

（一）高效清洁的煤电技术

1. 超超临界燃煤（USC）技术

超超临界燃煤发电技术是指燃煤电厂在高温运作时，采用先进的蒸汽循环以实现更高的热效率和比传统燃煤电厂更少的气体排放。如果中国 600 兆瓦等级的燃煤机组采用超超临界技术，供电煤耗 278 克/千瓦时，比同容量亚临界机组的煤耗减少 30 克/千瓦时，按年运行 5500 小时计算，一台 600 兆瓦

超超临界机组可比同容量亚临界机组节约6万吨标准煤/年,同时二氧化硫、氮氧化物、粉尘等污染物以及二氧化碳排放将大大减少。采用超超临界燃煤发电技术对节约资源消耗、保护环境、实现可持续发展具有重要意义。

2. 循环流化床(CFB)技术

循环流化床技术是近十几年来迅速发展的一项高效低污染清洁燃烧技术。循环流化床锅炉的燃烧效率高,通常在95%—99%范围内,可与煤粉锅炉相媲美,还具有燃烧强度高、易于实现灰渣综合利用等优点,大大减少了煤炭使用量和二氧化硫排放量。

3. 热电联产(CHP)技术

热电联产技术是指发电厂既生产电能,又利用汽轮发电机做过功的蒸汽对用户供热的生产方式,即同时生产电、热能的工艺过程,较之分别生产电、热能方式节约燃料。以热电联产方式运行的火电厂称为热电厂。对外供热的蒸汽源是抽汽式汽轮机的调整抽汽或背式汽轮机的排汽,压力通常分为0.78—1.28兆帕和0.12—0.25兆帕等。前者供工业生产,后者供民用采暖。热电联产的蒸汽没有冷源损失,所以能将热效率提高到85%,比大型凝汽式机组(热效率达40%)还要高得多。

4. 分布式天然气热电冷联产(CCHP)技术

分布式能源系统燃料特点是以气体燃料为主,可再生能源为辅,充分利用各种资源,包括天然气、煤层气、沼气、生物质、太阳能等。其中天然气是目前发展分布式能源系统的主要材料,天然气作为分布式能源系统燃料具有转化效率高的优势,大型集中式发电项目的热转功效率通常在45%以下,即使是超临界机组也无法突破50%,而分布式发电系统将发电、制热、制冷结合在一起,实现能量的梯级利用,采取就地转化、就地供应的运作方式,没有中间环节的损耗,使终端的能源利用率得以提高到85%左右。

5. 整体煤气化联合循环发电系统(IGCC)

整体煤气化联合循环发电系统,是将煤气化技术和高效的联合循环相结合的先进动力系统。它由两大部分组成,即煤的气化与净化部分和燃气—蒸汽联合循环发电部分。第一部分的主要设备有气化炉、空分装置、煤气净化设备(包括硫的回收装置),第二部分的主要设备有燃气轮机发电系统、余热锅炉、蒸汽轮机发电系统。整体煤气化联合循环发电技术把高效的燃气—蒸汽联合循环发电系统与洁净的煤气化技术结合起来，既有高发电效率，又有极好的环保性能，是一种有发展前景的洁净煤发电技术。在目前技术水平下，IGCC 发电的净效率可达 43%—45%，今后可望达到更高(施强等，2009)。

6. 二氧化碳捕获和封存(CCS)技术

通俗而言，二氧化碳捕获和封存技术就是在化石燃料燃烧前或燃烧后对产生的二氧化碳进行捕捉，然后通过管线或船舶运到封存地，最后压缩注入地下，达到彻底减排的目的。如果技术发展成熟，二氧化碳捕获和封存技术将成为一个可以使燃煤发电接近"零碳"排放的技术产业链。

(二)天然气调峰电站

调峰电站是在用电高峰时期向电网输送电能，在用电低谷时期从电网获取电能，从而调节电网负荷的电力设备，起到"削峰填谷"的作用。目前多数电网调峰依靠的是煤电机组维持，以牺牲煤电机组寿命和经济性以及增加电网运行成本换取电网的安全，而天然气发电机组以其运行灵活、可用率高、机组启动快、调节范围大，成为提高电网运行质量的有力手段之一，是电网调峰的最好选择。并且，天然气作为一种优质清洁能源用于发电，二氧化碳排放量约为燃煤电厂的 43%，氮氧化物排放量为燃煤电厂的 10%左右，二氧化硫排放量极低，基本没有灰渣排放，可明显减轻环保压力。此外，燃气电厂发电效率较高，中国燃煤发电机组发电效率为 40%左右，而大容量燃气轮机联合循环效率可达 58%。可见，天然气发电项目在节能减排、保护环境等方面较燃煤电厂具有明显优势。

(三)先进的储能技术:氢能及其他燃料电池

燃料电池依据的主要原理就是化学能转化为电能，具有高效的特点，理论热电效率为 85%—90%。目前，各类电池实际的能量转化效率均在 40%—60%，若实现热电联供，总效率可达 80%以上。同时具有环境友好的特点，以纯氢为燃料的燃料电池，化学产物为纯净水，根本上消除了氮氧化物、硫化物、二氧化碳和颗粒物的污染。

(四)核电

截至目前，中国大陆投入运行核电机组 20 台，总装机容量 1800 瓦千万，

主要分布浙江、广东、福建、辽宁等省市。核电机组主要为压水型反应堆,属后期开发的二代改进核电技术。2013 年发电量为 1107.1 亿千瓦时,占全国总发电量的 2.11%。按照世界核电运营者协会(WANO)规定的性能指标对照,在全球 400 余台运行机组中,中国在役核电机组总体上处于中等偏上水平,部分机组安全指标处于世界先进水平。目前中国在建核电机组 28 台,装机容量 3068 万千瓦。2013 年完成工程建设投资 609 亿元,在建规模世界第一。

国家制定的核能发电的发展目标为:2020 年实现核电投运 5800 万千瓦,在建 3000 万千瓦。权威资讯机构预测,要实现能源结构转型,2030 年核电装机应达 1.5 亿—2.0 亿千瓦。2050 年为 4 亿千瓦左右,年发电量约占届时电力需求的 1/4,可替代煤炭十亿吨以上,在一次能源供应中占比 10%以上,减排二氧化碳达 25 亿吨以上。

日本福岛核电站泄漏事件发生后,国家对核电建设进行重新审视和规划。国务院通过了《核电安全规划(2011—2020 年)》和《核电中长期发展规划(2011—2020 年)》,明确指出要恢复核电正常建设,明确了 2015 年在运 4000 万千瓦、在建略超 2000 万千瓦,2020 年在运 5800 万千瓦、在建 3000 万千瓦的新目标。国家能源局 2014 年年初下发的《2014 年能源工作指导意见》提出,要适时启动核电重点项目审批,稳步推进沿海地区核电建设,做好内陆地区核电厂址保护。随着政策的落实,预计中国在 2020 年能基本完成 5800 万千瓦的核电在运目标,预计到 2020 年累计装机将至少新增 42 吉瓦。

(五)可再生能源

1. 风力发电

风力发电是把风的动能转为电能。风能作为一种清洁的可再生能源,越来越受到世界各国的重视。自 2006 年以来,中国风电的高速发展大大超出了人们的预期,2008 年中国新增风电装机近 630 万千瓦,仅次于美国,成为世界风电增长最快的市场之一;2008 年 3 月,国家发展改革委发布的《可再生能源发展"十一五"规划》中,将 2010 年风电装机容量的目标由 500 万千瓦调高到 1000 万千瓦,然而 2008 年全国装机容量已经达到了 1200 万千瓦,提前完成了规划目标。

来自《风电发展"十三五"规划》的数据显示,"十二五"期间,我国风电新增装机容量连续五年领跑全球，累计新增 9800 万千瓦，占同期全国新增装机总量的 18%，在电源结构中的比重逐年提高。中东部和南方地区的风电开发建设取得积极成效。到 2015 年年底，全国风电并网装机达到 1.29 亿千瓦，年发电量 1863 亿千瓦时，占全国总发电量的 3.3%，比 2010 年提高 2.1 个百分点。风电已成为我国继煤电、水电之后的第三大电源。

2. 太阳能光伏发电

太阳能光伏发电具有许多独有的优点：首先，太阳能是取之不尽、用之不竭的清洁能源，而且太阳能是安全可靠的，不会受到能源危机和燃料市场不稳定因素的影响。其次，太阳光普照大地，太阳能是随处可见的，太阳能光伏发电对于偏远无电地区尤其适用，而且会降低长距离电网的建设和输电线路上的电能损失。再次，太阳能的产生不需要燃料，使运行成本大大降低；并且，除了跟踪式外，太阳能光伏发电没有运动部件，因此不易损毁，安装相对容易，维护简单。最后，太阳能光伏发电不会产生任何废弃物，并且不会产生噪声和温室气体，是很理想的清洁能源。

中国对太阳能光伏发电的研究和开发起步较晚，1985 年以后，政府才对其加大支持力度，2002 年政府启动了“光明工程”，重点发展太阳能光伏发电。2009 年开始，又推动太阳能发电建筑应用示范项目和金太阳示范工程。根据中国有色金属工业协会硅业分会的统计，从 2002 年至 2010 年，中国光伏装机容量从 20.3 兆瓦增加至 500 兆瓦，增长了 23.6 倍，年均增长 49.3%；光伏发电累计容量从 45 兆瓦增加到 797.5 兆瓦，增加了 16.7 倍。根据半导体设备暨材料协会（SEMI）的统计，2011 年中国国内新增光伏装机容量 2.7 吉瓦，占 2011 年全球新增光伏装机容量的 10%左右。水电水利规划设计总院的数据显示，截至 2012 年年底，中国光伏发电容量已经达到了 7982.68 兆瓦，超越美国，占据第三。根据维科网行业研究中心的最新数据显示，2013 年上半年中国新增光伏装机 2.8 吉瓦，其中 1.3 吉瓦为大型光伏电站，截至 2013 年上半年，中国光伏发电累计建设容量已经达到 10.77 吉瓦（胡云岩等，2014）。来自《太阳能光伏发电“十三五”规划》的数据，全国光伏发电累计装机从 2010 年的 86 万千瓦增长到 2015 年的 4318 万千瓦，2015 年新增装机 1513 万千瓦，累计装机和年度新增装机均居全球首位。光伏发电应用逐渐形成东中西部共同发展、集中式和分布式并举格局。光伏发电与农业、养殖业、生态治理等各种产业融合发展模式不断创新,已进入多元化、规模化发展的新阶段。

二、配套政策

(一)大力推广节能技术

在用户侧、工业方面、电网能效管理方面全面践行节能减排和节能奖励政策。

(二)消除体制机制障碍

消除影响可再生能源发电应用的体制机制障碍,促进合理的电价机制、战略协同机制、监管机制全部到位。

(三)优化火电结构与布局

首先,应用火电新技术,实现高效低排放发电,大力推进超超临界机组的使用,加快洁净煤发电技术的国产化步伐,因地制宜地发展燃气轮机。其次,通过应用环保新技术,大力降低排放水平,积极推进脱硫技术国产化,进一步降低造价;大力推广低氮燃烧系统的使用;开展脱硝技术的试点项目;有条件地对难收尘煤种,使用布袋除尘器。最后,关停小机组和改造老厂,是降低煤耗和排放的有效措施。

(四)火电机组节能改造与升级

全国新建燃煤发电机组平均供电煤耗低于300克标准煤/千瓦时,东部地区新建燃煤发电机组大气污染物排放浓度基本达到燃气轮机机组排放限值,中部地区新建机组原则上接近或达到燃气轮机组排放限值,并鼓励西部地区新建机组接近或达到燃气轮机组排放限值。到2020年,现役燃煤发电机组改造后平均供电煤耗低于310克/千瓦时。在执行更严格能效环保标准的前提下,到2020年,力争使煤炭占一次能源消费比重下降到62%以内,电煤占煤炭消费比重提高到60%以上,2020年前力争淘汰落后火电机组1000万千瓦以上。力争2015年完成综合节能改造机组容量1.5亿千瓦,“十三五”期间完成3.5亿千瓦。安装高效脱硫、脱硝和除尘设施方面,2014年启动800万千瓦机组改造示范项目,2020年前力争完成改造机组容量1.5亿千瓦以上。实施节能调度在上面所述的政策和技术措施下,国家具体的控制目标为2020年不高于15亿吨标准煤,2030 年不高于 13.5 亿吨标准煤,2050 年不高于 9 亿吨标准煤。

第二节　钢铁行业

2013 年年底,中国粗钢产能近 10 亿吨,粗钢产量超过 8 亿吨,2005—2012 年,粗钢表观消费量年均增长 9.52%,增长迅速,能效水平明显提升,重点企业吨钢综合能耗由 2008 年的 630 千克标准煤下降到 2013 年的 592 千克标准煤;常规的节能技术普及率已达到较高水平,干熄焦、高炉炉顶压差发电、中低温余热回收等技术普及迅速;但是受技术路线影响,钢铁行业的煤炭消费比重明显高于发达国家水平,预计钢铁行业煤炭消费到 2020 年达到峰值水平,约 3.76 亿吨标准煤。

一、技术路径

(一)炼焦节煤技术

1. 捣固炼焦工艺

所谓捣固炼焦技术(SCT),是一种能够通过增加配煤中高挥发分、弱黏结性或不黏结性的低价煤的含量来扩大炼焦煤资源的方法。捣固炼焦技术可以有效提高焦炭质量和节约资源:煤料经捣固后,堆密度可提高到 0.95—1.15 吨/立方米,煤粒间接触致密,比常规顶装煤煤粒子间的间距缩小 28%—33%,所得焦炭的致密程度明显改善,有明显的改善焦炭质量的效果。同时,在保证同样焦炭质量的前提下,可多用 20%—30%的高挥发分弱黏煤及部分非黏结煤,扩大炼焦用煤源,降低对优质炼焦用煤的依赖度和提升焦炭生产的成本优势。

2. 高炉喷吹工艺

高炉喷吹工艺就是把原煤(无烟煤、烟煤)经过烘干、磨细,用压缩空气输送,通过喷煤枪从高炉风口直接喷入炉缸的生产工艺。高炉喷吹工艺以价格低廉的煤粉部分替代价格昂贵而日趋匮乏的冶金焦炭,使高炉炼铁焦比降低;喷吹煤粉替代部分冶金焦炭,既缓和了焦煤的需求,也减少了炼焦设施,可节约基建投资,尤其是部分运转时间 30 年需要大修的焦炉,由于以煤粉替代焦

炭而减少焦炭需求量,需大修的焦炉可停产而废弃;喷煤粉代替焦炭,减少焦炉座数和生产的焦炭量,从而可降低炼焦生产对环境的污染等。

进一步淘汰高污染高能耗的小焦炉,可以节约大量优质炼焦煤资源。随着技术的发展,小焦炉生产工艺不环保,且产能远落后于大型焦炉,大焦炉一炉炼出的焦炭是小炉的3倍,且焦炭强度更高。每炼1吨焦炭,可省3—6公斤煤炭(康鹏等,2012)。国家工信部已经制定标准,不再允许新建小型焦炉,不过仍有不少钢企在使用小焦炉。应进一步淘汰高污染高能耗的小焦炉,从而节约大量优质炼焦煤资源。

(二)充分回收利用二次能源、各生产环节中散失的载能体和能量

现阶段重点发展的关键技术有:(1)焦化过程:高温高压干熄焦、煤调湿、焦炉荒煤气上升管余热回收;(2)烧结过程:烧结余热回收、烧结烟气选择性循环工艺、降低烧结漏风率技术、球团烟气余热回收利用;(3)炼铁过程:高炉鼓风脱湿、高炉炉顶压差发电(TRT)和煤气透平与电机同轴驱动的高炉鼓风能量回收成套机组(BPRT);(4)炼钢过程:LT转炉煤气净化回收、转炉烟气余热回收、电炉烟气余热回收、电炉优化供电;(5)轧钢过程:钢坯轧后余热回收、蓄热式燃烧技术、汽化冷却技术;(6)其他过程:能源管理中心、全燃高炉煤气发电、饱和蒸汽发电。

下面介绍上述技术中几种重点技术的节煤路径:

1. 煤调湿技术

煤调湿技术是“装炉煤水分控制工艺”的简称,是指将炼焦煤在装入焦炉前去除一部分水分,使配合煤水分稳定在6%左右,然后装炉炼焦。如果炼焦煤带着较高水分进入焦炉,既需要多消耗加热煤气用以烘干,又产生大量难处理的含酚废水。所以,煤调湿技术具有能够改善焦炭质量、降低炼焦成本、节能环保的优点。在能降低炼焦能耗方面,常规的顶装炼焦煤水分通常在10%—13%,而煤料含水量每降低1%,炼焦耗热量就减少62兆焦/吨(干煤)。采用煤调湿技术后,煤料水分可从11%下降至6%时,炼焦耗热量节省约310兆焦/吨(干煤)(武荣成等,2012)。

2. 高炉煤气气动鼓风技术

常规炼铁高炉、烧结等所需的风力主要由电动机提供动力源。可以高炉

剩余的煤气为燃料产生蒸汽驱动汽动鼓风机，替代原有的电动鼓风机。节约了成本，降低了电耗，也间接地降低了煤耗，实现二次能源的再利用。

3. 蓄热式加热炉技术

轧钢工序能源消耗最多的是轧钢加热炉，约占轧钢工序能耗的50%以上，采用蓄热式加热炉技术，可以使轧钢工序上的节能工作取得明显成效。蓄热式加热炉技术的核心是高温燃烧技术，可将加热炉排放的高温烟气降至150℃以下，热回收率达80%以上，节能30%以上，可将煤气和空气预热到1000℃以上，并使加热能力提高，生产效率可因此而提高10%—15%（潘昊等，2010）。

4. 能源管理中心

能源管理中心在整个钢铁企业中用于监控、调度和优化分配能源。能源管理中心着眼于全厂能源介质的在线跟踪和优化控制，不仅可以确保生产用能稳定供应，还能充分优化能源系统，利用低价能源替代高价能源，实现能源成本最低化，同时做到能源集中管理和自动化操作，提高劳动生产率，可降低总能耗5%（段新虎，2009）。

5. 化学余热再利用技术

电炉冶炼过程中，产生的废气所携带的热量向电炉输入总能量约在11%，有的高达20%，这部分能量若不被利用会白白地浪费掉，化学余热再利用技术就是通过二次燃烧装置喷射适量的辅助氧气来燃烧一氧化碳和操作中产生的其他气体，放出大量的热量预热周围的废钢并返回熔池内部，从而缩短冶炼时间，取得节能降耗的效果（国家发展改革委环资司节能处，2004）。

从中长期来看，潜在的发展技术有焦炉处理城市废塑料和废橡胶技术、高炉炉渣余热回收技术、非高炉炼铁技术、高炉炉顶煤气循环技术、薄板坯连铸连轧技术、21世纪高产无污染大型焦炉炼焦技术（SCOPE21）和提高炼铁炉料球团矿配比技术等，下面逐一进行简单介绍。

焦炉处理城市废塑料和废橡胶技术是利用现有焦化系统及其化工产品回收系统，在高温、还原性气氛和全封闭的条件下，将废塑料、废橡胶同时转化为焦炭、焦油和煤气，而将废塑料、废橡胶代替部分炼焦煤，实现其无害化处理和资源化利用。2011年首钢首次采用此技术，每年可消纳废塑料垃圾1万吨、

生产炼焦用原料5万吨。

高炉炉渣余热回收技术可充分回收高炉炉渣余热，高炉炉渣出炉温度为140℃左右，通常是断续出渣，所以其热能回收利用存在很大的难度，现阶段回收利用的较少，常见的高温水淬处理后的只能回收炉渣10%的热量，其余90%的热量只能白白浪费。现阶段国内外正在研究的处理方式主要分普通式余热回收和流化床式热回收，普通式余热回收可以回收热量40%—45%，流化床式热回收率可以达到76%（化建社等，2008），所以高炉炉渣余热回收技术研发还是有非常好的前景的。

非高炉炼铁技术是一种节能又环保的产铁技术，省去了烧结、球团等工艺流程，摆脱了炼铁必用焦炭这一羁绊，适应了日益提高的环保要求，同时也降低了产铁能耗。尽管目前非高炉炼铁工艺技术还不够成熟，无法与传统的高炉炼铁工艺相抗衡，但随着其工艺和技术的逐步发展与完善，必将对整个钢铁行业的发展产生深远影响。

高炉炉顶煤气循环利用的主要工艺的核心环节是将高炉炉顶煤气合适处理后把其中的还原成分（一氧化碳和氢气）喷入风口或炉身适当位置，从而重新回到炉内参与铁氧化物的还原，以加强碳和氢元素的利用，该技术被认为可以改善高炉性能，降低能耗。据有关生产数据表明，运用此技术后高炉焦比可降低28.5%，同时增产27.3%，高炉碳素利用率由常规操作的37%提高到67%，总之，明显改善了高炉的性能，并减少了煤炭的使用（朱久发，2007）。

薄板坯连铸连轧工艺一般流程是这样的：钢水经过薄板坯连铸后，经均热、保温，进行精轧、冷轧。而普通连铸连轧工艺是连铸坯经均热炉加热后，进行粗轧、精轧、冷轧。目前紧凑式热带工艺线是运用最广泛的薄板坯连铸连轧工艺，优点就是流程短、生产简便、节约能源、成本低、稳定等，我们国家应该大力推广这一技术。

21世纪高产无污染大型焦炉炼焦工艺是日本经济产业省支持研发的面向21世纪的新技术，该项目以日本铁钢联盟和煤综合利用技术中心为开发母体，各钢铁公司和11家焦炭厂合作进行开发，从1994年到2003年用了10年的研究时间。SCOPE21新工艺的关键是提高生产率，扩大资源使用范围，增强资源应对能力，是有效利用煤炭资源、提高生产率以及实现环境/节能技术革新的新型工艺。SCOPE21 工艺首先将原料煤干燥分级，粗粒度煤粒与细颗粒煤粉分别被快速加热到 350℃—400℃，细颗粒煤粉经压制成型后与粗粒煤粉相混合，以改善弱黏结煤的黏结性，实现生产率的大幅度提高并节约能源。虽然 SCOPE21 工艺煤预处理工序电耗有所增加，但干馏的煤气燃烧能耗大幅下降，较常规工艺可节能 20%（张国富，2010）。

提高炼铁炉料球团矿配比可以促进炼铁入炉矿含铁品位的提高。据统计，2012 年重点钢铁企业球团矿含铁品位为 62. 36%，烧结矿含铁品位为 54. 68%；球团矿含铁品位比烧结矿高 7. 68%，高炉多用球团矿可有效地提高入炉矿含铁品位。炼铁提高铁矿品位，可以促进降低燃料比、增加产量。炼铁学理论是，入炉矿含铁品位提高 1%，高炉燃料比下降 1. 5%，生铁产量增长 2. 5%。如果炼铁 100%使用球团矿，要比使用烧结矿，燃料比下降 11. 52%，生铁产量增长 19. 2%。这个效益是十分可观的。提高炼铁炉料球团矿配比，促进炼铁系统节能减排。据统计，2013 年重点钢铁企业球团工序能耗为 28. 26 千克标准煤/吨，烧结工序能耗为 49. 14 千克标准煤/吨；球团工序能耗比烧结低 20. 88 千克标准煤/吨。如果用 1 吨球团矿代替 1 吨烧结矿炼铁，就会使炼铁系统降低 20. 88 千克标准煤/吨的能耗（王维兴，2014）。

二、配套政策

推动钢铁行业节约和替代煤炭技术研发和应用的政策包括淘汰落后产能、严格行业准入、制定技术清单、提供补贴和技术示范、强化能源管理、加强能效对标和能源审计等，重点可以从以下几个方面展开：

（一）推广先进节能技术工程，逐步发展改善电炉流程

钢铁工业的发展重点是降低能耗，而最有效的措施就是进行大规模的节能技术改造，采用余热回收、蓄热式高温空气燃烧、高炉煤气余压透平发电等先进技术，并辅以市场经济节能管理新机制，确保可行项目的全面实施，使钢铁工业可持续发展。

（二）注重废钢资源的回收利用

根据测算，每利用 1 吨废钢可以降低能耗 320—450 千克标准煤。但近年来电炉钢比例仍维持在 1%—10%，远低于工业发达国家 30%—50%的水

平。根据国际回收局(BIR)统计,2010年美国、欧盟、日本的废钢比分别为63%、55%和35%,土耳其废钢比则高达86%。世界平均废钢比为37.5%,由于中国钢铁产量在世界钢铁产量中的占比很高,同时中国的废钢比很低,除中国外的世界平均废钢比达56.5%(诸骏生,2012)。由此可见,中国废钢铁消耗水平与世界平均水平相去甚远,同时,这也显示出中国废钢铁产业蕴含着巨大的上升潜力和发展空间。

(三)注重二次能源的回收利用

最大限度地进行二次资源的综合利用已成为挖掘节能潜力、提高节能水平的重要手段,世界上技术先进的钢铁企业二次能源利用率已达90%以上,例如日本新日铁钢铁公司的余热余能回收利用率为92%,其企业能耗占成本的比例是14%(宋红丽,2007),中国钢铁工业二次能源的利用还处于严重落后状态,有广阔的发展前景。

(四)推进产业融合,发展循环经济

钢铁产业发展循环经济可以从三种模式入手:首先是发展企业内生产上下工序之间的循环,水在各个工序内部的自循环以及各个工序生产过程中产生的副产品在本企业内的循环等。其次是发展各个生产厂之间的物质和能量循环,即下游产品的废物返回上游工序,作为原料重新利用;或者将一个生产厂产生的废物、余能作为其他生产厂的原料和能源。例如,高炉渣和转炉渣作为矿渣公司生产的原料;矿渣公司产生的废物(渣粉)作为水泥厂生产水泥的原料;发电厂的粉煤灰作为生产建材产品的原料。最后是发展企业与社会之间的物质和能量循环,包括在冬季将余热输送供社会居民取暖,以替代燃煤锅炉;利用钢铁高温冶炼条件成立城市废弃物处理中心等。以上循环模式在钢铁行业和非钢铁行业都达到了一定的节约煤耗的效果。

第三节　水泥行业

2013年,水泥产量24.4亿吨,净出口1338万吨,以国内需求为主,2013年全年水泥工业年耗能总量2.07亿吨标准煤,年煤炭消费量2.08亿吨。2014年1—9月全国水泥产量18.2亿吨,同比增长3.0%,预计2018年水泥

增长速度为4%左右，产量25.2亿吨左右，水泥工业发展趋势将趋于稳定。水泥熟料消费峰值在2016年出现，峰值量为15.7亿—16.2亿吨，水泥及煤炭消费峰值均出现在消费高峰平台区之中，平台区在2017年左右出现。

一、技术路径

（一）燃料替代

燃料替代，也称作二次燃料、辅助燃料，是使用可燃废物作为水泥窑熟料生产，替代天然化石燃料，可燃废物在水泥行业中的应用不仅可以节约一次能源，同时有助于环境保护，具有显著的经济、环境和社会效益，可谓一举多得。

替代燃料大多是生物质燃料、工业废料和垃圾，资源非常丰富。能应用于水泥与水泥制品行业的替代燃料种类很多，固态燃料占80%、液态占20%。固态燃料有秸秆、木屑、屠宰业废料、稻米壳、棕榈油壳、废旧轮胎、废塑料、纺织废料、废油墨、废油漆、废白土、废纸，液态燃料有废油、废溶剂、活性炭污泥、城市污泥等。中国每年有数量庞大和种类繁多的生物质燃料、可燃工业废料、废液、生活垃圾待处理，作为水泥生产的替代燃料潜力巨大。

根据相关研究的结论，燃料替代节煤量增长趋势越来越大，而且燃料替代节煤量占总节煤量比例也不断提高，预计2050年将占总节煤量的27.22%。

（二）原料替代

原料替代就是将生产过程中产生的一些废物重新用于水泥的生产过程，以替代部分原料，达到节约资源、减少煤炭消耗量的目的。

现阶段我们常见到的原料替代见表4-1。

表4-1　水泥行业中生产过程常见的原料替代

材　　料	用　　途	相关的二次组分
废铸模砂	硅的校正	铬
煅烧硫铁矿、轧屑	铁的校正	铬、重金属
煤灰	硅—铝—铁的校正 二氧化碳减排	钾、钒
褐煤灰	硅—铝—铁的校正 二氧化碳减排	钙、硫

续表

材　料	用　途	相关的二次组分
高炉矿渣	硅一铝的校正	钛、钠
碎砖	硅一铝的校正	碱金属
加气混凝土粗粉	硅的校正,二氧化碳减排	钙
碳化石灰	钙的校正	碳、氨
纸残渣	热值、湿度、硅一铝的校正	钙、钠、钛、镁
二次石膏	硫酸盐化	磷,柠檬酸,重金属
石灰渣	钙的校正,二氧化碳减排	无
蛋　壳	钙的校正	无
窑粉料替代物	钙的校正	无

根据相关研究,2020 年之前,工业废渣利用替代熟料量是递增的,同时节煤量也是递增的,而 2020 年之后,工业废渣利用替代熟料量是递减的,同时节煤量也是递减的;原料替代节煤量占总节煤量比例是先减少后增加的,2030 年左右达到极小点,约占 14.02%。

(三)实施综合节能技术

综合节能技术主要分为综合节煤技术和综合节电技术,其中,综合节煤技术包括高效能熟料烧成关键技术、六级预热器、两档支撑窑技术、高效煤粉燃烧器技术、第四代冷却机技术、高性能无铬耐火衬料技术、水泥窑协同处置垃圾技术、水泥窑协同处置污泥技术、电石渣替代石灰石技术、水泥窑富氧燃烧技术等,综合节电技术包括立磨粉磨生料技术、碾压机终粉磨生料技术、碾压机加球磨机联合粉磨技术、变频调速改造技术、纯低温余热发电技术等,在这些综合节能技术中,废渣利用替代技术的节煤量是最高的,但在 2020 年之后将呈下降趋势,其余技术的节煤量都在不断增加。

二、配套政策

(一)全面淘汰落后产能和落后技术

落后的产能和技术会带来更多的资源和能源上的浪费,根据《加快推进水泥行业兼并重组实施方案》的要求,企业数量要在 2010 年基础上有较大幅度的下降,至“十二五”末,水泥熟料生产企业数量控制在1000家之内,年产规模60万吨及以上大型水泥粉磨站控制在2000家以内。2014年全面完成淘汰落后水泥产能任务。到2020年国内前十家企业(集团)的水泥产品市场集中度应达到60%以上。

(二)严格执行产业政策和行业准入政策

新建、改扩建水泥项目应符合《水泥行业准入条件》,项目投产前和正常生产期间,由地方工业主管部门对水泥企业执行《水泥行业准入条件》的情况开展监督检查。对达不到准入条件的,督促其限期整改,对经整改仍不达标的,利用现有机制实施淘汰。

(三)强化能源管理、加强能效对标和能源审计

在水泥熟料生产过程中,应加强能源管理,定期对各水泥厂用能系统和设备进行能耗测定,督促水泥企业制定能源管理制度,督促水泥企业设立专门的节能管理机构和管理网络。

(四)指定循环经济鼓励政策

以经济刺激手段和政策手段来促进水泥行业能源梯级利用和固体废弃物的再利用,对水泥企业实行循环经济线路的做法进行奖励,鼓励水泥企业的能源替代和原料替代技术,鼓励水泥企业进一步利用技术手段减少煤炭等资源的过度消耗和浪费。

(五)全面发展散装水泥、预拌混凝土和预拌砂浆

发展散装水泥、预拌混凝土和预拌砂浆,既可节省能源和资源消耗,又可有效保护环境,减少固体废弃物排放,实现资源的循环利用。其节能减排绩效为(梁朝明,2008):每万吨散装水泥,可节省标准煤153.29吨。其中:因减少水泥损耗3.6%,节省其生产水泥耗标准煤46.8吨,节省其生产水泥耗电,折标准煤13.09吨,节省水泥包装塑编袋则节省标准煤64.31吨;塑编(包装)袋生产耗电和散装比袋装水泥灌装节省电耗,折标准煤29.09吨;每万立方米预拌混凝土因节省水泥使用量,节标准煤133.09吨;每万吨预拌砂浆因节省水泥使用量,节标准煤71.53吨;每万立方米预拌混凝土综合利用工业固体废物1800吨。

预拌砂浆可掺工业固体废物(粉煤灰、矿渣、尾矿等)作为第四组分,进行

资源再利用;还可利用尾矿废石、钢渣、矿渣等固体废弃物制成人工砂替代天然砂用于生产,为发展循环经济,可对节约资源作出贡献。

第四节　建筑行业

随着城市化进程的加快和人民生活水平的提高,中国建筑用能增长迅速。房屋建筑在全寿命周期中,消费了全国 1/3 的钢材、60%—70%的水泥、1/3 的城市建设用地、1/3 的城市用水、40%—50%的能源,对能源、资源、环境影响巨大。2015 年,中国建筑能源消费总量为 8.57 亿吨标准煤,占全国能源消费总量的 20%,其中:公共建筑能耗 3.41 亿吨标准煤;城镇居住建筑能耗 3.2 亿吨标准煤;农村建筑能耗 1.97 亿吨标准煤。全国建筑总面积达到 613 亿平方米,其中公共建筑面积约 113 亿平方米;城镇居住建筑面积 248 亿平方米;农村居住建筑 252 亿平方米。在全国总建筑能耗与面积中,北方城镇采暖面积和能耗分别为 129 亿平方米和 1.93 亿吨标准煤,采暖能耗强度为 14.9 千克标准煤/平方米。预计建筑能耗总量到 2040 年左右达到峰值,煤炭消费总量到 2020 年左右达到峰值,煤炭消费峰值水平约 2.61 亿吨标准煤。

下面将从城市居民建筑、农村居民建筑和公共建筑三大类,论述建筑行业的技术路径和配套政策。

一、技术路径

(一)城市居民建筑

1. 既有建筑改造

中国既有建筑总量大,既有建筑改造是建筑节能的重要手段,包括围护结构改造、建筑外窗的改造、供热系统的改造(分户计量,计热收费等)、电器设施的改造、可再生能源利用等。在"十一五"期间,中国完成了北方采暖地区既有城市居民节能改造 1.8 亿平方米。

2. 使用建筑节能材料

建筑节能材料就是指维持建筑物日常使用过程中能耗低的建材,通过改变材料自身的特性来达到建筑节能的目的。节能材料属于保温绝热材料;绝热材料是指用于建筑围护或者热工设备、阻抗热流传递的材料或者材料复合体，既包括保温材料，也包括保冷材料。绝热材料的意义，一方面是为了满足建筑空间或热工设备的热环境，另一方面是为了节约能源。可以通过建设节能屋面、节能墙体、节能门窗来保持室内的温度，从而直接或间接减少煤炭的消耗。

3. 利用可再生能源

北方地区大多数家庭以煤炭作为冬天供暖的手段。采用可再生能源来替代煤炭是一种有效节约煤炭资源的办法。其一是采用光热技术，利用太阳能来提供热源。中国是太阳能热水器第一生产大国，年生产能力超过 2000 万平方米，2010 年全国太阳能热水器总集热面积达到 1.5 亿平方米，年代替化石燃料 3000 多万吨标准煤。中国太阳能资源十分丰富，全国有 2/3 以上的地区，年辐射总量大于 502 千万焦耳/平方米，年日照时数在 2000 小时以上(金洪文等，2007)。同时，太阳能热水器目前技术较为成熟，成本相对低廉，采用太阳能热水器热水供应系统，不仅具有较好的经济性，节能效果明显，而且也可以减少环境污染，是一种比较理想的热水供应系统。其二是采用地源热泵技术供暖。该技术利用地热能取暖，现在以每年 20%的速度增长。2008 年当年的应用地热项目就减少了将近 2000 多万吨二氧化碳的排放。中国地源热泵的研究起始于 20 世纪 80 年代，该技术是利用地下的土壤、地表水、地下水温度相对稳定的特性，通过消耗电能，在冬天把低位热源中的热量转移到需要供热或加温的地方，在夏天还可以将室内的余热转移到低位热源中，达到降温或制冷的目的。地源热泵不需要人工的冷热源，可以取代锅炉或市政管网等传统的供暖方式和中央空调系统，达到节约煤耗的目的。

4. 建筑能效识别及其测评

建筑能效识别及其测评是将建筑物能源消耗量及其用能系统效率等指标以信息标识的形式进行明示，并测评。建筑能效理论值标识有效期为一年，实行逐年连续监测，根据实测结果对建筑能效理论值进行修正，并用来指导建筑的绿色改造等项目。

(二) 农村居民建筑

1. 农村建筑改造

农村建筑本身存在墙壁保暖性差、能源利用率低的问题，把农村低能效非

绿色建筑改造成高能效绿色建筑对于节约煤炭的意义重大。“十一五”期间，新建抗震节能住宅 13829 户，既有住宅节能改造 39900 户，建成 400 多座农村太阳能集中浴室，实现节能 10 万吨以上。

2. 采用可再生能源

首先是生物质能的利用。在中国农村，生物质能丰富，可用于采暖、热水供应和炊事，有效减少这些方面的耗煤量。近些年，炊事方面的沼气技术在农村大力推广，烧煤烧秸秆的炊事农户比例逐年下降，用沼气炊事的农户比例逐年上升。其次是太阳能热水系统。光热技术在中国建筑领域的应用非常广泛，同时太阳能热水器价格便宜，适合替代农村地区供热水问题。总的来说，可再生能源在农村发展已经初具规模。2010 年，我国共实施了 371 个可再生能源建筑应用示范项目，210 个太阳能光电建筑应用示范项目，47 个可再生能源建筑应用城市，98 个示范县。

3. 煤改电、煤改气

为了减少冬季燃煤污染、改善空气质量，我国北方许多城市开始推广“煤改电”和“煤改气”，一系列政策补贴也相应出炉。“煤改电”是指将以煤炭为燃料的传统锅炉和供暖设施更换成以电这种清洁能源为主的锅炉和供暖设施。煤改电技术主要有直热式电锅炉、电暖气和空气源热泵采暖设备等。“煤改气”是对燃煤锅炉进行改造，换成以天然气为燃料的燃气锅炉，天然气燃烧迅速，产生的功率大，因此效率也高，与燃煤锅炉相比其效率要高出 50%，同时天然气本身燃烧充足，且燃烧清洁、排放污染小，是迄今为止最为环保的能源之一。

4. 改善照明系统和推广节能家电

虽然有“家电下乡”的政策推动，但是节能照明系统和节能家电在农村还有继续大量推广的空间，通过替换能耗大的白炽灯以及低能效家电，该领域节省能源的潜力巨大。

（三）公共建筑

1. 中央空调节能改造

中央空调系统绝大部分出现在公共建筑里。中央空调是现代建筑中不可缺少的能耗运行系统，它在给人们提供舒适的生活和工作环境时，又消耗了大量的能源。据统计,中国建筑物能耗约占能源总消耗量的30%。在有中央空调的建筑物中,中央空调的能耗约占总能耗的70%,而且呈逐年增长的趋势(许明轩等,2009)。在传统中央空调系统的基础上可对其进行以下改造:做好输送冷量的水管、风管的保温;精心设计、正确计算系统阻力,选择合适的泵与风机的型号与规格,切忌选择流量、扬程或全压过大的泵与风机,避免不必要的能量损失;在满足工艺和舒适条件下,应尽可能地增大送风温差和供回水温差;采用大温差送风系统,合理调节新风比例;采用热回收与热交换装置;采用变频控制。通过这些方式,大大地减少功率消耗,也就降低了煤耗。

2. 大型公共建筑能耗监测系统

大型公共建筑是指单体建筑面积1.5万平方米以上的非政府办公建筑、商业建筑、宾馆饭店建筑、文化场馆建筑、科研教育建筑、医疗卫生建筑、体育建筑、通信建筑、交通建筑、影剧院建筑、综合商务建筑及其他大型公共建筑。一方面,中国大型公共建筑能耗巨大;另一方面,决策者也缺乏直接数据为决策的制定提供基础和参考。因此,应该建立大型公共建筑能耗监测平台,对全国重点城市重点建筑能耗进行实时监测,并通过能耗统计、能源审计、能效公示、用能定额和超定额加价等制度,促使政府办公建筑和大型公共建筑提高节能运行管理水平,为政府政策的制定和决策提供参考,同时也为中国的煤炭减量作贡献。

二、配套政策

(一)政策、法规和标准

1. 建立新建建筑节能标准体系

建立新建建筑节能标准体系主要包括对采暖地区的居住建筑从围护结构,通风与空调系统两方面提出明确的节能要求;对冬冷夏热地区的居住建筑的保温隔热性能提出要求;对节能工程的设计和验收提出明确规范。

2. 建立新建建筑节能监管体系

对设计单位、施工单位、验收单位等一系列环节进行监督检查,对违反管理规定的责任主体进行处罚。

3. 法规支持

2007年颁布的《节约能源法》明确对新建筑的设计、老建筑的改造等方面设立了规定，明确了各项指标，超标将有一系列处罚措施。

（二）经济手段

1. 提供经济激励措施

在固定资产投资方向上的调节税、所得税和增值税上，可提供几种经济激励政策，鼓励居民购买节能绿色的商品房。

2. 财政杠杆

充分利用财政的杠杆作用可以有效吸引社会投资，从而有效补充城市既有建筑提高能效改造的资金来源。“十一五”期间，中央财政实施以奖代补，引导了各方投入。在投入改造资金224亿元中，引导社会投资占了108亿元。

3. 供热体制改革

中国北方城镇的供热体制多年来采取的是政府补贴的按用户采暖面积收费。这一供热体制不利于建筑节能，过去北方采暖地区存在用热浪费现象，建筑能耗高。中国供热体制改革的目的是通过改革供热收费制度，建立市场手段，达到减少采暖用户终端用能浪费；提高供热企业管网节能运行积极性；节能改造成本分摊和推动节能改造的目的。20世纪90年代开始，国家对公用事业行业提出转变经营机制要求，部分城市相继进行了供热体制改革的试点。2003年7月21日，建设部等部委联合印发了《关于城镇供热体制改革试点工作的指导意见》，提出了“稳步推行按用热计量收费制度，促进供、用热双方节能”的要求。从2006年起，住房和城乡建设部出台了一系列有关加快供热计量收费制度的文件，推进供热计量的实施和供热体制的改革，并明确了一系列奖励供热计量改造的国家财政专项安排。截至2010年年底，北方采暖地区出台供热计量价格和收费办法的地级以上城市达到80个，累计实现供热计量收费3.17亿平方米。

4. 财政支持大型公共建筑动态监测

大型公共建筑的年耗电量占全国总耗电量的22%，每平方米年耗电量是普通居民住宅的10—20倍，所以大型公共建筑是节能的重点。持续地对这些建筑进行统计、审计、公示和监测可以达到有效节能的目标。2007年,中央下达资金9905万元支持24省的统计、审计、公示等监管工作,在北京、天津、深圳三个试点城市建立动态监测平台。2010年年底,我国共完成大型公共建筑、国家机关办公建筑统计33000栋,完成能源审计4850栋,公示了6000栋建筑的能耗状况,对150栋进行了动态监测。

高等院校人均用能和用水均为全国人均的1.5—2倍。因此,高等院校也是节能的重点对象。住房和城乡建设部、教育部的系列文件中显示出,推动节能型校园的建立是当前的重点。"十二五"期间,高校建筑节能改造示范达到了20万平方米,单位能耗相较于2010年下降了20%以上。

(三)城市化过程中合理规划、优化布局、集约发展

在城市规划、建设和发展的过程中,通过合理规划、优化布局、集约发展是降低建筑领域能源消耗的根本路径。中国正处于城市化快速发展的阶段,由于中国的国情,人均资源有限,而城市化会将数以亿计的农村转移人口吸纳到城市中来,因此中国必须走集约发展的城市化道路。推进城市从以外延扩张为主、重视数量增长的粗放发展向以内涵增长为主、重视质量提高的集约发展转变,使城市化速度与资源环境承载能力相契合。

第五节 锅炉、电机等通用设备

2010年全国在用锅炉总数58.47万台,平均容量已从1990年以前的2.4蒸吨/时提高到目前的5.8蒸吨/时,年消耗原煤约6.4亿吨。中国燃煤工业锅炉平均运行效率为65%—70%,比国际先进水平低10—20个百分点。电机保有量17亿千瓦,总耗电量约3万亿千瓦时,占全社会总用电量的64%;其中工业领域电机总用电量为2.6万亿千瓦时,约占工业用电的75%。由于中国的电力接近80%来自燃煤发电,可见重视锅炉、电机等通用设备的技术改造,可节约大量的煤炭资源。

一、技术路径

通用设备的本体节能主要是通过加强对锅炉、电机升级改造,提高锅炉、

电机装备水平、节能环保水平，注重整合设计，实施系统改造等措施来达到降低煤耗的目的。国家奖励工业企业采用高效、节能的电动机、锅炉、窑炉、风机、泵类等设备。① 比如，新型高效煤粉锅炉在锅炉运行效率及节能减排方面都要优于原来的燃煤小锅炉。在锅炉效率方面，新型高效煤粉炉实际可达到90%左右，与原燃煤锅炉相比，可提高25—30个百分点（董冰清，2013）。由于锅炉运行效率高，比同容量燃煤锅炉节煤30%左右，运行成本低。

电机作为各种设备的驱动装置，广泛应用于工业、农业、交通、市政等多个行业和领域，是用电量最大的耗电终端设备。与此同时，中国电机的效率平均水平比国外低3—5个百分点，电机系统运行效率比国外低10—20个百分点。据估算，电机能效每提高1个百分点，每年可节约用电260多亿千瓦时；如果电机系统效率提升5—8个百分点，每年节约的电量相当于2—3个三峡电站的发电量。根据IEC60034—30国际标准，电机效率从低到高分为IE1、IE2、IE3、IE4四个等级。有调查数据显示，中国IE1等级的电机市场占有率接近90%，达到IE2以上的电机比例只有8%（李香才，2013），对整个社会资源产生了极大的浪费，推广高效电机成为提高能源利用率的重要措施之一。

二、配套政策

由于通用设备的应用领域广，通用设备的节能要依靠全社会节能，主要体现在以下几点：

（一）加强煤炭质量管理，扩大洗选比例

推广应用简化、高效的动力煤洗选工艺，积极推广经济高效的重介质选煤工艺和自动化检测装置，逐步提高产品质量和洗选效率。逐步禁止直接销售和使用原煤，关闭、淘汰和禁止落后生产工艺和设备。改进设计规范，淘汰燃用原煤的工艺设计，使新生产的设备只适合燃用优质煤炭。除采用脱硫措施外，新上工艺只能燃用洗选煤。逐步推广到所有未采用脱硫技术的用煤工艺均燃用洗选煤。煤炭洗选加工是提高煤炭产品质量、满足用户需求、提高资源

① 《中华人民共和国节约能源法》第三十一条规定："国家鼓励工业企业采用高效、节能的电动机、锅炉、窑炉、风机、泵类等设备，采用热电联产、余热余压利用、洁净煤以及先进的用能监测和控制等技术。"

利用效率、实施环境保护的有效途径，是实现煤炭资源洁净、高效、综合利用的重要措施，是煤炭洁净技术的基础与主导组成部分。大量的实践表明，经过洗选的炼焦精煤灰分每降低1%，炼铁高炉利用系数可提高约4%；经过洗选的动力煤用于发电，可节煤10%左右，同时硫分每降低0.1个百分点，二氧化硫可减少8%；经过洗选的无烟煤用于合成氨生产，可节煤20%—25%（张雅婷，2009）。

（二）促进煤炭分质、高效利用，优化煤炭利用结构

所谓煤炭分质高效利用，就是指原煤先经过低温热解，分解为气体、液体、固体三部分，气体部分是热解煤气、液体是煤焦油、固体就是半焦。热解煤气富含甲烷，用以生产液化天然气；煤焦油作为焦油加氢装置的原料，用以生产柴油和石脑油；半焦通过气化制取合成气，一部分合成气经变压吸附提氢为焦油加氢装置提供氢气，剩下的合成气和热解煤气一起生产液化天然气。煤炭分质利用，就是追求效益最大化，符合节能的要求。

（三）电机能效提升计划

首先是提升增量电机能效。对生产企业，通过严格执行国家强制性电机能效标准，对电机生产企业进行贯标核查，倒逼低效电机退出生产市场，推动电机生产企业转型生产高效电机；对用户企业，通过加强工业固定资产投资项目电机系统专项节能审查、充分利用高效电机推广财政补贴等政策措施，严禁新建、改建项目采用低效电机，引导新上项目全部采取高效电机，提升高效电机市场份额。其次是提高存量电机能效。对生产企业，通过技术改造等方式转型升级；对用户企业，以电机系统节能改造为主线，统筹推进低效电机淘汰、高效电机推广、电机与拖动设备匹配改造等工作。在淘汰低效电机时，考虑对电机系统改造的可行性，利用系统节电收益抵减淘汰低效电机费用。对淘汰下来的低效电机，通过建立废旧电机回收体系，开展电机高效再制造试点，利用先进技术再制造高效电机。

第五章　中国城市煤炭消费现状

第一节　煤炭消费的影响因素

一、人均 GDP 增长是影响煤炭消费量增长的主要因素

本书应用扩展的卡亚模型,通过因素分解的方法,分析 2005—2010 年"十一五"期间中国煤炭消耗量增长的影响因素和因素影响规模比例的大小。

运用 LMDI 因素分解的方法,将中国"十一五"期间煤炭消耗量的影响因素归结为单位 GDP 煤炭消耗量(即煤炭强度),人均 GDP 和人口三个影响因素:

$$E = \frac{E}{Y} \times \frac{Y}{P} \times P \tag{5-1}$$

其中,E 代表煤炭消耗量,Y 代表 GDP,P 代表人口,E/Y 代表煤炭强度,Y/P 代表人均 GDP。

根据 LMDI 指数分解比例法,有:

$$\Delta E = \frac{E_1}{E_2} = \frac{\frac{E_1}{Y_1} \times \frac{Y_1}{P_1} \times P_1}{\frac{E_2}{Y_2} \times \frac{Y_2}{P_2} \times P_2} \tag{5-2}$$

将比值取自然对数,可得:

$$\ln\Delta E = \ln\frac{\frac{E_1}{Y_1}\times\frac{Y_1}{P_1}\times P_1}{\frac{E_2}{Y_2}\times\frac{Y_2}{P_2}\times P_2} = \ln\frac{\frac{E_1}{Y_1}}{\frac{E_2}{Y_2}} + \ln\frac{\frac{Y_1}{P_1}}{\frac{Y_2}{P_2}} + \ln\frac{P_1}{P_2}$$

$$= \ln\frac{A_1}{A_2} + \ln\frac{B_1}{B_2} + \ln\frac{C_1}{C_2} \qquad (5\text{-}3)$$

$t=1,2$;其中 A_t 代表 t 年煤炭强度, B_t 代表 t 年人均 GDP, C_t 代表 t 年人口。

这样就把煤炭消耗量的变化分解成了煤炭强度、人均 GDP 和人口的变化。将此公式进一步变换,得到:

$$a = \frac{\ln\frac{A_1}{A_2}}{\ln\Delta E},\ b = \frac{\ln\frac{B_1}{B_2}}{\ln\Delta E},\ c = \frac{\ln\frac{C_1}{C_2}}{\ln\Delta E} \qquad (5\text{-}4)$$

其中,a、b、c 分别代表煤炭强度、人均 GDP、人口的贡献率,从而对各个影响因素的占比进行对比,分析哪个影响因素的影响更大,并进一步剖析其原因。

表 5-1 是 2005—2010 年煤炭消耗量以及煤炭强度、人均 GDP、人口的数据。通过分析数据变化情况,可知中国煤炭消耗量、人均 GDP、人口三项数据逐年增加,而煤炭强度逐年降低。

表 5-1 2005—2010 年中国煤炭消费及社会经济指标

年份	煤炭消耗量(万吨标准煤)	煤炭强度(万吨标准煤/亿元)	人均 GDP(元)	人口(万人)
2005	183448.79	0.99	14143.70	130756
2006	200684.03	0.96	15852.73	131448
2007	216860.31	0.91	18004.58	132129
2008	220965.05	0.85	19639.23	132802
2009	229436.29	0.81	21344.68	133450
2010	242528.03	0.77	23460.18	134091

根据 2010 年与 2005 年因素分解计算结果(见表 5-1),比值一栏可以看

出,2010 年与 2005 年相比,煤炭消耗量有较大的增加,而分解到每个影响因素中可以看到,煤炭强度实际上是有明显的降低,人均 GDP 则也是发生了显著的增加,人口也有少量的增加,但是也并不显著;而从分解值一栏可以看出,人均 GDP 和人口的增加对煤炭消耗量的增加是正向的作用,而煤炭强度的减少对煤炭消耗量则是起到负向的作用;进一步观察贡献率一栏,发现人均 GDP 的增长对煤炭消耗量增长的正向作用占比很大,而煤炭强度的减少则起到了较大的负向作用,人口因素的影响则是比较小的正向影响。由此看来,煤炭强度的减小也会带来煤炭消耗量的减少,而人均 GDP 的增加则导致煤炭消耗量的增加,人口的影响不显著。表 5-2 是因素分解的计算结果。图 5-1 是根据表 5-2 的计算结果做出的 2005—2010 年煤炭消费驱动因素的贡献比率。

表 5-2　因素分解计算结果

	项目 / 具体因素	比值	分解值	贡献率(%)
2010 年与 2005 年比	煤炭消耗量(万吨标准煤)	1.32	0.28	100.00
	煤炭强度(万吨标准煤/亿元)	0.78	-0.25	-90.28
	人均 GDP(元)	1.66	0.51	181.26
	人口(万人)	1.03	0.025	9.02

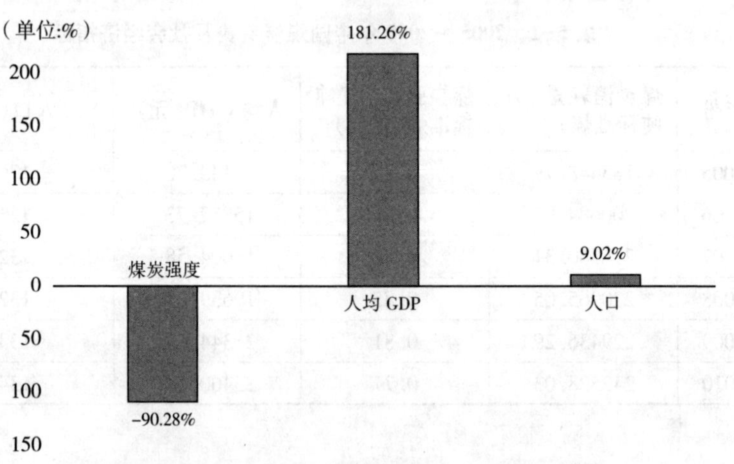

图 5-1　2005—2010 年煤炭消费驱动因素贡献比率

二、煤炭消费的其他影响因素

（一）基础设施建设

不同能源品种的需求增长动力不完全相同，石油需求主要取决于终端消费，煤炭需求则与投资建设高度相关。中国煤炭一半用于发电，其余大部分用于钢铁、建材、化工等重工业行业，剩余领域的煤炭用量占比很低。钢铁、建材和有色金属等重工业产品主要用于基础设施建设，生产这些重工业产品，除直接消耗大量煤炭外，还要消耗大量电力。2003—2013 年，中国重工业累计用电量占全社会累计用电量的 60%左右，其用电量增量占全部用电量增量的 64%，接近 80%的发电量为燃煤发电。

在所有建设集群中，对重工业及能源产业拉动力度最大的是房地产开发，其次是重工业本身的投资建设。其实，房地产开发投资额占全部投资的比重并不太大，但其单位投资额对钢铁、建材和其他高载能产品的采购量最大。房地产开发投资的快速增长在 2001—2011 年的 11 年一直持续，年均增长 25.7%。受此拉动，重工业自 2001 年开始回暖，行业投资额也开始较快增长，2001—2011 年年均增长 33.7%。这是煤炭需求旺盛的主要原因。

从短周期规律看，煤炭需求与各类建设项目的新开工情况，尤其是房屋新开工面积有极强的相关性。

任何一个国家的城市化进程都伴随着大规模投资建设。城市化意味着大量农村剩余劳动力转向以城市为中心的制造业和第三产业，这会派生出巨大的房地产开发、基础设施建设和工业建设需求。

对中国而言，随着城市规模的不断扩张，房价快速上涨、交通拥堵等问题在一线城市皆有不同程度的表现，城市化结构调整势在必行。在政策引导下，更多的新增城镇人口将向二线、三线城市聚集，这将加速二线、三线城市旧城改造、棚户区改造和“城中村”改造，对投资建设需求产生更强的拉动力。

发达国家的经验证明，在城市化较快发展尤其是城市化率由 40%提升到 70%的过程中，能源需求会较快增长。中国城市化率自 1996 年开始快速提升，当年达 30.5%，2002 年升至 39.1%，但能源消费量增速并未加快，能源消费量和人均能源消费量年均增速分别为 2.8%和 1.9%。当城市化率在 2003 年达到 40.5%之后，能源消费量进入较快增长阶段。2011 年，中国城市化率

达到51.3%,2003—2011年的城市化率年均上升1.35个百分点,能源消费量和人均能源消费量年均分别增长9.1%和8.5%。

从发达国家的情况看,完成城市化的国家,其城市化率多在75%以上,2009年世界城市化率平均为50%。由此可见,中国的城市化进程还处在中期。据专业机构预计,2020年,中国城市化率将达到65%左右,未来几年城市化率平均每年大约上升1.5个百分点。

20世纪90年代初,日本房地产泡沫破灭时,日本已经基本完成城市化进程,但中国仍处在城市化中期,基础设施的需求还有比较大的增长空间,这决定了未来城市基础设施的投资建设规模还将继续扩张。

2014年年底,国家发展改革委批复了8个地方的交通运输建设项目,项目总投资达2346.26亿元。首先是安徽、杭州两地2092.84亿元的地铁项目,之后又批复了6城市的公路项目。这8个地方,除杭州外,都集中于西北部、西南部和中部,其中中部包括安徽,西北部地区包括甘肃、内蒙古、新疆,西南地区包括西藏。

由此可见,由基础设施建设导致了大量的煤炭消费,而煤炭消费总量的控制必然面临来自基础设施建设方面的严峻的挑战。

（二）城市化进程

中国在20世纪60年代初期至70年代中期经历了第一波人口出生高峰,80年代初期至90年代中期是第二波人口出生高峰期。在20世纪90年代末,中国住房市场化改革取得突破性进展之前,城市居民的住房条件很差。进入21世纪以后,由住房体制改革所引发的第一波出生高峰期人群的改善性住房需求、第二波出生高峰期人群的新增住房需求和城市化加快发展所带来的新增住房需求,这三者叠加,致使刚性住房需求持续了10年的快速增长,并形成房价上涨的一致预期,局部地区形成了较为严重的泡沫,致使房地产开发这一终端投资需求不断膨胀,进而引发重工业及相关能源产业的膨胀发展,投资建设规模超常扩张。

由房地产泡沫所决定,前几年的煤炭需求也存在一定程度的泡沫,煤炭产业规模过快扩张存在非理性成分。近年来,房地产调控效应显现。在国家政策的调控下,未来房地产泡沫将会继续得到有效挤压,恶性膨胀的可能性不大。

同时,城市化发展和新一代适婚青年成家立业等所带来的新增住房需求,将在更大程度上承接改善性住房供给。据此可以预见,住房需求增势将明显减弱。

目前,重工业产能已经过剩,在终端投资需求增速减缓的情况下,房地产建设规模的扩张速度也将减慢,这决定了煤炭需求增速也将随之下降。

20 世纪末,中国出生人口明显减少,2020 年以后适婚青年群体的新增住房需求将会因此下降,并且承接父辈现有住房的情况将在更大程度上体现。同时,城市化的速度将明显放缓,部分城市将因水资源或其他资源严重短缺而不得不进行"去城市化"和"再城市化",进而带来一些新增住房需求,但总体上由城市化带来的新增住房需求将呈小幅下降态势。

随着中国老龄化社会特征的日渐明显,2020 年以后,改善性住房需求将滑坡且主要在住房存量中调剂、交换。如果未来几年未能有效挤压房地产泡沫,2020 年前后,刚性住房需求将稳定,房地产市场的泡沫将被彻底挤出。上述情况决定了 2020 年前后,房地产开发规模将趋于萎缩,建设规模的扩张速度将明显减慢,进而也决定了煤炭产需规模将在这一时期达到峰值。

(三)煤炭价格的变化

煤炭价格的组成复杂,影响因素很多。煤炭作为重要的原料,其价格变动会引起电力、冶金、化工、建筑等下游工业生产成本的变动,成为推动电价、钢材、化工等价格波动的重要因素,进而又会波及这些产业的相关产品价格,影响制造业价格指数(PPI)等,对整个国民经济体系产生深远的影响。

2014 年以来,全国煤炭市场供大于求问题日益严重,受煤炭产销量下滑、进口煤炭量不断增长、固定资产投资下降和煤炭库存居高不下等因素的影响,煤炭价格大幅下降。

根据中国煤炭价格指数统计,2014 年 7 月 18 日的 CCPI 指数为 142.4,同比下降 17.1 点,比历史最高点(2008 年 7 月)下降 80.4 点,降幅达到 36%。① 2014 年 7 月 20 日秦皇岛 5500 大卡平仓价 490—500 元/吨,比年初下降 140/吨,同比下降 85 元/吨。全国煤炭价格已经降至 2007 年年底水平。②

① 资料来源:中国煤炭市场网,http://www.cctd.com.cn/,2014 年 12 月 25 日访问。

② 资料来源:中国煤炭工业协会秦皇岛港口价。

煤炭价格持续下降导致工业用煤成本下降,尤其是供暖、发电、钢铁、水泥等行业的生产成本大幅降低。市场机制不利于工业企业主动减少煤炭消耗量,煤炭减量受到较大阻碍。政府 2014 年年末出台的相关煤炭资源税改革政策起到了一定的市场调节作用,引导企业考虑煤炭使用时的负外部成本。

根据自然资源保护协会的研究,中国现行煤炭定价机制严重低估了煤炭在消费和生产环节所产生的资源成本、基本生产成本、安全成本、生态环境成本、健康成本和可持续发展成本等,使其在一定程度上造就了煤炭"价格低廉"的假象。中国 2012 年煤炭在全生命周期真实成本估算约为 260 元/吨,但中国现行煤炭定价机制的成本仅约为 53 元/吨。

为了引导市场反映煤炭真实价格,自 2014 年 12 月 1 日起,煤炭资源税从量改为从价的改革正式在全国范围内实施,税率幅度为 2%—10%。此项税收的形成有利于完善资源价格形成机制,理顺资源税费关系,促进资源节约集约利用和推动转变经济发展方式。

虽然煤炭资源税改革对煤炭企业负担和市场价格的影响短期内尚不明显,但煤炭资源税是政府对中国非再生资源节约利用的一次有力尝试,为未来纠正煤炭价格,改变经济发展方式奠定了基础。

第二节 城市煤炭消费

根据前述的研究对象和研究目标,本节对 294 个城市煤炭消费量和煤炭消费强度的空间分布情况进行总结。

一、城市煤炭消费量的空间分布情况

从总量上 294 个城市的能源消费总量约占全国能源消费量的 95.6%;煤炭消费总量约占全国煤炭消费量的 95%。这些城市能源和煤炭消费情况基本上可反映出中国能源和煤炭消费的全貌。

在各类城市中,大城市数量排名第二,其燃煤消耗量占全国比例排名第一,约为 33.18%;中等城市数量居第一位,燃煤消耗量占全国比例排名第二,约为 27.33%;特大城市仅占城市总数的 9.9%,位居第四,但煤炭消费量占全

国比例的 20. 25%，排在第三位；小城市燃煤消耗量占全国比例为 9. 02%；直辖市数量为 4 个，煤炭消耗量占全国比例的 5. 17%。

从煤炭消费的空间分布来看，煤炭消费量较多的城市主要集中在华北地区的山西省、内蒙古、河北省，华东地区的山东省、江苏省和上海市以及西南地区的重庆市；从整体上看，中国各城市的煤炭消费量分布以原煤产地为中心，呈辐射状散开。

中国的煤矿资源分布相对集中，主要表现在西多东少、北富南贫，主要集中在目前经济还不发达、工业化程度不高的山西、陕西、内蒙古、贵州、宁夏等区域。煤炭消费量较多的地区大都是主要的原煤产地或是靠近原煤产地的区域，如山西省、内蒙古、山东省、河北省等，这些省份中的资源型城市通常依赖本地煤矿资源，易形成以煤炭消费为主的能源消费结构，因此总体上煤炭消费量都较高。对于江苏省，该地区的煤矿资源并不丰富，而煤炭的消费量仍然很高。这是因为，一方面江苏省经济总量大、发展速度迅猛，对能源的需求量大；另一方面其靠近原煤产地，煤炭外调成本相对较低，因此总体上其煤炭消耗量也位居前五。

二、城市煤炭消费强度的空间分布情况

2010 年中国煤炭强度的空间分布呈现出“西高东低”的特点。中国东部沿海城市的煤炭消费强度显著低于中西部地区，平均煤炭消费强度为 0. 55① 吨标准煤/万元。煤炭消费强度较高的城市主要集中在中国中西部地区的山西、陕西、宁夏、内蒙古、青海等地区，如吴忠、石嘴山、乌海、临汾、运城、吕梁等城市。中国中西部地区有丰富的煤炭资源，其能源利用结构相对比较单一，大都以煤炭为主，且多数为粗放式开发利用，综合利用水平低，浪费严重。其中，西部地区各城市平均煤炭消费强度达 1. 14 吨标准煤/万元，是东部的两倍多。

第三节 城市分类及各类城市煤炭消费现状

鉴于 294 个城市的数量过于庞大，并且，长期的计划经济导致不同城市的

① 这里的煤炭消费强度是以 2010 年价 GDP 计算得到。

经济结构有很大的同质性，同时，不同城市的资源禀赋导致其本身的能源结构也具有同质性。从另一个角度来讲，不同城市间发展不均衡，人口聚集程度也不同，所以本书以城市规模和煤炭强度作为分类依据，对294个城市进行了分类，并对各类城市的煤炭消费现状进行探究。

一、城市基本分类

本书以294个地级市（自治州、盟）以上的城市为分析对象。2010年，294个城市的总面积为5126819.8平方千米，占国土面积的52.82%；常住人口为126686.28万人，占总人口的92.44%；地区生产总值总和为391272.36亿元，占全国GDP的97.45%。表5-3表示出了2010年294个城市的社会经济指标情况。

表5-3 294个城市的社会经济指标情况（2010年）

	常住人口（万人）	面积（平方千米）	生产总值（亿元）
294个城市	126686.28	5126819.8	3951272.36
全　国	137053.69	9706961	401512.80
占　比	92.44%	52.82%	97.45%

（一）按市区常住人口规模分类

1989年制定的《中华人民共和国城市规划法》对大、中、小城市进行了规定，但是这部规划法已于2008年1月1日废止，而同时实施的《中华人民共和国城乡规划法》没有设定城市规模的条文。也就是说，目前中国尚未从立法的层面对大、中、小等城市规模的概念进行定义。

2010年，由中国中小城市科学发展高峰论坛组委会、中小城市经济发展委员会与社会科学文献出版社共同出版的《中小城市绿皮书》认为，50万—100万人的为中等城市，100万—300万人的为大城市，300万—1000万人的为特大城市，1000万人以上的为巨大型城市。

当前城乡人口流动频繁，农业人口、非农业人口之间的界限模糊，传统城乡户籍分离制下的统计口径不能完全反映中国城市实际的规模，也不能完全反映城市作为经济社会发展和能源资源消耗中心的特征。综合考虑中国城市化发展的历史和现状，以及城市社会经济发展的进程，我们采用了市区人口和市区暂住人口相加，得到市区常住人口，以市区常住人口作为按规模划分城市类型的标准。

本书中基于城市规模的城市分类标准如下：市区常住人口50万人以下的为小城市，50万—100万人的为中等城市，100万—300万人的为大城市，300万人以上的为特大城市，另外把四个直辖市提取出来单独划分一类。最终把294个地级市/自治州、盟分成五大类，即直辖市、特大城市、大城市、中等城市、小城市。表5-4是294个地级城市的分类情况，其中直辖市数量为4个，特大城市是29个，大城市和中等城市在城市数量上是最多的，分别达到102个（占城市总数的34.8%）和112个（占城市总数的38.2%），小城市为47个。

表5-4 294个地级城市的分类情况

类别编号	城市类型	市区常住人口范围（万人）	城市数量	所占比例（%）
S	直辖市	—	4	1.4
A	特大城市	>300	29	9.9
B	大城市	100—300	102	34.8
C	中等城市	50—100	112	38.2
D	小城市	≤50	47	15.7

（二）按煤炭消费强度分类

煤炭消费强度的大小可以反映出当地的技术水平、产业结构和经济模式，并在一定程度上可以反映出当地的能源结构。依据煤炭消费强度对中国城市进行分类，可以识别出在中国当前国情下各城市不同的技术水平和产业结构类型。在此基础上，可对不同技术水平和产业结构类型下城市的煤炭消耗特点作出分析，并对该类型发展路径下城市的未来煤耗情况作出预测。

依据2010年各地区的当年价单位地区生产总值煤耗，结合K-均值聚类法和异常值识别对全国294个地级市（自治州）、盟进行聚类。具体运算过程为：由于较大值会对K-均值聚类法中心点的判定产生很大影响，笔者先运用SPSS的异常值识别出煤炭消费强度中的较大值（异常指标大于2），共18个

城市,其单位地区生产总值煤耗为(2.20,5.08),远远大于中位数 0.67 及平均值 0.88。显而易见,这 18 个城市将使聚类结果产生较大的偏差,将这 18 个城市划分为高煤炭消费强度类别并进行剔除,再令分类个数为 3,对剩余城市进行 K-均值聚类,便可得出较为客观的聚类。

聚类结果见表 5-5,根据 K-均值聚类计算结果,三类城市煤炭消费强度的分界值分别为 0.64 吨标准煤/万元和 1.2 吨标准煤/万元。在此分类结果基础上,结合各市人口大小,便可将 294 个城市分为十三类。

表 5-5　城市按 2010 年当年价煤炭消费强度聚类分析

	低煤炭消费强度城市	中等煤炭消费强度城市	高煤炭消费强度城市
煤炭消费强度区间(吨标准煤/万元)	(0.123,0.632)	(0.643,1.192)	(1.230,5.077)
城市个数(个)	152	80	62

(三)同时基于人口规模和煤炭消费强度的城市分类

基于城市规模分类和城市煤炭消费强度分类,本书将 294 个地级市/自治州、盟分成了十三类,并赋予了类别标号。首先基于市区常住人口将 294 个城市分为:超大型城市(4 个直辖市)、特大城市(>300 万人)、大城市(100 万—300 万人)、中等城市(50 万—100 万人)、小城市(≤50 万人);再基于煤炭消费强度将四类城市(除超大型城市外)分为高、中、低三类城市,最终分成十三类城市。不同的类别标号表征了不同的城市规模和煤炭消费强度,具体信息见表 5-6。

表 5-6　294 个城市的分类结果

编号	类别代码	城市类型	煤耗强度分类	城市数量	煤炭消费峰值	城市清单
1	S	直辖市	低	4	2015	重庆、天津、上海、北京
2	A1	特大城市	低	21	2015	南京、济南、西安、长春、郑州、淮安、清远、武汉、大连、沈阳、苏州、杭州、成都、厦门、合肥、南宁、东莞、佛山、广州、汕头、深圳

续表

编号	类别代码	城市类型	煤耗强度分类	城市数量	煤炭消费峰值	城市清单
3	A2	特大城市	中	5	2015	淄博、鞍山、哈尔滨、昆明、徐州
4	A3	特大城市	高	3	2015	乌鲁木齐、太原、唐山
5	B1	大城市	低	64	2015	襄阳、贵港、绵阳、贺州、来宾、柳州、泸州、常德、漯河、宜春、镇江、自贡、遂宁、淮北、湖州、保定、株洲、荆州、阜阳、玉林、南充、淮南、茂名、开封、巴中、南昌、南阳、凉山彝族自治州、嘉兴、长沙、随州、宿州、金华、宁波、青岛、资阳、南通、泉州、信阳、天水、无锡、六安、烟台、惠州、抚州、钦州、温州、蚌埠、芜湖、福州、莆田、亳州、常州、江门、台州、海口、连云港、中山、宿迁、扬州、盐城、湛江、珠海、永州
6	B2	大城市	中	27	2015	枣庄、济宁、武威、日照、齐齐哈尔、石家庄、广安、临沂、新乡、西宁、聊城、抚顺、益阳、宝鸡、锦州、乐山、洛阳、吉林、衡阳、大庆、鄂州、宜昌、泰安、菏泽、潍坊、内江、贵阳
7	B3	大城市	高	11	2015	平顶山、莱芜、包头、大同、邯郸、银川、呼和浩特、商丘、安阳、赤峰、兰州
8	C1	中等城市	低	43	2015	商洛、咸宁、衡水、延安、松原、南平、张家界、宜宾、德阳、池州、岳阳、东营、威海、沧州、陇南、广元、泰州、吉安、九江、绍兴、北海、防城港、舟山、宜城、桂林、赣州、廊坊、安庆、丽水、邵阳、驻马店、揭阳、滁州、濮阳、肇庆、漳州、白城、宁德、阳江、汕尾、三亚、周口、玉溪
9	C2	中等城市	中	37	2015	萍乡、张掖、榆林、曲靖、郴州、汉中、攀枝花、双鸭山、营口、承德、四平、保山、黄石、辽阳、昭通、新余、滨州、佳木斯、湘潭、安康、衢州、阜新、秦皇岛、盘锦、丹东、马鞍山、朝阳、咸阳、牡丹江、孝感、眉山、德州、酒泉、十堰、荆门、绥化、韶关
10	C3	中等城市	高	32	2015	乌海、临汾、石嘴山、运城、六盘水、鹤壁、长治、晋中、巴彦淖尔、忻州、安顺、阳泉、渭南、黔西南布依族苗族自治州、七台河、固原、张家口、遵义、伊春、焦作、本溪、平凉、白银、朔州、铁岭、鹤岗、鸡西、邢台、白山、通辽、鄂尔多斯、铜川

续表

编号	类别代码	城市类型	煤耗强度分类	城市数量	煤炭消费峰值	城市清单
11	D1	小城市	低	20	2015	许昌、河池、定西、黄冈、潮州、云浮、铜陵、龙岩、鹰潭、上饶、雅安、景德镇、梅州、阿坝藏族羌族自治州、庆阳、甘孜藏族自治州、梧州、怀化、河源、黄山
12	D2	小城市	中	11	2017	辽源、金昌、葫芦岛、丽江、克拉玛依、达州、普洱、三明、崇左、临沧、黑河
13	D3	小城市	高	16	2020	吴忠、中卫、嘉峪关、吕梁、乌兰察布、济源、黔东南苗族侗族自治州、晋城、毕节、黔南布依族苗族自治州、铜仁、通化、娄底、呼伦贝尔、百色、三门峡

根据分类结果,本书通过数据整理和计算得到十三类城市的社会经济能源、煤炭消费量的代表参数值,见表5-7。

表5-7　十三类城市的社会经济、能源、煤炭消费量的代表参数值

编号	类别代码	常住人口(万人)	常住市区人口(万人)	2010年当年价地区生产总值(亿元)	人均地区生产总值(元)	煤炭消费量(万吨标准煤)	煤炭消费强度(吨标准煤/万元)
1	S	2112.12	1669.14	11123.13	56263.65	3519.84	0.36
2	A1	789.30	560.41	4110.94	49380.28	1574.70	0.40
3	A2	676.83	377.94	2439.92	39530.73	2243.23	0.92
4	A3	496.66	313.80	2300.83	43627.13	3617.44	1.57
5	B1	490.66	163.91	1441.25	28530.95	534.98	0.40
6	B2	490.94	155.83	1279.82	27165.77	1136.88	0.89
7	B3	424.83	161.87	1189.31	32912.66	2311.73	1.96
8	C1	369.83	70.08	851.69	25646.66	355.74	0.41
9	C2	294.24	76.73	679.16	25617.57	595.66	0.88
10	C3	258.61	72.02	576.96	25798.56	1159.43	2.08
11	D1	280.32	39.63	478.73	19430.95	223.75	0.45
12	D2	204.74	33.71	405.91	32773.08	353.34	0.88
13	D3	263.41	38.30	470.92	24048.73	1013.20	2.37

二、各类别城市的煤炭消费现状

(一)十三类城市经济发展阶段的初步判断

1. 经济发展阶段的理论基础

学术界关于经济发展阶段划分标准的讨论由来已久,但并未取得一致认识。从现有材料看,对该问题的讨论,大致可分为三类观点:一是结构主义的观点;二是总量主义的观点;三是综合主义的观点(李娟文等,2000)。

结构主义的观点认为,经济发展的本质是生产结构的变化,因而应设置结构性的指标来划分经济发展的阶段。总量主义观点认为,经济发展过程最终是一个总量扩张的过程。因而,经济发展阶段划分的简易方法是采用诸如人均 GDP 等的总量指标。表 5-8 是发展经济学家钱纳里提出的人均收入(人均 GDP)六阶段及划分标准(李娟文等,2000)。

表 5-8 钱纳里的人均收入六阶段

	工业化起始阶段	工业化实现阶段			后工业化阶段	
		初期阶段	中期阶段	后期阶段	初级阶段	高级阶段
人均 GDP(1970 年美元)	140—280	280—560	560—1120	1120—2100	2100—3360	3360—5040
人均 GDP(1996 年美元)	620—1240	1240—2480	2480—4960	4960—9300	9300—14880	14880—22320
人均 GDP(2007 年美元)	748—1495	1495 2990	2990—5981	5981—11214	11214—17942	17942—26913

综合主义的观点认为,经济发展阶段的划分标准不应该是唯一的,而应该是若干指标的综合。该观点的主要人物是美国的弗里德曼、日本的井村干男、中国的蒋清海等。美国的弗里德曼提出了国家间(或区域间)关系的"核心—边缘"理论,并以空间结构、产业特征和制度背景为标准,将一国经济发展分为前工业阶段、过渡阶段、工业阶段、后工业阶段四个阶段,从而构造了他的经济发展阶段理论。日本的井村干男根据一国自然资源和人力资源状况的基本条件或形态、工业化进展程度以及贸易结构变化三个要素,将发展中国家的经济发展划分为四个阶段,即工业化第一阶段、第二阶段、第三阶段和第四阶段。

中国的蒋清海以制度因素、产业结构、空间结构和总量水平为标准，将经济发展分为传统经济阶段、工业化初级阶段、全面工业化阶段、后工业化阶段四个阶段，从而提出了其经济发展阶段理论（李娟文等，2000）。表 5-9 表示出了经济发展阶段及其特征。

表 5-9　经济发展阶段及其特征

发展阶段	产业发展		空间结构	总量水平	
	三次产业比重	主导产业		消费结构	收入水平
传统经济	Ⅰ>Ⅱ>Ⅲ	农　业	均衡状态，城镇规模小，构不成等级关系	饮食支出占收入的绝大部分	极　低
工业化初期阶段	Ⅱ>Ⅰ>Ⅲ	纺织、食品、采矿（资源本位开发为主）	极核发展阶段	饮食支出比重减少，对工业品需求增加	有所提高
全面工业化阶段	Ⅱ>Ⅲ>Ⅰ	电力、化学、钢铁、汽车、机电	点轴发展阶段，城市呈首位分布	转向耐用消费品和劳务服务	大幅提高
后工业化阶段	Ⅲ>Ⅱ>Ⅰ	高新技术和第三产业	扩散效应为主导力量，城市呈序列分布	转向文化、教育和享乐	很　高

2. 十三类城市经济发展阶段的初步判断

根据上述经济发展阶段理论，大体可以判断出本书所总结的十三类城市均处于工业化的中期和后期阶段，单从人均地区生产总值的角度，S 类、A1 类、A2 类和 A3 类城市的人均地区生产总值位于 5981—11214 美元，处于工业化的后期阶段，其余类城市的人均地区生产总值均位于 2990—5981 美元，处于工业化的中期阶段。

S 类城市。S 类城市的人均地区生产总值平均值达到了 9377 美元，虽然 S 类城市中的北京、上海、天津的人均地区生产总值越过了 11214 美元，处于后工业化阶段，但是重庆的人均地区生产总值偏低，只有 4000 多美元，处于工业化中期阶段,因此将S类城市的平均值拉低,综合考虑上海市和天津市,虽然人均地区生产总值比较高,但是第二产业比例比较大,分别是42%和52.4%,还是判断S类城市处于工业化的后期阶段,即由全面工业化阶段向后工业化阶段过渡的时期。

A1类城市。A1类城市的人均地区生产总值平均值为8230美元,从人均地区生产总值的角度考虑,处于工业化的后期阶段。该类城市包括21个煤炭消费强度低的特大城市,主要是发达或较发达省份的省会城市和东南沿海的深圳、佛山、汕头、东莞、清远、淮安等流动人口比较密集的特大城市。有些城市的经济结构甚至优于直辖市,例如2010年深圳市的第二产业比例为47.2%①,低于同年天津市的第二产业比例;2010年广州市的第二产业比例为37.2%,低于同年上海市的第二产业比例。但是南京市、长春市、济南市、武汉市的第二产业比例都还在45%以上。因此,从总体上判定,该类城市仍然处于向工业化后期过渡的阶段。

A2类城市。该类城市人均地区生产总值平均值是6588美元,处于5981—11214美元的范围内,所以暂时可以归为处于工业化后期阶段。其中,昆明市、徐州市和哈尔滨市的人均地区生产总值均低于这个阶段的最低值,从而一定程度上拉低了该类型城市的人均地区生产总值。对省会城市的调查分析发现,第三产业占地区生产总值比重最大,这说明这些城市均处于后工业化阶段;再分析其他城市发现,均出现了第二产业所占比重大于第三产业所占比重的情况,这说明在该类城市中,省会城市的产业结构一定程度上优于其他非省会城市。由此可以判断,该类城市处于全面工业化阶段向后工业化阶段过渡的阶段。

A3类城市。该类城市仅有乌鲁木齐、唐山和太原三个,它们是特大城市中煤炭消费强度最高的三个城市。该类城市人均地区生产总值的平均值是7271美元,处于工业化后期阶段的范畴。反观三个城市的产业结构,发现其产业结构差异悬殊,唐山市的第二产业占比(58.74%)远高于第三产业占比(34.79%),而太原和乌鲁木齐的第三产业占比却大于第二产业占比。虽然

① 本书中各城市三次产业的比例数据均来自中国经济与社会发展统计数据库。

三个城市的产业结构明显不同，但从具体的煤炭消耗用途来看，这三个城市都是以炼焦或钢铁为主导产业，导致其煤炭消耗强度较高。综上所述，结合人均地区生产总值和产业结构两个指标，判定该类城市处于工业化实现的后期阶段。

B1 类城市。该类城市包括了大城市中煤炭消费强度较低的城市，这类城市的人均地区生产总值平均值为 4755 美元，按照人均地区生产总值的划分方法应该归为工业化实现阶段的中间阶段，但是也可以观察到这个地区生产总值已接近后期阶段的下限值，即 4960 美元。纵观这类城市的所在省份可以发现，其中大部分分布在江苏、广东、福建、浙江等东南沿海省份，所以其能源消费结构一定程度上具有相似性。分析珠海、福州、连云港、烟台、芜湖和温州三大产业比重可以得出：除了福州市呈现第三产业（46.5%）大于第二产业占比以外（45.5%），其他城市均是第二产业占比更大，以温州市为例，其第二产业的比重为 52.43%，而第三产业的比重为 44.37%；福州市的贸易旅游业较发达，而金融业、保险业也在近几年有较大的发展，故其产业结构优化变成三产比重较高。因此，根据选取的典型城市的分析可以判定，该类城市的经济发展阶段处于全面工业化阶段，这点也与本段落开始的分析中得出的中间阶段相吻合。

B2 类城市。大城市中煤炭消费强度适中的城市即为 B2 类城市。这些城市的人均地区生产总值均值为 4528 美元，同样也处在工业化实现阶段的中间阶段。观察其所在省份可以发现，这类城市多集中在中西部地区的湖北、四川等省份，还包括山东省的部分城市以及东北三省的小部分城市。值得一提的是，山东省在该类中出现了 7 个城市。进一步分析表明：临沂、洛阳、宝鸡、宜昌、锦州的第二产业比重明显高于第三产业比重，以锦州市为例，其第二产业比重为 47.62%，而第三产业的比重为 35.8%。从总体上来看，该类城市同样也应该处于全面工业化阶段，也即工业化的中间阶段。

B3 类城市。该类城市是大城市中煤炭消费强度最高的一类城市，其中包括了银川、呼和浩特和兰州 3 个省会城市，其他城市主要还有山东、河南等中、东部省份的若干城市。该类城市的人均地区生产总值的平均值是 5485 美元，也应属于工业化实现阶段的中期阶段。进一步分析可以发现这类城市较为一般的规律，即省会城市的第三产业比重均大于第二产业比重，而非省会城市的第二产业比重大于第三产业比重。例如：呼和浩特市的第二产业比重为19.61%，第三产业比重为78.66%，而平顶山市则分别为66.3%和25%，平顶山市作为产煤大市和老工业城市从而拥有较高的第二产业比例。可见，省会城市的产业结构要优于其他非省会城市。由此可以推测出，该类城市中的省会城市可能处在全面工业化向后工业化过渡的阶段，而其他大多数城市则处在全面工业化阶段。从总体上看，该类城市则是处于全面工业化阶段。

C1类城市。该类城市的组成较为复杂，观察其所在省份可以直观地看到有不少城市位于山东、四川、安徽、广东和广西等省区，这些城市的人口不多，属于中等城市，而煤炭消费强度也处于较低的水平。人均地区生产总值的均值为4274美元，处于工业化发展阶段中的中期阶段。选取出现频率较高的省份中的典型城市：揭阳、安庆、宜宾、威海及桂林。进一步分析发现，除桂林外，其他4个城市的第二产业比重均高于第三产业，而桂林因为其旅游城市的背景，其第三产业比重最高也不足为奇。由此可以推测出，该类城市处于全面工业化阶段。

C2类城市。该类城市中，辽宁省及黑龙江省的城市出现较为频繁，中部省份，包括山东、河南、湖南和湖北省也出现了不少城市，即主要包括东北和中部的省市。该类城市的人均地区生产总值的平均值为4270美元，处于工业化实现的中期阶段。选取朝阳、绥化、德州和孝感作为出现的主要省份的典型城市进行更深入的分析发现，这些城市的第二产业所占比重均高于第三产业所占比重。以山东省德州市为例，第二产业比重为57.16%，而第三产业比重为38.2%；值得一提的是黑龙江省的绥化市，数据显示其占比最高的是第一产业（36.42%），第三产业（36.2%）和第二产业（25.6%）次之，若按产业结构占比来分类，并没有属于它的专门的工业化阶段，查阅资料发现其拥有全国重要的商品粮基地、草食畜牧基地、农牧产品基地和绿色食品基地。除去此特例外，可以大致归纳出该类城市属于全面工业化的阶段。

C3类城市。该类城市多集中在中国的东北、北部、中部及西部地区，以内蒙古、黑龙江、辽宁、山西、甘肃的城市居多。该类城市的人均地区生产总值的均值为4300美元，仍处于工业化实现阶段的中期阶段。选取上述省份中的典

型城市通辽、鸡西、本溪、临汾和平凉等进行进一步分析得出,除临汾和平凉是处于第三产业比重大于第二产业比例外(以临汾为例,第二产业比例为38.8%,第三产业的比例为57.24%),其他城市均为第二产业比例高于第三产业。临汾市的非物质文化遗产较多,其作为旅游城市也就造就了第三产业的比重较高。由典型城市的分析可以推测出该类城市亦处于全面工业化阶段,不排除部分城市进入后工业化的过渡阶段。

D1 类城市。该类城市是小城市中煤炭消费强度较低的一类城市,其主要包括了广东、广西、四川、江西、甘肃和安徽等省份的城市。人均地区生产总值的平均值为 3238 美元,虽然接近工业化中期阶段的下限值,但仍旧属于工业化的中期阶段。选取梅州、河池、雅安、上饶、定西和黄山市作为研究对象做进一步的产业结构分析,发现 6 个典型城市中的 2 个城市(上饶和黄山),其第三产业比重高于第二产业(以黄山市为例,第三产业比重为 48.13%,第二产业则为 44.09%),定西市是第一产业比重高于第二产业,但是第三产业比重最高,另外三个城市则是第二产业比重高于第三产业。进一步查阅资料发现,定西市在甘肃省拥有特色农业,其在甘肃省的农业中扮演着举足轻重的角色,更是被誉为“中国马铃薯之乡”。另外,定西市的交通运输、仓储、邮政业及旅游业均较发达,这些特点造就了定西与众不同的产业比重;而黄山市,众所周知,旅游业相当发达,是该市的支柱产业,而保护黄山的自然环境也自然使其不能发展高耗能、高污染的工业,它的产业结构也反映了这一点。因此,从总体来看,该类型城市的主要产业结构还是第二产业高于第三产业,第一产业最低,故属于全面工业化阶段。

D2 类城市。该类是小城市中煤炭消费强度处于中等水平的一类城市,其人均地区生产总值的均值是 5460 美元,高于 D1 类城市,根据人均地区生产总值均值的分类可以归为处在工业化的中期阶段。观察其城市组成的省份来源,发现其中多数位于中国的边境省份及少量中北部省份,出现频率较高的主要是河南和云南,其他如辽宁、内蒙古、广西等也有出现。选择其中的典型城市,丽江市、葫芦岛市、克拉玛依和达州作为进一步的研究对象,搜集其三次产业占比的数据可以发现,除丽江市外,其他三个城市的第二产业比重均高于第三产业;丽江市由于其重要的旅游城市的地位,使第三产业占据更重要的地位。值得一提的是克拉玛依的第二产业比重占全市地区生产总值比重的89.75%，而第三产业和第一产业占比分别只有9.8%和0.5%。众所周知，克拉玛依是重要的石油石化产业聚集区，该市目前已成长为现代化石油工业新城，这些解释了克拉玛依产业比重“一边倒”的原因。因此，从总体上来看，该类城市仍应符合产业发展处于全面工业化阶段。

D3类城市。该类城市中集中了中国西部和北部省份及自治区的城市，这类城市的典型特点是城市规模小而煤炭消耗强度显著高于平均水平，其中以吴忠市和中卫市为代表。这类城市中，贵州省4个城市，宁夏回族自治区和内蒙古自治区分别有2个城市，还包括甘肃、吉林等省份的城市。该类城市的人均地区生产总值的均值为4008美元，应归于工业化发展的中期阶段。选取各省份的代表城市吴忠、呼伦贝尔、娄底、嘉峪关、吕梁和百色市做进一步进行深入分析，获取其产业比重数据后可以发现，选取的城市的产业比重排序是一致的，均为第二产业比重高于第三产业的比重。以宁夏回族自治区的吴忠市为例，第二产业的比重为50.83%，而第三产业比重为31.71%。该类城市是小城市中煤炭消费强度较高的一类城市，煤炭消费占比高，普遍都是用煤炭发电，导致其第二产业占比较高；另外，选取的典型城市中亦有若干城市的第一产业占比不容小视，例如呼伦贝尔市因其拥有辽阔的草原而有发达的畜牧业。总体上来说，该类城市属于全面工业化阶段。

（二）十三类城市煤炭用途分析

中国煤炭的近一半用于发电，其余大部分用于钢铁、建材、化工等重工业行业，剩余领域的煤炭用量占比很小。为了更好地找到目前各地级市煤炭利用的重点产业/领域和未来的减量途径及政策措施，本书将294个地级市的煤炭消耗量又细分为发电、炼焦、工业直接利用、供热、民用和其他①六个组成部分，并计算了每种按用途的煤炭消耗量及占总煤炭消耗量的比例，见表5-10。

① 其他这项煤炭消耗用途指除了发电、炼焦、工业直接利用、供热和民用之外的煤炭消耗量及占比，这项煤炭消耗用途主要包括加工与转换环节的洗精煤、终端利用环节的建筑业、农林牧渔业和第三产业所消耗的煤炭。

表 5-10　十三类城市按用途煤炭消费量及比例的代表参数值

编号	类别代码	发电煤炭消费量(万吨标准煤)	发电煤炭比例(%)	炼焦煤炭消费量(万吨标准煤)	炼焦煤炭比例(%)	供热煤炭消费量(万吨标准煤)	供热煤炭比例(%)	工业直接利用煤炭消费量(万吨标准煤)	工业直接利用煤炭比例(%)	居民生活煤炭消费量(万吨标准煤)	居民生活煤炭比例(%)	其他煤炭消费量(万吨标准煤)	其他煤炭比例(%)
1	S	1482.63	42.12	356.95	10.14	349.15	9.92	939.28	26.69	104.98	2.98	286.86	8.15
2	A1	765.10	48.59	119.28	7.57	111.31	7.07	481.48	30.58	25.37	1.61	72.18	4.58
3	A2	864.18	38.52	354.12	15.79	249.73	11.13	503.14	22.43	38.72	1.73	233.38	10.40
4	A3	823.39	22.76	1378.6	38.11	168.82	4.67	637.23	17.62	96.72	2.67	512.65	14.17
5	B1	247.62	46.29	44.27	8.28	43.70	8.17	163.95	30.65	10.46	1.96	24.96	4.67
6	B2	392.28	34.51	169.11	14.87	93.20	8.20	340.44	29.95	31.51	2.77	110.34	9.71
7	B3	934.42	40.42	407.41	17.62	105.71	4.57	614.17	26.57	84.94	3.67	165.09	7.14
8	C1	156.48	43.99	31.85	8.95	23.14	6.51	111.09	31.23	11.04	3.10	22.14	6.22
9	C2	241.36	40.52	77.02	12.93	41.71	7.00	162.05	27.20	22.01	3.69	51.51	8.65
10	C3	486.02	41.92	242.20	20.89	53.56	4.62	171.51	14.79	51.97	4.48	154.17	13.30
11	D1	87.54	44.84	15.64	8.01	6.47	3.31	71.69	36.72	5.11	2.62	8.80	4.51
12	D2	158.36	36.87	54.93	12.79	26.68	6.21	141.91	33.04	13.47	3.14	34.12	7.94
13	D3	409.33	43.32	156.91	16.61	48.28	5.35	180.12	19.06	37.35	3.95	114.50	12.12

简单分析按用途的煤炭消耗量和比例，可得到如下结论：

首先，除极个别类型城市外，发电煤炭比例、居民生活煤炭比例都差别不大。

各类型城市发电煤炭比例差别不大。除了 A3 类城市由于炼焦比例大导致发电比例只有 22.76%外，其余类城市的发电比例分布在 34%—49%。考虑 A3 类城市的特殊性，该类城市包括太原市、唐山市和乌鲁木齐市，这三个城市都是以炼焦或钢铁为主导产业的城市，其煤炭消耗具有鲜明的特点。

各类型城市的生活煤炭比例差别不大。除了 C3 类城市的生活煤炭比例达到 4.5%之外，其他类型的城市都分布在 2%—3.7%。考虑 C3 类城市的特殊性，该类城市包括了 32 个煤炭消费强度高的中等城市，其煤炭消费强度分布在 1.234—5.077，而且该 32 个中等城市大多分布在内蒙古、黑龙江、山西、甘肃三北地区，集中供热程度低，煤炭集约化利用程度低，导致其生活煤炭比例较高。

其次，十三类城市的供热煤炭比例、炼焦煤炭比例、工业直接利用煤炭比例、其他比例的差别较大。

各类型城市炼焦比例差别较大。A3 类城市炼焦比例为 38.11%，该类城市是煤炭消费强度高的特大城市，包括太原市、唐山市和乌鲁木齐市，这三个城市都是以炼焦或钢铁为主导产业的城市，其炼焦的比例非常高；B3 类城市的炼焦比例为 17.62%，该类城市包括了 11 个煤炭强度高的大城市，主要位于山东、河北、内蒙古、贵州、宁夏和甘肃，例如莱芜、包头、邯郸等以钢铁产业为主的城市，是导致其炼焦比例较高的原因；C3 类城市的炼焦比例为 20.89%，该类城市包括了 32 个煤炭消费强度高的中等城市，主要位于山西、内蒙古、贵州、甘肃、黑龙江等煤炭资源丰富的省份，这些城市普遍为资源型城市，其产业以煤炭的加工利用等为主，导致其炼焦比例高；D3 类城市的炼焦比例为 15.51%，该类城市包括了 16 个煤炭消费强度高的小城市，主要位于宁夏、山西、内蒙古、贵州等煤炭资源丰富的省份，与 C3 类城市类似，这些城市普遍为资源型城市，其产业以煤炭的加工利用等为主，导致其炼焦比例高。通过以上的分析，我们可以发现一个有趣的现象，即炼焦比例较大的城市与煤炭消费强度高的城市是重合在一起的，这说明以煤炭的加工利用为主导产业的城市，其工业化发展的程度低，对煤炭的利用停留在低附加值阶段，导致其煤炭消费强度高。

各类型城市的工业直接利用比例差别较大。除了 A3 类城市、C3 类城市和 D3 类城市的工业直接利用比例较小之外，其他类型城市的工业直接利用比例都在 21%—36.2%。这个特点与炼焦比例的分布恰恰相反。也就是说，炼焦比例高的城市，其工业直接利用比例低，而炼焦比例低的城市，其工业直接利用的比例高。这是由两个原因导致的：其一，某类型城市的炼焦比例高，导致其他比例都低，这并不代表该类型城市的工业直接利用的煤炭量少，例如 A3 类城市；其二，某类型城市的工业直接利用比例高，也不代表该类型城市的工业直接利用的煤炭量多，例如 A1 类城市、B1 类城市、B2 类城市、C1 类城市、C2 类城市等，这些城市的工业直接利用的比例高但是工业直接利用消耗的煤炭量非常少，而且煤炭消费强度为低或中，说明工业直接利用比例较高的城市，反而是工业化程度比较高的城市。

各类型城市其他比例差别较大。有趣的是,其他比例高的城市类型与炼焦比例高的城市类型基本重合,也与煤炭消费强度高的城市类型相重合,说明其他比例高的城市,也是以煤炭的加工利用为主导产业的城市,其工业化发展的程度低,对煤炭的利用停留在低附加值阶段,导致其煤炭消费强度高。其他用途主要反映的是一个城市第一产业和第三产业的煤炭消费量,可见,一个城市中的第一产业和第三产业的煤炭消费比例相对较高时,说明该城市的煤炭利用效率不高,其工业化发展的水平相对较低。

各类型城市供热比例差别较大。以 A3 类城市和 D1 类城市为代表的城市,其供热比例比较低,在 3%—4.7%;以 S 类城市和 A2 类城市为代表的城市,其供热比例比较高,在 10%左右。下面简单分析原因:城市供热主要用于集中供暖和纺织、造纸等行业需求的热力,A3 类城市由于炼焦比例过高,导致供热比例低;D1 类城市包括了 20 个煤炭消费强度低的小城市,且这些城市除了有 2 个在甘肃外,其余均分布在南方省份,导致其供热比例低;S 类城市即 4 个直辖市,由于其比较高的集中供热覆盖率,导致其供热比例较高;A2 类城市包括了 5 个煤炭消费强度为中的特大城市,这 5 个城市中哈尔滨和鞍山由于其地理位置导致其供热比例高,而徐州由于地处江北导致其供热比例也较高。综上所述,一个城市供热用煤炭比例的高低,取决于城市所处的地理位置和城市对煤炭的利用模式,一般来说,同样是地处北方地区,经济发展阶段比较高的城市,集中供热的比例高,对煤炭的利用集约化程度高,效率相对也高;而经济发展阶段比较低的城市,集中供热比例低,对煤炭的利用集约化程度低,效率相对也低。

第六章　城市煤炭消费的情景研究

情景是对未来可能出现的实现过程的描述,反映出关于现有趋势如何发展,主要的不确定性会如何产生影响以及新因素如何开始产生影响的不同假设。本书设定了两个情景:基准情景和煤炭消费总量控制政策情景。基于前面几章分析的不同城市类别的高耗煤行业的技术发展和不同城市类别面临的空气污染制约因子的不同,设定不同政策情景下的参数,模拟其煤炭消费变化趋势,分析不同政策情景的模拟结果。

第一节　情景的定义及描述

一、基准情景定义及描述

基准情景定义为在宏观经济缓慢转型和能源技术维持较低水平的情况下,城市煤炭消费量在各目标年的预测值。其中,宏观经济缓慢转型的具体表现有维持现有经济发展方式,经济结构、要素结构和产业结构自然发展,无特殊政策干预;能源技术水平较低具体表现为能源效率进步缓慢,非化石能源稳步发展。

本书的基准情景计算方法首先是基于计量经济学方程预测各类型城市在各目标年的煤炭消费量,其次考虑高耗能行业的发展规模限制以及可再生能源和替代能源的发展前景,结合各类型城市基年不同用途的煤炭消耗量及比例,综合分析各类型城市的发电、炼焦、工业直接利用、供热、民用及其他用途的煤炭消耗量在各目标年的发展趋势及分别到达峰值的时间,从而得到各类型城市在各目标年的煤炭消耗量。

计量经济学回归方程基于2010年294个城市的数据，充分反映了中国经济技术发展的不均衡，考虑了中国不同规模、不同地区、不同经济发展阶段的城市经济总量与煤炭消耗量之间的关系。但是，目前中国各城市的发展又呈现很强的同质性，2010年全国第二产业比例高达46.4%，上海、天津等直辖市，其第二产业比例也分别达到42%和52.4%，说明当时中国地级及以上城市的产业结构普遍是第二产业的比例大于第三产业，同时，2010年中国工业部门消耗了全部能源的72%、全部煤炭的94.5%①。2016年全国第二产业比例下降为39.9%，上海、天津市的第二产业比例分别下降为29.8%和42.3%。2016年中国工业部门消耗了全部能源的66%，2015年中国工业部门消耗了全部煤炭的94.6%②。随着社会经济的发展，这样的产业结构已经并继续会发生改变，某些高耗能行业必然会随着国内外市场需求的萎缩而出现产量的峰值，从而在这些行业出现煤炭消耗的峰值。

同时，根据内生增长理论，由于技术的外部性和规模经济，技术的进步是内生的，随着工业化的发展以及知识和专业人才的积累，即使在没有外界政策干预的情况下，发电领域及建筑领域的各项可再生能源技术、天然气/页岩气等替代能源技术、煤炭加工转换技术和煤炭利用技术等都在不断进步，使煤炭在能源结构中的比例不断下降，也使煤炭消费强度不断下降，从而使煤炭消耗量上升的趋势减缓甚至使煤炭消耗量下降。

而上述这些变化仅通过基于2010年数据的回归方程是不能表现出来的，需要在回归方程的基础上进行修正。

（一）经济增长速度

综合考虑近年来中国国内生产总值的变化趋势和各类城市当前的经济发展及技术水平，专家预测2010—2050年中国城市地区生产总值年均增长率因城市类型的不同而表现出一定差异，具体预测见表6-1。

---

① 《中国统计年鉴2015》：2010年能源消费总量360648万吨标准煤，工业能源消费量为261377万吨标准煤；煤炭消费总量349008.3万吨，工业煤炭消费量为329728.5万吨。

② 《中国统计年鉴2017》：2016年能源消费总量435819万吨标准煤，工业能源消费量为29055万吨标准煤；2015年煤炭消费总量为378448万吨，工业煤炭消费量为375650万吨。

表 6-1　2010—2050 年地区生产总值年均增长率预测　（单位:%）

城市类型	地区生产总值年均增长率				
	2016—2020 年	2021—2025 年	2026—2030 年	2031—2040 年	2041—2050 年
低煤炭消费强度	7.0	6.2	4.4	2.9	2.1
中等煤炭消费强度	7.1	6.3	4.5	3.0	2.2
高煤炭消费强度	7.5	6.7	4.9	3.5	2.7
全　国	7.08	6.28	4.48	3.00	2.20

由于煤炭消费强度是各个城市煤炭消费量与地区生产总值的比值，在一定程度上反映了城市的经济发展水平和生产技术水平，是城市所处经济发展阶段的表现。因此，我们选择以城市煤炭消费强度为分类依据，在保持地区生产总值增长总体趋势减缓的同时考虑现有经济规模基数、生产边际效益递减和技术水平发展趋势，进行地区生产总值年均增长率的预测。

其中，低煤炭消费强度城市的总体经济发展处于全国较高水平，经济总量基数大，技术水平较高，因此地区生产总值年均增长率应该相对较小；中等煤炭消费强度城市的总体经济发展处于全国中等水平，技术水平也适中，因此地区生产总值年均增长率处于中间位置；相对经济发展水平最低，生产技术也相对落后的高煤炭消费强度地区的地区生产总值年均增长率最高。

表 6-1 最后一行显示的是将三大类城市地区生产总值年均增长率加总平均后得到的全国地区生产总值年均增长率，基本与其他基准情景预测的地区生产总值增长趋势一致。

（二）计量经济学方程

中国各市的技术水平和产业结构类型并不相同，如果一概而论很容易产生偏差，分类后则能更客观、清晰地描绘出不同类型城市的发展路径和煤耗情况。因此在聚类结果基础上，我们分别对三类城市的煤炭消耗情况及地区生产总值进行分析，发现城市煤炭消费总量和其修正后当年价地区生产总值有较强的相关性。

对各类城市的煤炭消费总量(Y)和修正后当年价地区生产总值(X)建立回归模型,其基本表达式为:

$$Y=\beta_0+\beta_1\ln X+\beta_2(\ln X)^2+\varepsilon \tag{6-1}$$

其中,Y为城市煤炭消费总量,单位为吨标准煤/万元;地区生产总值为修正后当年价地区生产总值,单位为亿元;ε是随机误差项。分别对各类城市作最小二乘法试回归,衡量不同形式的回归模型的显著性和拟合优度后,运用稳健估计进行异方差修正后得到如表6-2所示结果。

表6-2 不同煤炭消费强度城市的计量模型的统计检验

类型 变量	低煤炭消费强度城市	中等煤炭消费强度城市	高煤炭消费强度城市
$(\ln X)^2$	232.599*** (41.163)	381.726*** (41.044)	532.695*** (113.113)
$\ln X$	-2659.606*** (545.166)	-4252.946*** (522.669)	-5612.094*** (1406.68)
常数项	7696.9*** (1781.941)	12066.79*** (1654.119)	15254.57*** (4328.053)
R^2	0.831	0.926	0.767
Root MSE	338.58	179	545.91
F检验	140.08	287.77	66.74

注:***、**、*分别为在1%、5%、10%的水平下显著。

由表6-2可得,在运用稳健估计修正异方差后,Y与X之间的拟合度尚可,调整R^2均在0.7以上,各类回归模型也均通过了t检验和F检验。其中,中等煤炭消费强度城市的拟合度最高,且F值最高;低煤炭消费强度城市拟合优度次之,高煤炭消费强度城市拟合度最低。具体各类型城市拟合回归方程如下。

低煤炭消费强度城市:

$$Y = 7696.9 - 2659.606 \times \ln X + 232.599 \times (\ln X)^2 \tag{6-2}$$

中等煤炭消费强度城市:

$$Y = 12066.79 - 4252.946 \times \ln X + 381.726 \times (\ln X)^2 \tag{6-3}$$

高煤炭消费强度城市:

$$Y = 15253.57 - 5612.094 \times \ln X + 532.695 \times (\ln X)^2 \quad (6-4)$$

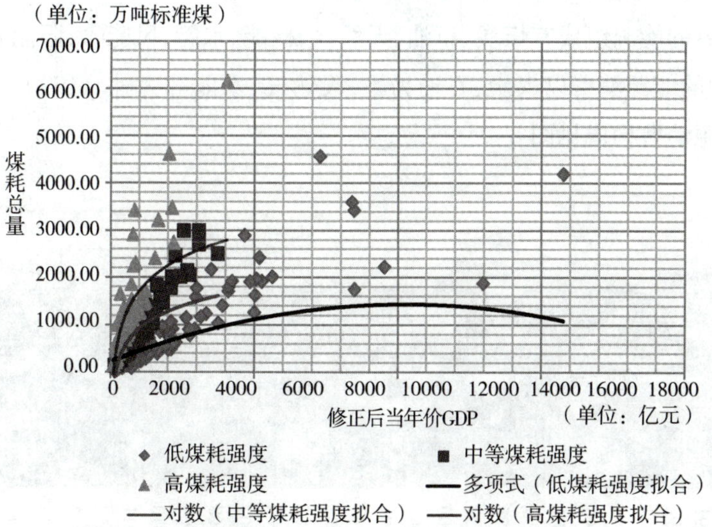

图 6-1　各类城市煤炭消费量与地区生产总值的关系

如图 6-1 所示，回归方程能够较好地拟合实际情况，表达随着地区生产总值变化煤炭消费量的整体变化趋势。

（三）高耗能行业的发展规模

根据对部门煤炭消费总量的研究，目前中国钢铁行业的能源利用效率不断提高且产能过剩严重，预计在技术进步、优化能源结构等相关措施的推动下，钢铁行业的煤炭消费总量将于 2020 年左右达到峰值，之后不断下降。相应地，被用于炼焦的煤炭量也应遵循这一变化趋势。因此，我们判断用于炼焦的煤炭总量也会在 2020 年达到峰值，之后不断下降。

同样受到发展限制的是水泥和化工行业。2013 年，水泥工业耗能总量 2.7 亿吨标准煤，煤炭消费量 2.37 亿吨，2015 年，水泥工业耗能总量 2.6 亿吨标准煤，煤炭消耗量 2.34 亿吨。单位产品煤耗水平与国际先进水平仍有差距，国内企业、地区之间能效水平差距很大。因此，水泥行业的煤耗水平仍有很大的改进空间。综合多种分析方法，建立层次分析模型，预计水泥行业在 2018—2020 年将会出现消费峰值，最有可能是 2019 年，达到峰值后会在波动中逐步下降。预计工业直接利用方面的煤炭消费也将在 2019—2020 年达到

峰值,其后在波动中下降。

（四）可再生能源和替代能源发展

世界的能源组成有煤炭、石油、天然气、核能、水能、风能、太阳能和地热能等,中国的能源消费以煤炭、石油为主,天然气、水能等为辅。1990—2016 年中国能源消费构成见图 6-2。

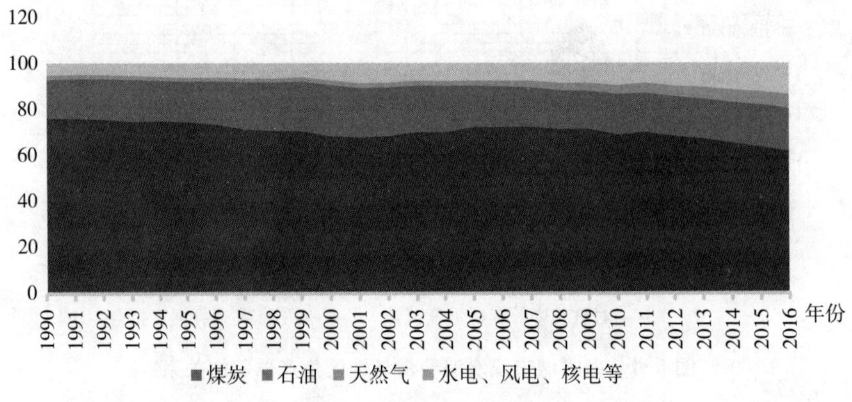

图 6-2　1990—2016 年中国能源消费构成

根据图 6-2 可以发现,中国能源消费构成是随着时间呈动态变化的,其中煤炭和石油的消费占据了总能源消费的 90%左右,但这一比例随着时间变化逐渐下降,2016 年跌至 80%左右。相反地,天然气、水电、核电和风电等的比例不断增长,自 2010 年以来增长迅速,2016 年已增至 19.7%。总的来说,中国能源消费的趋势是清洁能源正在逐步替代传统的重污染的化石能源。

能源的替代同样发生在高耗能产业之一的电力行业。1990—2015 年中国发电生产量的构成见表 6-3。

表 6-3　1990—2015 年中国发电生产量构成　（单位:%）

年　份	1990	1995	2000	2005	2010	2015
水电	20.40	18.91	16.41	15.88	17.17	19.44
火电	79.60	79.82	82.19	81.88	79.20	73.68
核电		1.27	1.23	2.12	1.76	2.94
风电					1.06	3.19

从表 6-3 中可以看到中国电力行业的发电生产量构成中,火电一直占据最主要的位置,也就意味着煤炭的消费始终处于一个较高的水平。然而,水电、核电和风电的引进丰富了发电的能源构成,使部分清洁能源代替了原有的传统能源。

依据对电力行业未来发展的研究可知。2020 年前,火电依然占据主体,清洁能源以水电、核电和陆上风电为主;2020—2030 年,煤电高峰期结束,水电基本饱和,风电、太阳能将成为主力电源,三代核电技术迅速推广,可再生能源比例显著提高;2030—2050 年,电网格局将发生根本性变化。因此,我们在此预设电力行业的煤炭消费将于 2020 年达到峰值。

相比于钢铁、水泥、化工和电力等高耗能行业,其他行业的煤炭消费量相对较小。其中,用于供热的煤炭消费主要是为了满足全国各地冬季的采暖需求,而通过这些年的基础建设和管道覆盖至 2015 年年底,大城市的采暖工程将基本完成,同时该项煤炭消费量将达到峰值,其后也会有个别小城市或农村的采暖设施建设或扩建,但由于替代能源的发展,这些工程对煤炭消费的影响不大,总体来说煤炭消费将逐渐趋于平缓。

其他煤炭消费,例如民用,预计大城市的民用煤炭消费量将于 2015 年达到峰值,小城市的峰值将产生于 2030 年左右,其他煤炭消费量也将于 2020 年左右达到峰值,之后可能会有所波动,但幅度不大。

(五)能源转换和利用技术的进步

能源转换是改变能源物理形态的能源生产。一般指化石燃料、水能等一次能源直接或间接转变为电能、热能、汽油、煤油、柴油、煤气等二次能源。转换过程往往伴随一定量的损失和消耗。近年来,随着能源转换技术的变革与进步,化石能源等一次能源转换为电能等二次能源的效率得到了显著提升,转换过程和输送过程中损失的能源比例不断减小。顺应现有的科技水平,相信未来能源转换和利用技术一定会得到更进一步的发展和创新,能源的有效利用率将不断提升。

通过部门煤炭消费总量控制研究得出的基准情景预测结果,我们计算得到发电、炼焦和工业直接利用部分的煤炭消费量的峰值及之后的下降率,同时预测供热、居民生活和其他部分的煤炭消费可能达到峰值的年份。具体数据

及峰值年份见表6-4。

表 6-4 煤炭用途分类达到峰值的年份及其下降率 （单位:%）

煤炭用途	发电	炼焦	供热	工业直接利用	居民生活	其他
2010 年	—	—	—	—	—	—
2015 年	—	—	大城市峰值	峰值	大城市峰值	大城市峰值
2020 年	峰值	峰值	中等城市峰值	-0.33	中等城市峰值	中等城市峰值
2025 年	-0.98	-3.65	小城市峰值	-4.55	—	—
2030 年	-0.92	-3.53	—	-4.17	小城市峰值	小城市峰值
2040 年	-1.54	-4.12	—	-1.50	—	-0.73
2050 年	-2.65	-4.98	—	-1.29	—	-3.23

二、政策情景定义及描述

（一）城市大气污染分级制约的类别分析

本书根据国家《关于推进大气污染联防联控工作改善区域空气质量的指导意见》《重点区域大气污染防治“十二五”规划》《大气污染防治行动计划》《京津冀及周边地区落实大气污染防治行动计划实施细则》等相关大气污染防治政策及各省市（地区）煤炭总量制约政策，同时结合中国各城市的空气质量现状以及煤炭消费强度情况，将 294 个城市空气污染制约重要性划分成四个级别：Ⅰ级制约、Ⅱ级制约、Ⅲ级制约和Ⅳ级制约。具体按照以下几个标准划分。①

标准 SA：（涵盖 125 个城市）该城市是否在大气污染联防联控的“三区十群”行列，又具体划分为重点控制区（SA1）和一般控制区（SA2）；这里的重点控制区是指执行大气污染物特别排放限值的地区，共 47 个城市，一般控制区是指“三区十群”区域内除重点控制区以外的城市，共 78 个城市。

标准 SB：（涵盖 54 个城市）该城市是否位于京津冀及周边地区，包括北

① 这里的城市大气污染制约分级是先区分出Ⅰ级制约城市，再对剩下的城市分级。

京、天津。（在该范围内为符合 SB 标准。）

标准 SC①：（涵盖 215 个城市）该城市空气质量现状，分为较差/差（SC1）、良好（SC2）。

标准 SD：（涵盖 294 个城市）该城市的煤耗强度，分为高煤耗（SD1）、中低煤耗（SD2）。

标准 SE：（涵盖 294 个城市）该城市的城市类型，分为大城市及以上（SE1）、中小城市（SE2）。

各城市的空气质量数据主要来源于 $PM_{2.5}$ 数据网、全国空气质量指数网以及个别地方政府网站，共有 215 个城市的空气质量数据。这里采用 AQI 指数作为空气质量状况的衡量标准。根据《空气质量新标准第一阶段监测实施方案》，2012 年 12 月底之前，第一阶段实施城市要按空气质量新标准要求开展监测并发布数据，共 74 个城市启动 AQI 监测，到 2013 年 10 月有 114 个城市实施了 AQI 监测，2014 年 1 月 14 日 AQI 监测城市由 114 个更新为 190 个城市。空气质量指数（Air Quality Index，AQI）与原来发布的空气污染指数（Air Pollution Inolex，API）有很大的区别。AQI 分级计算参考的标准是《环境空气质量标准》（GB 3095—2012，现行），参与评价的污染物为二氧化硫、二氧化氮、PM_{10}、$PM_{2.5}$、臭氧、一氧化碳六项，每小时发布一次；而 API 分级计算参考的标准是《环境空气质量标准》（GB 3095—1996，已作废），评价的污染物仅为二氧化硫、二氧化氮和 PM_{10} 三项，每天发布一次。因此，AQI 采用的标准更严、污染物指标更多、发布频次更高，其评价结果也将更加接近公众的真实感受。

1. Ⅰ级制约城市判断标准：SA1、SA2∧SB、SB∧SC1、SB∧SD1

SA1 标准即只要该城市位于大气污染联防联控的“三区十群”的重点控制区行列就属于重点控制级别，即Ⅰ级制约；SA2∧SB 标准即该城市只是在“三区十群”的一般控制区类别，但同时该城市又处于京津冀及周边地区，也归为Ⅰ级制约级别；SB∧SC1 标准即该城市虽然不在“三区十群”内，但在京津

① 该标准根据已经发布 AQI 的城市的 2013 年和 2014 年的 AQI 值，将这些城市进行排序，同时定性化地将这些城市的空气质量现状划分为差、较差和良好三个级别。

冀及周边地区的范围内，而且空气质量差，如内蒙古的乌海市；SBΛSD1 标准即该城市虽然不在“三区十群”内，但在京津冀及周边地区的范围内，而且煤耗强度相对较高。

2. Ⅱ级制约城市判断标准：SA2、SB、SC1ΛSD1、SC1ΛSE1

SA1 标准即只要该城市位于大气污染联防联控的“三区十群”的一般控制区行列就属于一般控制级别；SB 标准即该城市虽然不在“三区十群”内，但只要在京津冀及周边地区的范围内，考虑京津冀及周边地区大气污染的严峻程度因此将其归为Ⅱ级制约；SC1ΛSD1 即有一部分城市虽然是中小城市但空气质量差、煤耗高，如宁夏的石嘴山、吴忠、中卫，安徽的马鞍山、铜陵、芜湖，河南的焦作、鹤壁、安阳、濮阳，甘肃的嘉峪关、白银、陇南、平凉，四川的攀枝花，贵州的遵义，黑龙江的鹤岗等，这些城市虽然都属于中小城市类别，但其煤耗强度都相对较高，空气质量现状也比较差，因此仍然把这些城市的空气污染制约级别归为Ⅱ级制约；SE1ΛSE1 标准即为该城市类型为大城市及以上类别，空气质量现状差，考虑到其空气污染暴露人群相对较高，因此也把这类城市归为Ⅱ级制约城市。

3. Ⅲ级制约城市判断标准：SC1、SD1、SE1

SC1 标准即城市当前空气质量较差；SD1 标准即城市煤炭消费强度较高；SE1 即该制约级别中还有部分空气质量良好的城市，主要包括广东的汕尾、揭阳、韶关、阳江、河源、梅州、云浮，省会城市昆明、贵阳，以及个别旅游型城市如桂林，这些城市考虑到其人群暴露度高，同时像广东的部分城市因处在珠三角周边地区不能放松制约，为Ⅲ级制约。

4. Ⅳ级制约城市判断标准：SC2、SD2、SE2

SC2、SD2、SE2 标准即城市当前空气质量良好、煤耗强度为中低煤耗、城市类型为中小型城市。以上三个制约级别筛选后剩下的城市归为Ⅳ级制约。

根据以上标准划分各城市的大气污染制约级别，划分结果为 84 个Ⅰ级制约城市、104 个Ⅱ级制约城市、53 个Ⅲ级制约城市、53 个Ⅳ级制约城市。84 个Ⅰ级制约城市除了涵盖国家大气污染防治方案中明确提出的 47 个重点控制城市外还增加了 37 个城市，增加的城市大多位于大气污染最严重的京津冀及周边地区。大部分经济发展水平较高、空气质量较差的城市都已划分在Ⅰ级制约和Ⅱ级制约行列，这些城市在目前的经济发展阶段，有能力并且也有必要严格制约煤炭消费，改善大气污染现状。Ⅲ级制约和Ⅳ级制约城市类别的大部分城市空气质量相对较好，煤炭消费强度有高有低，大部分城市为中小城市，但这个分级结果只是针对目前各个城市的社会经济发展水平与环境污染状况等，中国的城市发展有模仿照搬其他国家已发展城市的趋势，这些中小城市经过几十年的发展后也将成为大城市及特大城市，所以更不能重复“先污染后治理”的错路，不能放松污染制约。

（二）不同制约级别的城市控制目标设定

根据以上各城市空气污染控制级别划分结果，在短期内，即在“十三五”期间，中国应首先针对Ⅰ级制约城市和Ⅱ级制约城市采取严格有效的制约措施，其中对于Ⅰ级制约城市，更要加大力度，制定煤炭消费总量控制目标，明确污染减排的责任与主体。Ⅲ级和Ⅳ级制约城市可由地方政府根据实际情况组织开展。结合中国《大气污染防治行动计划》和各省市相应提出的《灰霾污染防治实施方案》《“十三五”大气污染防治实施方案》《秋冬季大气污染综合防治方案》等，对不同制约级别的城市预测相应的煤炭消费总量制约目标。

Ⅰ级制约城市：该类别城市已经在2013年达到煤炭消费峰值。该类别城市所在的省份大多已提出煤炭消费总量制约目标，但除北京、天津、上海、江苏已明确提出各城市的煤炭消费总量制约目标外，其他省份尚未提出完整全面的其辖区各城市的煤炭消费总量制约目标。虽然是同一制约级别的城市，但不同城市其经济发展水平仍然存在差距，同时各城市提出的煤炭总量制约目标也不尽相同，因此像北京、上海、广州、深圳、南京、杭州等这些有相对雄厚的经济实力和先进的煤炭消费总量控制技术的特大城市，其制约目标还要更加严格。

Ⅱ级制约城市：该类别城市已经在2015年达到煤炭消费峰值。该类别的城市以大城市和中等城市为主，还有少数的特大城市和小城市。同样考虑到各城市的经济发展水平及发展阶段仍然存在差距，像徐州、淮安、郑州、合肥、长春等特大城市以及连云港、盐城、安阳、淮北等大城市，这些城市的煤炭总量制约目标应相比同一制约级别的其他城市更严格。

Ⅲ级、Ⅳ级制约城市：该类别城市已经在2017年到达煤炭消费峰值。该

类别的城市以中小城市为主，且煤耗强度都相对较低，空气质量较良好，其城市发展阶段大都还处在工业化中期阶段，相比于工业化后期的城市而言，这些城市的城镇化和工业化水平相对较低，随着城镇化水平不断提高、工业化不断发展，其能源需求将不断上升，从而达到峰值的时间将迟于Ⅰ级和Ⅱ级制约城市。

1. 十三类城市的空气污染制约级别

本书中已经对294个城市进行了空气污染制约级别的划分。在城市分类研究中，为了研究对象的简化，我们已将294个城市分成了十三类进行分析，对应294个城市的空气污染制约级别，得到十三类城市的空气污染制约级别（见表6-5）。

表6-5　十三类城市空气污染制约级别划分

城市分类	城市数量					空气污染制约级别
	总数	Ⅰ级制约	Ⅱ级制约	Ⅲ级制约	Ⅳ级制约	
S	4	4	0	0	0	Ⅰ级制约
A1	21	13	6	2	0	Ⅰ级制约
A2	5	2	2	1	0	Ⅰ级制约
A3	3	3	0	0	0	Ⅰ级制约
B3	11	9	2	0	0	Ⅰ级制约
B1	64	18	28	6	12	Ⅱ级制约
B2	27	12	13	0	2	Ⅱ级制约
C3	32	6	19	6	1	Ⅱ级制约
C1	43	8	12	10	13	Ⅲ级制约
C2	37	7	7	16	7	Ⅲ级制约
D3	16	1	9	3	3	Ⅲ级制约
D1	20	0	5	6	9	Ⅳ级制约
D2	11	1	1	3	6	Ⅳ级制约

由表6-9可知，S、A1、A2、A3及B3类城市包含的Ⅰ级制约类别数量较大、比重较高，因此被划分为Ⅰ级制约，这些类别的城市经济发展水平较高，往往位于经济发达的地区，例如京津冀、长三角和珠三角等地区；另外部分城市的煤炭消费强度较高，同时这些城市的居住人口规模较大，受空气污染的影响

程度较高。相对应地，根据每类城市所包含的不同空气污染制约级别的城市组成，B1、B2及C3类城市被划分为Ⅱ级制约，这些类别城市的城市规模属于大中型城市，B1类和B2类虽然煤炭消费强度不高，但受空气污染的人口规模较大；而C3类城市的煤炭消费强度较高，且包含的大部分城市都属于空气污染Ⅱ级制约地区；C1、C2及D3类城市的人口规模相对B1、B2及C3类更小，属于Ⅲ级制约；D1、D2类城市属于小城市，中低煤炭消费强度地区，空气质量相对较好，故为Ⅳ级制约。

2. 十三类城市煤耗峰值和下降率的设定

根据各类城市的空气污染制约级别的不同，结合部门煤炭消费总量控制情景的预测，我们预测出煤炭消费总量控制政策情景下十三类城市不同用途的煤耗峰值和下降率，其中Ⅰ级、Ⅱ级、Ⅲ级制约类别城市的设定如表6-6所示。

表6-6　Ⅰ级、Ⅱ级、Ⅲ级制约城市不同用途的煤耗峰值和下降率

（单位：%）

年份	发电			炼焦			工业直接利用			其他		
	Ⅰ级制约	Ⅱ级制约	Ⅲ级制约	Ⅰ级制约	Ⅱ级制约	Ⅲ级制约	Ⅰ级制约	Ⅱ级制约	Ⅲ级制约	Ⅰ级制约	Ⅱ级制约	Ⅲ级制约
2013	峰值	—	—	峰值	峰值	—	峰值	峰值	—	—	—	—
2015	-0.1	峰值	峰值	-0.05	-0.05	峰值	-0.05	-0.05	峰值	峰值	峰值	—
2020	-1	-1	-0.8	-2	-2	-1	-3.0	-2	-1	-0.15	-0.08	峰值
2025	-2	-1.8	-1.5	-2	-2	-1.5	-2.5	-2.4	-2.3	-0.12	-0.1	-0.08
2030	-2	-1.8	-1.5	-1	-0.6	-0.5	-3	-2.8	-2.8	-0.1	-0.1	-0.08
2040	-3	-2.8	-2.5	-8	-7	-6.0	-2.5	-4.0	-3.4	-0.2	-2.8	-2.5
2050	-2.5	-2.5	-2.2	-33.0	-24.0	-23.0	-4	-3.5	-3.2	-0.2	-2.4	-2.2

可以看到，除工业直接利用以外，不同空气污染制约级别的城市达到峰值的时间不同，一般性的规律是：面临的空气污染制约级别越宽松，其峰值出现的时间越晚，而煤耗下降率的绝对值也越小。另外，由于Ⅳ级制约的D1类和D2类城市的煤炭消费强度和煤炭消费量存在一定差距，为了更加准确地表现可能的煤炭消费趋势，两者的峰值时间和下降率的设定如表6-7所示。

表 6-7　Ⅳ级制约城市分用途的煤耗峰值和下降率　（单位:%）

年份	D1 类				D2 类			
	发　电	炼　焦	工业直接利用	其　他	发　电	炼　焦	工业直接利用	其　他
2015	—	—	—	—	—	—	—	—
2020	峰值	峰值	峰值	—	峰值	峰值	峰值	—
2025	-2.8	-2.0	-2.2	—	-2.8	-2.0	-2.2	—
2030	-2.5	-1.0	-2.5	峰值	-2.5	-1.0	-2.8	峰值
2040	-2.5	-5.0	-4.1	-3.0	-2.5	-5.0	-4.2	-4.0
2050	-2.2	-32	-3.5	-6.0	-2.7	-32	-3.7	-8.0

如表 6-7 所示,由于 D2 类城市的煤炭消费强度高于 D1 类城市,D1 类和 D2 类城市不同用途的煤耗峰值出现的时间基本一致,但总体来说 D2 类城市的煤耗下降得更快。

表 6-8 是供热和居民生活的煤炭消费峰值,不同于其他煤炭消费用途,由于供热和居民生活用途与民生密切相关,应该呈现出不断完善后保持一定水平的变化趋势,因此这两项用途的煤耗会在达到峰值后保持相对稳定。通过对不同城市规模当前的基础设施建设和居民生活条件的比较,得到大城市的发展优于中小城市应该提前到达峰值。

表 6-8　供热和居民生活的煤炭消费峰值

年份	供　热	居民生活
2015	大城市峰值	大城市峰值
2020	中小城市峰值	中小城市峰值
2025	—	—
2030	—	—
2040	—	—
2050	—	—

第二节　分类别城市的情景研究

本书从社会经济发展、大气污染制约,以及已采取的煤炭消费总量控制相关的政策入手,分析各类城市的基准情景和可能的政策情景,可以看到每一类城市减排的空间和潜力。

一、S 类城市

(一)社会经济发展现状

由于特殊的政策导向和经济地位,重庆、天津、上海、北京被统一归为 S 类城市,进行单独分析。

S 类城市的人均地区生产总值平均值达到了 9377 美元,其中,北京、上海、天津的人均地区生产总值越过了 11214 美元,处于后工业化阶段;但是重庆的人均地区生产总值只有 4000 多美元,处于工业化中期阶段,因此将 S 类城市的平均值拉低。综合考虑,判断 S 类城市处于工业化的后期阶段,即由全面工业化阶段向后工业化阶段过渡的时期。

S 类城市,即四大直辖市的基本情况如表 6-9 所示,2010 年 S 类城市地区生产总值占全国的 11.08%,而煤炭消费量仅占全国总煤炭消费量的 5.17%。

表 6-9　S 类城市指标统计

指　标	最大值	最小值	平均值	占全国比例(%)
市区常住人口(万人)	2301.91	845.46	1669.14	13.32
地区生产总值(亿元)	15770.48	7281.27	11123.13	11.08
煤炭消费量(万吨标准煤)	4569.31	1881.12	3519.84	5.17

(二)不同用途的煤炭消费

S 类城市煤炭消费总量平均值为 3519.84 万吨标准煤,主要用于发电和工业直接利用,具体比例见图 6-3。

(三)空气污染制约级别

因为 S 类城市是直辖市的集合,经济发展水平高,煤炭消费强度低,属于 I 级空气污染控制地区。按照国家规定,此类城市中有部分城市已经完成了 $PM_{2.5}$ 源解析,具体情况如下。

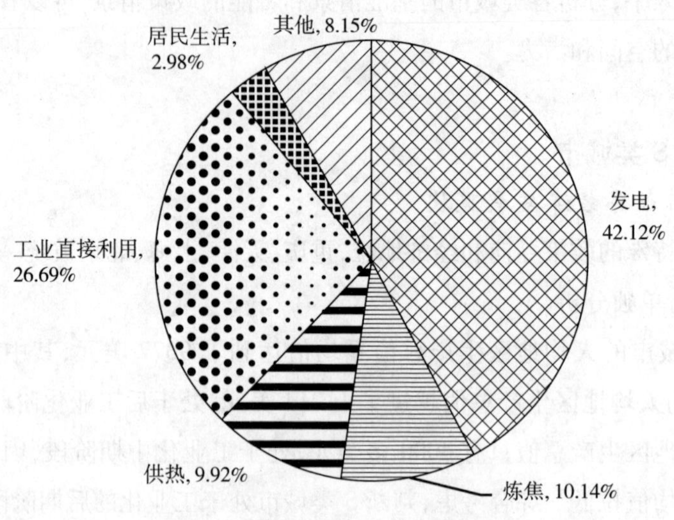

图 6-3　S 类城市煤炭消费结构

1. 北京市 $PM_{2.5}$ 源解析

北京市全年 $PM_{2.5}$ 来源中区域传输贡献占 28%—36%,本地污染排放贡献占 64%—72%。在本地污染贡献中,机动车、燃煤、工业生产、扬尘为主要来源,分别占 31.1%、22.4%、18.1%和 14.3%,餐饮、汽车修理、畜禽养殖、建筑涂装等其他排放约占 $PM_{2.5}$ 的 14.1%。

2. 天津市 $PM_{2.5}$ 源解析

通过对天津市 $PM_{2.5}$ 的源解析可以看出:$PM_{2.5}$ 来源中本地排放占 66%—78%,区域传输占 22%—34%。在本地污染贡献中,扬尘、燃煤、机动车、工业生产为主要来源,分别占 30%、27%、20%、17%,餐饮、汽车修理、畜禽养殖、建筑涂装及海盐粒子等其他排放对 $PM_{2.5}$ 的贡献约为 6%。

天津市也做了 PM_{10} 的源解析,天津市 PM_{10} 来源中本地排放占 85%—90%,区域传输占 10%—15%。在本地污染贡献中,扬尘、燃煤、机动车、工业生产为主要来源,分别占 42%、23%、14%、14%,餐饮、汽车修理、畜禽养殖、建筑涂装及海盐粒子等其他排放对 PM_{10} 的贡献约为 7%。

3. 上海市 $PM_{2.5}$ 源解析

根据最新的解析结果,上海的主要污染源是工业和交通,工业包括

15.4%的工业工艺过程排放、10.2%的工业锅炉和窑炉排放、7.3%的电厂排放；交通主要是机动车和船舶飞机，占25.8%。其他为10.4%的扬尘、5.4%的民用涂料和餐饮、3%的农业和生物质、1%的海盐和植被，以及21.5%的上海以外区域的排放。

（四）基准情景和政策情景

图6-4是S类城市基准情景和政策情景下煤炭的消费量趋势。由图6-4可知，基准情景下，S类城市的煤炭消费量在2017年达到峰值，2010—2017年，S类城市的煤炭消费量以一个较快的速度攀升；2017年达到峰值后，煤炭消费量不断减少且趋势明显，不过下降速度还是小于2017年前的增长速度。在政策情景下，S类城市的煤炭消耗的峰值由2017年提前至2015年，并且峰值的数量略有降低，下降4.1%左右。2020年，政策情景比基准情景下煤炭消费量减少1641万吨标准煤，约2297.4万吨煤炭。

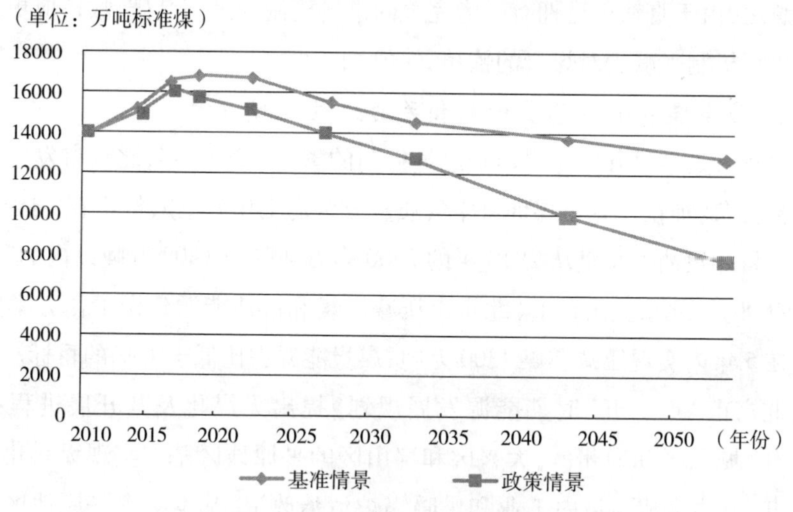

图6-4　S类城市煤炭消费量趋势

（五）煤炭消费总量控制路径

2010—2020年，S类城市主要以经济激励型和命令控制型政策相结合，环境税或排污费应高于全国平均水平，逐渐严格禁止高耗能行业，重视建筑和民用领域的节煤措施。

由于对煤炭消费依赖程度的不一致,对S类直辖市的煤炭消费总量控制政策也需要区别对待。天津市和重庆市能源消费依赖煤炭,应注重对落后产能的淘汰,全面淘汰落后的传统生产工艺和技术,改造、引进、创新使用先进的生产工艺和技术,加大对新技术、新工艺的研发和财政投入,扶持、引导企业走绿色、可持续发展道路。天津市发电使用的煤炭比重较高,要使用可再生能源和清洁能源来替代现有的煤炭使用。重庆市天然气资源储量丰富,要进行宏观规划,适度调控,科学开采,减少煤炭的使用。上海市能源消耗中煤炭占比不高,与天津市类似的是,发电使用的煤炭比重最高,故也应全面淘汰落后产能,大力发展可再生能源和清洁能源。考虑到上海是中国经济发展的"桥头堡",经济发展速度快,可以引进核电以进一步实现电力行业的清洁生产,并降低对煤炭使用的依赖。此外,考虑到北京和天津地区冬季供暖的问题,可以全面推行使用智能电表,并改良暖气收费制度(供暖计量改革),从消费端来降低对煤炭的需求。另外,可以在四大直辖市都推行分布式能源利用。

总之,由于直辖市已拥有较为完善的市场机制和经济基础,故还应更多地通过市场机制来减少对煤炭的依赖。

(六)与煤炭消费总量控制相关的政策实践

北京市是最早开展煤炭消费总量控制的省市。2012年,北京市发展改革委员会公布《加快压减燃煤促进空气质量改善的工作方案》,提出在"十二五"期间内将煤炭消费总量从2010年的2600多万吨降至1500万吨以内的目标。2013年8月,北京又出台了《北京市压减燃煤和清洁能源建设工作方案》,指出要在5年内实现压减燃煤1300万吨,煤炭能源占比低于10%的目标。2017年,《北京市"十三五"时期能源发展规划》提出无煤化及其开展进程:"到2017年,城六区和通州区,大兴区和房山区的平原地区基本实现无煤化。到2020年,基本完成市域内工业和供暖锅炉清洁改造,基本实现平原地区无煤化,煤炭消费总量控制在500万吨以内。"2017年,北京市燃煤消费总量为485万吨,占全市能源消费总量的5.6%,超额完成规划目标。

根据国家发展改革委、工业和信息化部等六部门发布的《重点地区煤炭消费减量替代管理暂行办法》,2017年天津煤炭消费量比2012年减少1000万吨,天津市也出台了一系列的政策方案,比如说2012年5月发布的《天津市节能“十二五”规划》、2012 年 10 月发布的《天津市环境保护“十二五”规划》、2013 年发布的《天津市清洁空气行动方案》、2015 年 2 月发布的《天津市大气污染防治条例》等。

上海市为了控制煤炭消费总量，出台的政策方案有《上海市清洁空气行动计划（2013—2017）》《上海市“十二五”建筑节能专项规划》《上海市大气污染防治条例》等。2016 年 2 月，上海出台了《上海市煤炭减量替代工作方案（2015—2017 年）》，从钢铁、电力、锅炉、化工等耗煤重点行业，详细规划了具体要求和责任主体，例如“全面取消分散用煤”“控制钢铁行业煤炭消费总量，逐步减少其直接燃烧和炼焦用煤”等。

二、A1 类城市

（一）社会经济发展现状

A1 类城市主要由各省省会城市组成，大约占到一半以上，其余则是位于东南部沿海地区的城市。其中以广东省的城市最多，数量达到 1/4，说明相对而言广东省的城市化水平更高。具体包含的城市有南京、济南、西安、长春、郑州、淮安、清远、武汉、大连、沈阳、苏州、杭州、成都、厦门、合肥、南宁、东莞、佛山、广州、汕头、深圳，其中 2011 年撤地级巢湖市，设县级巢湖市，由合肥市代管，为了方便后续基准情景的计算，这里将巢湖市划为 A1 类，与合肥市同属一组。

A1 类城市的人均地区生产总值平均值为 8230 美元，从人均地区生产总值的角度考虑，处于工业化的后期阶段。该类城市包括 21 个煤炭消费强度低的特大城市，主要是发达或较发达省份的省会城市和东南沿海的深圳、佛山、汕头、东莞、清远、淮安等流动人口比较密集的特大城市。有些城市的经济结构甚至优于直辖市，例如 2010 年深圳市的第二产业比例为 47. 2%，低于同年天津市的第二产业比例；2010 年广州市的第二产业比例为 37. 2%，低于同年上海市的第二产业比例。但是南京市、长春市、济南市、武汉市的第二产业比例都还在 45%以上。因此，从总体上判定，该类城市仍然处于向工业化后期过渡的阶段。

A1 类城市的基本情况由表 6-10 可知，2010 年，A1 类城市的地区生产总

值占全国的比重约为1/5,而煤炭消费的占比仅为1/10,说明A1类城市目前的经济水平较为发达,使煤炭利用和能源消费结构得到了一定程度的改善。

表6-10 A1类城市指标统计

指标	最大值	最小值	平均值	占全国比例(%)
市区常住人口(万人)	1310.18	307.29	560.41	23.49
地区生产总值(亿元)	9522.63	964.10	4110.94	21.50
煤炭消费量(万吨标准煤)	3597.00	463.86	1574.70	12.14

(二)分用途的煤炭消费

A1类城市煤炭消费总量平均值为1574.70万吨标准煤,主要用于发电和工业直接利用,具体比例见图6-5。

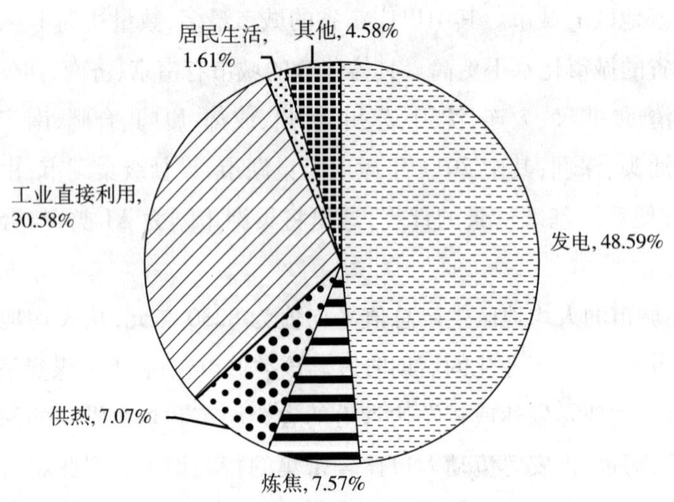

图6-5 A1类城市煤炭消费结构

(三)空气污染制约级别

A1类的组成主要为各省的省会城市,经济发展水平也较高,煤炭消费强度较低,由于人口规模和未来发展的考虑,空气污染制约级别也为Ⅰ级制约。按照国家规定,此类城市中有部分城市已经完成了$PM_{2.5}$源解析,具体情况如下：

1. 广州市 $PM_{2.5}$源解析

对广州市的 $PM_{2.5}$源解析显示，广州市 $PM_{2.5}$ 主要由挥发性有机物、二氧化硫、氮氧化物和氨等气体前体物二次转化形成，主要化学组分包含有机质、硫酸盐、硝酸盐、铵盐等。广州市 $PM_{2.5}$ 主要来源依次为机动车尾气源占 21.7%、燃煤源占 20.6%、工业工艺源占 11.5%、扬尘源占 10.4%。其次是生活面源、生物质燃烧源和农业面源，占比分别为 8.6%、8.2%和 7.8%；自然源和其他源占 5.1%和 6.1%。

2. 南京市 $PM_{2.5}$源解析

根据源解析结果，南京市 $PM_{2.5}$来源中，工业累计贡献率为 46.4%（其中，燃煤贡献率为 27.4%、工业生产贡献率为 19.0%）、机动车尾气贡献率为 24.6%、扬尘贡献率为 14.1%，其他污染源贡献率为 14.9%。

3. 深圳市 $PM_{2.5}$源解析

根据深圳市 $PM_{2.5}$源解析结果，机动车尾气是深圳市污染空气的首要污染源，约占 41%；其次为工业挥发性有机物（VOC）转化及其他工业过程、扬尘、远洋船、电厂、海洋和生物质燃烧，分别占 15%、12%、11%、8%、5%、3%。其中，机动车在西部地区的贡献水平是东部的 2.8 倍，机动车、工业挥发性有机物（VOC）转化和生物质燃烧在冬季重污染天气中的影响最大。

（四）基准情景和政策情景

图 6-6 是 A1 类城市基准情景和政策情景下煤炭的消费量趋势。根据图 6-6 可知，A1 类城市基准情景下的煤炭消费量在 2017 年左右达到峰值。在政策情景下，A1 类城市的峰值提前至 2015 年，煤炭消费量峰值下降 0.8%左右。到 2020 年的时候，政策情景比基准情景煤炭消费量减少 2895 万吨标准煤，约为 4053 万吨煤炭。

（五）煤炭消费总量控制路径

A1 类城市在 2010—2020 年，主要以经济激励型和命令控制型相结合，环境税或排污费应高于全国平均水平，鼓励可再生能源，提高能源利用效率。

该类城市集中了中国东南沿海城市和东部、中部、东北部和西北部省份的

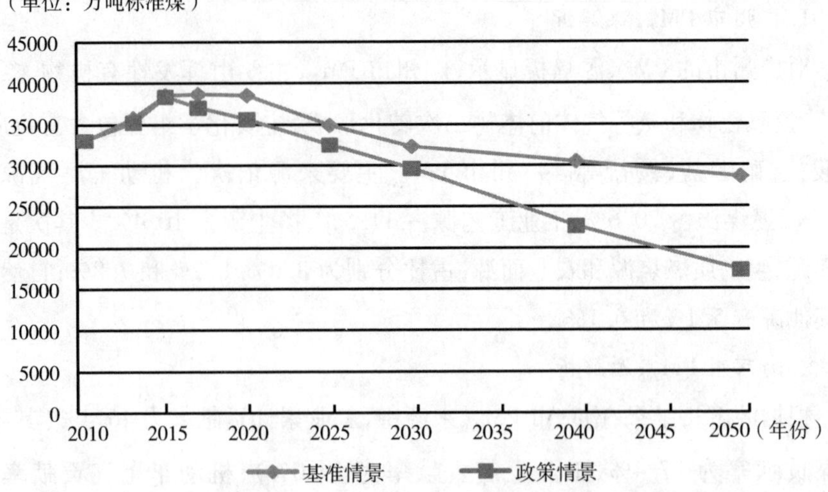

图 6-6 A1 类城市煤炭消费量趋势

省会，基本上仍以第二产业为主导，处于工业化的后期阶段。当前，该类城市中超过一半的城市面临的空气污染制约级别为Ⅰ级，约 1/4 面临Ⅱ级，其余的面临Ⅲ级。

针对 A1 类城市的现状，首先，应从尽可能地实现能源替代，开发可再生能源和清洁能源。如沿海地区城市可以开发核电资源，用核电代替煤炭发电；其次，考虑到这类城市具备较完善的市场体系，应鼓励建立碳交易市场，积极尝试和使用碳税、环境税等经济激励型环境管理手段。对于水泥产业比重较高的现状，结合目前的污染控制规划和要求，应加快对其生产的转移和淘汰，改变目前的产业结构，多发展知识密集型的高新技术产业等。此外，在居民建筑方面也可以采取一些措施，如鼓励使用智能电表和建设使用如“三联供”等节能技术的绿色建筑等。南京市的“锋尚公寓”作为此类建筑的代表，可以在 A1 类城市中加以推广。

（六）与煤炭消费总量控制相关的政策实践

广州市为了控制煤炭消费总量，出台的政策方案包括《广州市大气污染综合防治工作方案（2014—2016 年）》《广州市低碳城市试点方案》《中共广州市委广州市人民政府关于推进低碳发展建设生态城市的实施意见》等。

杭州市自2014年起,以区、县(市)为单位实施煤炭消费总量控制,耗煤新项目实施煤炭减量替代;2017年年底前,煤炭消费总量比2012年削减10%以上。根据《杭州市统计年鉴2013》,杭州市在2012年共计消费煤炭1338.3万吨,所以2017年年底应控制煤炭消费总量在1204万吨之内。为了实现这一目标,杭州市出台的政策方案有《杭州市大气污染防治行动计划(2014—2017年)》《杭州市"十二五"低碳城市发展规划》等。

西安市2017年煤炭消费总量控制在1236万吨以内,西安市2020年煤炭消费总量控制在1122万吨以内。西安市为了控制煤炭消费总量,出台的政策方案有《西安市大气污染防治实施方案》《西安市"治污减霾"工作实施方案(2014年)》《西安市"十二五"能源规划》等。

三、A2类城市

(一)社会经济发展现状

A2类城市是市区常住人口超过300万的中煤炭消费强度特大城市。具体包括淄博、鞍山、哈尔滨、昆明、徐州5个城市。

A2类城市人均地区生产总值平均值是6588美元,处于5981—11214美元的范围内,所以暂时可以归为处于工业化后期阶段。其中,昆明市、徐州市和哈尔滨市的人均地区生产总值均低于这个阶段的最低值,从而一定程度上拉低了该类型城市的人均地区生产总值,并且在该类城市中,均存在第二产业所占比重大于第三产业所占比重的情况。由上述的情况我们可以判断,该类城市处于全面工业化阶段向后工业化阶段过渡的阶段。

其城市的基本情况见表6-11。2010年A2类城市地区生产总值占全国的3.04%,然而其煤炭消费量却占全国总煤炭消费量的4.12%。

表6-11　A2类城市指标统计

指　　标	最大值	最小值	平均值	占全国比例(%)
市区常住人口(万人)	490.50	301.64	377.94	3.77
地区生产总值(亿元)	3091.64	1744.83	2439.92	3.04
煤炭消费量(万吨标准煤)	2988.53	1615.58	2243.23	4.12

(二)分用途的煤炭消费

A2 类城市煤炭消费总量平均值为 2243.23 万吨标准煤，主要用于发电、工业直接利用、炼焦，具体比例见图 6-7。

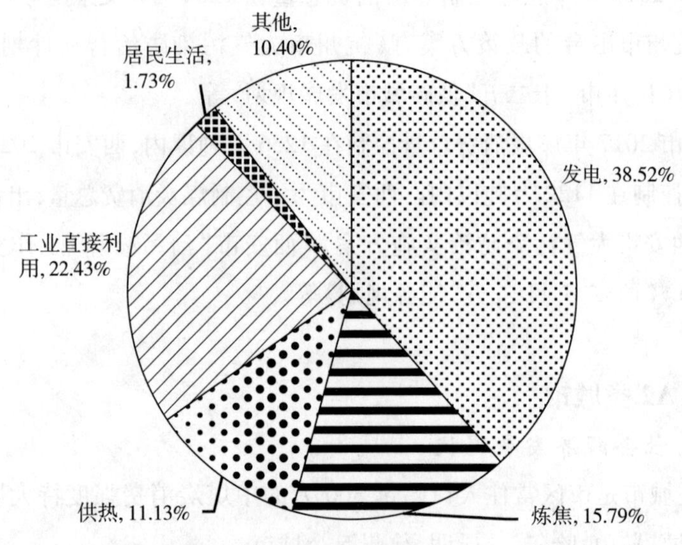

图 6-7　A2 类城市煤炭消费结构

(三)空气污染制约级别

A2 类城市的经济发展水平较高，但煤炭消费强度中等，基于人口规模和经济发展趋势的考虑，空气污染制约级别也为Ⅰ级制约。按照国家规定，此类城市中有部分城市已经完成了 $PM_{2.5}$ 源解析，例如哈尔滨市的具体情况如下：据哈尔滨市环保部门发布哈尔滨市冬季大气 $PM_{2.5}$ 源解析显示，煤烟尘成为哈尔滨市冬季 $PM_{2.5}$ 的头号污染源，占四成左右，机动车尾气位居第二，占二成左右，秸秆焚烧产生的烟尘占一成左右。除了这三大污染源外，还有土壤尘、建筑尘、扬尘、硝酸盐、硫酸盐、餐饮油烟等。

(四)基准情景和政策情景

图 6-8 是 A2 类城市基准情景和政策情景下煤炭的消费量趋势。根据图 6-8，基准情景下 2010—2020 年，煤炭消费会以一定的增速不断增加，峰值出现在 2020 年附近，之后以较为稳定的速率减少。

政策情景下，A2 类城市的峰值提前至 2015 年，煤炭消费量峰值下降 8%左右,2015年前的煤炭消费增长趋势与基准情景更为平缓。到2020年的时候,政策情景比基准情景煤炭消费量减少1946万吨标准煤,约为2724.4万吨煤炭。

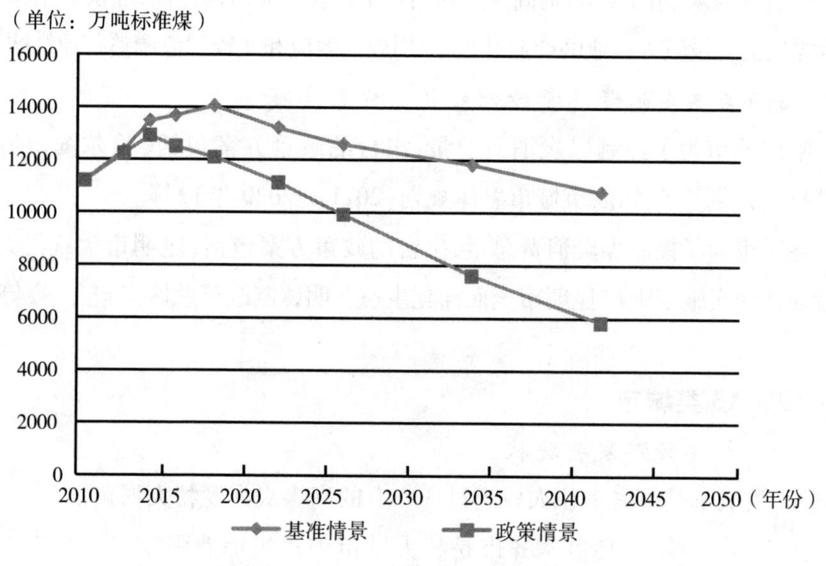

图6-8　A2类城市煤炭消费量趋势

（五）煤炭消费总量控制路径

A2类城市在2010—2020年,主要以经济激励型和命令控制型政策相结合,鼓励可再生能源、提高能源效率的措施为主。

该类城市包括了中国中东部省份的部分城市和西南、东北部分省份的省会城市,是特大城市中煤耗水平较高的一类城市。该类城市的经济发展阶段基本处于全面工业化阶段。针对A2类城市的情况,作为经济发展情况良好、煤炭消费强度适中的城市,可以同样借鉴碳交易和碳税的环境管理手段,依托A1类城市和直辖市的市场建设,通过市场经济手段控制煤炭使用和污染排放。要督促这类城市通过产业结构调整,淘汰落后产能,加大对发电、钢铁和水泥等产业的转型升级和规模化发展,同时,加强对清洁生产技术的研发和推广。多使用天然气等清洁能源,最大限度实现能源替代。民生方面,提倡建设绿色节能环保型建筑,部分北方城市应改进冬季供暖制度,分户计量,减少对煤炭的消耗,部分发展情况较好的城市可以借鉴北京市的先进经验,试点开展煤改电、煤改气工程等。

A2类城市未来发展将以A1类城市为范例,在能源利用方面,加大对清洁能源的推广,逐渐使用新能源和清洁能源代替煤炭。在工业生产方面,持续改善工业企业煤炭利用技术,提高煤炭利用效率。在产业结构方面,加快对钢铁、水泥等煤炭消耗量较大行业的产业升级,运用规模效应和比较优势调整行业结构。

(六)与煤炭消费总量控制相关的政策实践

哈尔滨市为了控制煤炭消费总量,出台的政策方案包括《哈尔滨市清洁空气行动计划》《哈尔滨市城市总体规划(2011—2020年)》等。

昆明市为了控制煤炭消费总量,出台的政策方案包括《昆明市大气污染防治行动计划实施细则》《昆明市全面深化生态文明体制改革总体实施方案》等。

四、A3类城市

(一)社会经济发展现状

A3类城市是市区常住人口超过300万的高煤炭强度特大城市。

唐山市、太原市、乌鲁木齐市是特大城市中煤炭消费强度最高的三个城市。该类城市人均地区生产总值的平均值是7271美元,处于工业化后期阶段的范畴。反观三个城市的产业结构发现,其产业结构也存在差异,唐山市的第二产业占比(58.74%)远高于第三产业占比(34.79%),而太原市、乌鲁木齐市的第三产业占比却大于第二产业占比。虽然三个城市的产业结构不尽相同,但从具体的煤炭消耗用途来看,这三个城市都是以炼焦或钢铁为主导产业,导致其煤炭消耗强度较高。综上所述,结合人均地区生产总值和产业占比两个指标,判定该类城市处于工业化实现的后期阶段。

其城市的基本情况见表6-12。2010年A3类城市地区生产总值占全国的1.72%,而煤炭消费量就占了全国的3.99%。

表6-12 A3类城市指标统计

指标	最大值	最小值	平均值	占全国比例(%)
市区常住人口(万人)	314.51	311.53	313.80	1.88
地区生产总值(亿元)	4061.67	1168.76	2300.83	1.72
煤炭消费量(万吨标准煤)	6156.79	1473.84	3617.44	3.99

（二）分用途的煤炭消费

A3 类城市煤炭消费总量平均值为 3617.44 万吨标准煤，主要用于炼焦，发电、工业直接利用和其他，具体比例见图 6-9。

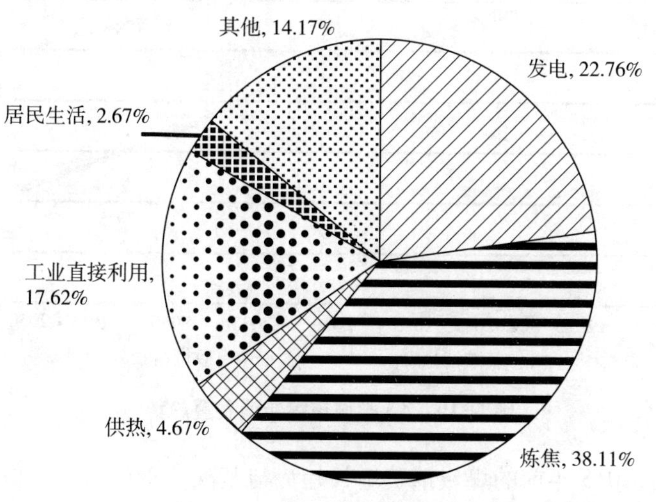

图 6-9 A3 类城市煤炭消费结构

（三）空气污染制约级别

A3 类城市只包含太原市、唐山市、乌鲁木齐市三市，为经济发展水平较高，煤炭消费强度较大的重工业化城市。基于城市自身特点考虑，空气污染制约级别也为Ⅰ级制约。按照国家规定，此类城市中有部分城市已经完成了 $PM_{2.5}$源解析，例如唐山市 $PM_{2.5}$源解析的具体情况为：整体来说，冶金行业是唐山市各功能区 $PM_{2.5}$的主要来源，全年平均贡献率为 20.67%；其次是土壤尘，贡献率平均为 11.40%；燃煤锅炉贡献率平均为 10.26%；机动车贡献率平均为 9.53%；电力行业贡献率平均为 7.47%；水泥建材行业贡献率平均为 6.72%。此外，还有部分未知来源。

（四）基准情景和政策情景

图 6-10 是 A3 类城市基准情景和政策情景下煤炭的消费量趋势。由图 6-10 可见，在基准情景下，A3 类城市的煤炭消耗总量增长较为缓慢，峰值在 2020 年左右出现，之后以大于增速的速率不断下降。

政策情景下，A3 类城市的峰值提前至 2015 年，煤炭消费量峰值下降

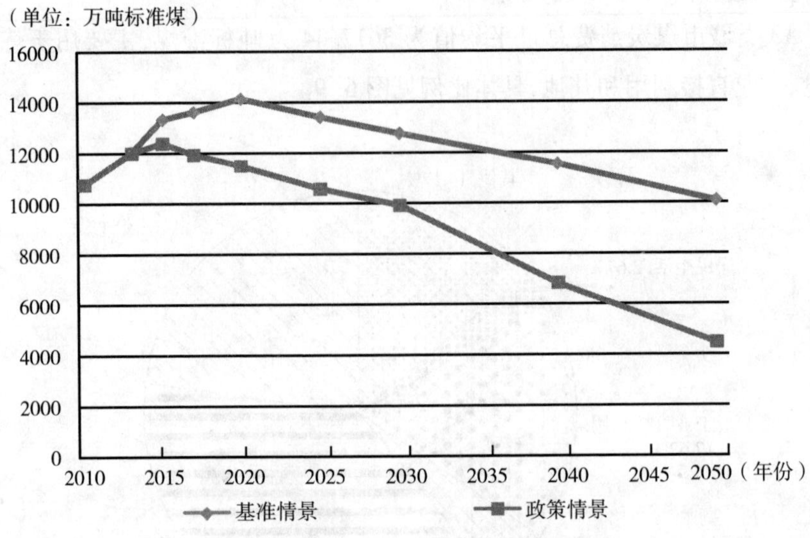

图 6-10　A3 类城市煤炭消费量趋势

12. 3%左右，2015 年前的煤炭消费增长趋势与基准情景更为平缓。到 2020 年的时候，政策情景比基准情景煤炭消费量减少 2655 万吨标准煤，约为 3717 万吨煤炭。

（五）煤炭消费总量控制路径

A3 类城市在 2010—2020 年主要以经济激励型和命令控制型政策相结合、资源税高于全国平均水平、强制淘汰高耗能行业等措施为主。

该类城市仅包括唐山市、太原市和乌鲁木齐市。唐山市第二产业占比在 60%左右浮动，第三产业比重则一直保持略高于 30%，该市仍处于全面工业化阶段。唐山市的煤炭消费比重较高，约为 72%，其中相当一部分用于炼焦；其次是工业直接利用和其他用途，均接近 20%；然后是用于发电。目前，唐山市经济发展主要依靠钢铁行业发展，水泥、发电和部分其他产业对煤炭依存度高。太原市和乌鲁木齐市的产业结构较为相似，第三产业比重均超过 50%，高于第二产业，处于后工业化阶段，但是这两个城市的煤炭消费量也非常高，煤炭消费主要集中在钢铁、电力、水泥等传统高耗煤产业上。

长期以来，这三个城市依赖煤炭和重工业实现经济发展，完全淘汰落后产业和高耗能高污染产业是不切实际的，所以要从技术进步和末端治理上下手。

提倡钢铁行业的能源代替，推广使用清洁可再生能源以代替煤炭使用，鼓励企业对节能技术的研发。提高废钢利用量，节能减排。钢铁行业推行降低煤炭消耗政策对水泥行业也同样适用。电力行业一方面应鼓励技术进步，淘汰落后产能；另一方面可以推广设备节电技术，从源头上降低电力需求。民生方面，可以将煤改电、煤改气提上日程，试点后根据实际情况加以推广。

（六）与煤炭消费总量控制相关的政策实践

太原市出台的政策方案包括《2015 年太原市清洁供热全覆盖实施方案》《2014 年太原市创建国家生态园林城市实施方案》等。

唐山市出台的政策方案包括《唐山市大气污染防治行动计划实施方案》《唐山市低碳城市规划》等。

乌鲁木齐市为了控制煤炭消费总量，出台的政策方案包括《乌鲁木齐市低碳城市试点工作实施方案》《2014 年乌鲁木齐市大气污染防治工作实施方案》等。

五、B1 类城市

（一）社会经济发展现状

B1 类城市是市区常住人口介于 100 万—300 万的大城市，城市分布的范围较广，基本覆盖了中国中部和东部各省以及四川省，其中江苏省、安徽省和四川省各有 8 个城市。具体包括以下城市：襄阳、贵港、绵阳、贺州、来宾、柳州、泸州、常德、漯河、宜春、镇江、自贡、遂宁、淮北、湖州、保定、株洲、荆州、阜阳、玉林、南充、淮南、茂名、开封、巴中、南昌、南阳、凉山彝族自治州、嘉兴、长沙、随州、宿州、金华、宁波、青岛、资阳、南通、泉州、信阳、天水、无锡、六安、烟台、惠州、抚州、钦州、温州、蚌埠、芜湖、福州、莆田、亳州、常州、江门、台州、海口、连云港、中山、宿迁、扬州、盐城、湛江、珠海、永州，共计 64 个城市。

该类城市包括了大城市中煤炭消费强度较低的城市，这类城市的人均地区生产总值平均值为 4755 美元，按照人均地区生产总值的划分方法应该归为工业化实现阶段的中间阶段，但是也可以观察到这个地区生产总值已接近后期阶段的下限值，即 4960 美元。纵观这类城市的所在省份可以发现，其中大部分分布在江苏、广东、福建、浙江等东南沿海省份，所以其能源消费结构一定

程度上具有相似性。分析珠海、福州、连云港、烟台、芜湖和温州三大产业比重可以得出：除了福州市呈现第三产业（46.5%）大于第二产业占比以外（45.5%），其他城市均是第二产业占比更大。以温州市为例，其第二产业的比重为52.43%，而第三产业的比重为44.37%；福州市的贸易旅游业较发达，而金融业、保险业也在近几年有较大的发展，故其产业结构优化变成第三产业比重较高。因此，根据选取的典型城市的分析可以判定，该类城市的经济发展阶段处于全面工业化阶段。

表6-13是B1类城市各项指标的统计描述，该类城市2010年地区生产总值为全国的1/5左右，煤炭消费量的占比为1/10左右。

表6-13　B1类城市指标统计

指　　标	最大值	最小值	平均值	占全国比例（%）
市区常住人口（万人）	286.79	103.55	163.91	20.93
地区生产总值（亿元）	5268.39	254.26	1441.25	22.97
煤炭消费量（万吨标准煤）	1968.78	103.86	534.98	12.57

（二）分用途的煤炭消费

B1类城市煤炭消费总量平均值为534.98万吨标准煤，主要用于发电和工业直接利用。具体比例见图6-11。

（三）空气污染制约级别

B1类包含64个城市，分布范围较广，主要覆盖中部和东部各省及四川省。总体经济发展水平较高，煤炭消费强度较低，由于居住人口规模较大，以及考虑到B1类城市未来的发展路径，B1类城市被划分为Ⅱ级空气污染制约级别。按照国家规定，此类城市中有部分城市已经完成了$PM_{2.5}$源解析，具体情况如下：

1. 保定市$PM_{2.5}$源解析

保定市$PM_{2.5}$污染来源中，本地污染排放贡献占60%—80%，外来污染对保定的跨界输送以南部为主，西边其次，东边也有少量输入。在本地排放源中，燃煤污染居首，如工业电厂、家庭供暖燃煤排放等，其次是工业、交通和农

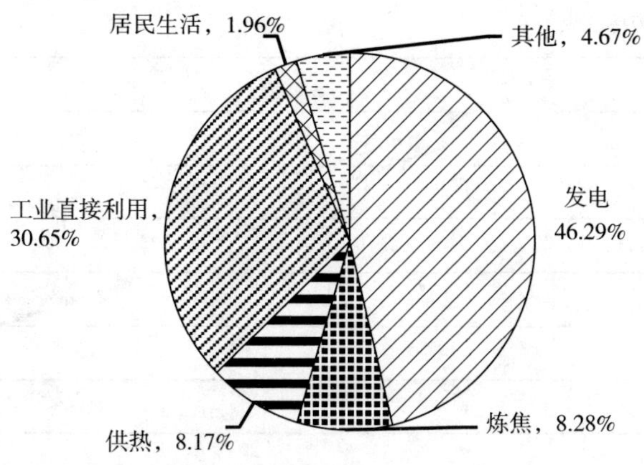

图 6-11　B1 类城市煤炭消费结构

业污染排放。

$PM_{2.5}$作为保定市空气污染的首要指标，呈现冬春高、夏秋低的变化特征，市区和县域有一定差别。就目前研究数据来看，保定市 $PM_{2.5}$化学组成成分复杂，主要为有机气溶胶和硫酸盐，占 60%左右，其次是硝酸盐，黑碳和铵盐。

2. 宁波市 $PM_{2.5}$源解析

根据对宁波市的 $PM_{2.5}$源解析结果，可知宁波的首要污染来源是工业生产。宁波 $PM_{2.5}$污染来源中，工业污染排放贡献率约占到 47%，机动车、船舶等移动源的贡献率约占 22%，扬尘的贡献率约占 11%，农业面源的贡献率约占 8%，海盐粒子贡献率约占 5%，其他 7%。

（四）基准情景和政策情景

图 6-12 是 B1 类城市基准情景和政策情景下煤炭的消费量趋势。如图 6-12 所示，在基准情景下，B1 类城市的煤炭消费量在 2017 年左右达到峰值。政策情景下，B1 类城市的峰值提前至 2015 年，煤炭消费量峰值下降 0.72%左右。到 2020 年的时候，政策情景比基准情景煤炭消费量减少 2528 万吨标准煤，约为 3539.2 万吨煤炭。

（五）煤炭消费总量控制路径

B1 类城市在 2010—2020 年，应该采取经济激励型和命令控制型政策相结合、环境税或排污费高于全国平均水平、鼓励可再生能源、能源效率提高、强

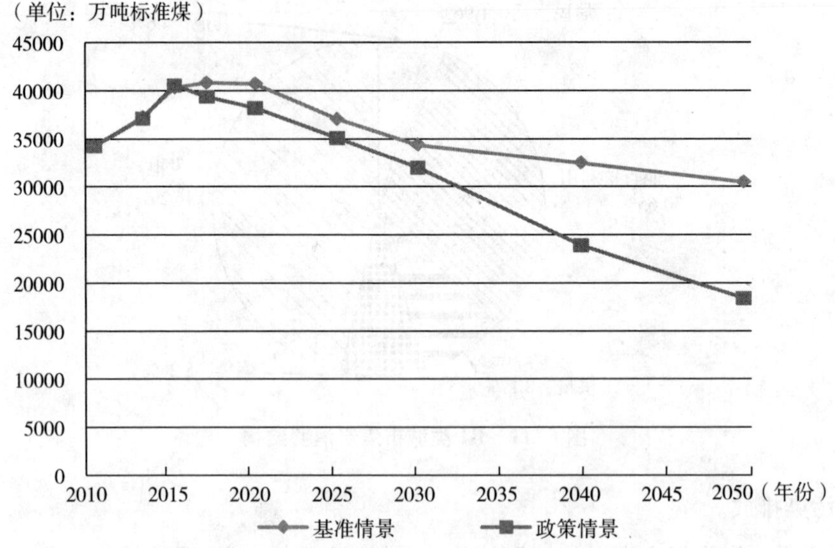

图 6-12　B1 类城市煤炭消费量趋势

制淘汰高耗能行业、重视建筑和民用领域的节煤等措施。

该类城市目前基本处于全面工业化阶段，同样也是工业化实现的后期阶段。这类城市包括了东南沿海（广东、福建）、中东部省份（安徽、江西、山东）和西南（四川）等省份的部分大城市，共 64 个。总体大气污染的制约级别并不高。

针对 B1 类城市，首先应从发电和水泥行业入手。鼓励能源替代，东部沿海地区城市应制订核电发展计划，四川省等西南省份应加大对天然气的开发和使用力度，代替煤炭发电；同时推行智能电网，充分调动居民和供电者的积极性。水泥行业应考虑逐步淘汰落后产能，鼓励推动产业结构变化，加大对清洁生产和节能技术研究的补贴力度，强化能源管理，加强能效指标和能源审计。由于 B1 类城市集中了较多的南方城市，可以大力推广三联供的绿色建筑，采取经济激励措施鼓励居民使用节能家电等。

（六）与煤炭消费总量控制相关的政策实践

保定市政府出台了《保定市 2014 年大气污染防治重点工作实施方案》《关于全面推进节能减排建设低碳城市的决定》（保市政〔2008〕29 号）、《保定市城市总体规划(2011—2020年)》等。

南昌市政府出台了《南昌市落实大气污染防治行动计划实施细则》《南昌低碳城市发展路径研究》《南昌低碳城市发展规划》《南昌市近期建设规划(2011—2015年)》等。

宁波市政府出台了《宁波市大气污染防治行动计划(2014—2017年)》《宁波市低碳城市试点2013年推进方案》《宁波市城市总体规划(2006—2020年)》(2015年修订)、《宁波市生态绿地系统专项规划》等。

青岛市政府出台了《青岛市大气污染综合防治规划纲要(2013—2016年)》《青岛市低碳发展规划(2014—2020年)》《青岛市创建国家生态市三年行动计划(2014—2016年)》等。

镇江市政府出台了《镇江市大气污染防治行动计划实施细则》《2015年镇江市低碳城市建设工作计划》《镇江市生态文明建设规划》等。

六、B2类城市

(一)社会经济发展现状

B2类城市是市区常住人口介于100万—300万的中煤炭消费强度大城市。具体包括:枣庄、济宁、武威、日照、齐齐哈尔、石家庄、广安、临沂、新乡、西宁、聊城、抚顺、益阳、宝鸡、锦州、乐山、洛阳、吉林、衡阳、大庆、鄂州、宜昌、泰安、菏泽、潍坊、内江、贵阳,共计27个城市。

B2类城市的人均地区生产总值均值为4528美元,同样也处在工业化实现阶段的中间阶段。观察其所在省份可以发现,这类城市多集中在中西部地区的河南、湖北、四川等省份,还包括山东省的部分城市以及东北三省的小部分城市。值得一提的是,山东省在该类中有6个城市。进一步分析表明:临沂、洛阳、宝鸡、宜昌、锦州5个城市均是第二产业占比最高,以锦州市为例,其第二产业比重为47.62%,而第三产业的比重为35.8%。从总体上来看,该类城市同样也应该处于全面工业化阶段,也即工业化的中间阶段。

其城市的基本情况见表6-14。2010年B2类城市地区生产总值占全国的8.61%,然而其煤炭消费量却占全国总煤炭消费量的11.27%。

表 6-14 B2 类城市指标统计

指　　标	最大值	最小值	平均值	占全国比例(%)
市区常住人口(万人)	264.61	100.07	155.83	8.40
地区生产总值(亿元)	3090.94	214.26	1279.82	8.61
煤炭消费量(万吨标准煤)	2990.51	223.98	1136.88	11.27

(二)分用途的煤炭消费

B2 类城市煤炭消费总量平均值为 1136.88 吨标准煤,主要用于发电和工业直接利用。具体比例见图 6-13。

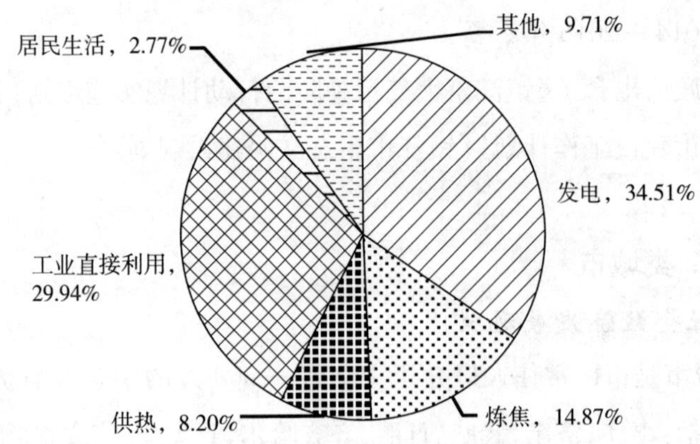

图 6-13 B2 类城市煤炭消费结构

(三)空气污染制约级别

B2 类共有 27 个城市,大部分分布于中国中部地区。总体经济发展水平较高,煤炭消费强度属于中等。考虑到 B2 类城市未来的发展路径和当前空气质量,B2 类城市被划分为Ⅱ级空气污染制约级别。按照国家规定,此类城市中有部分城市已经完成了 $PM_{2.5}$源解析,具体情况如下:

1. 石家庄市 $PM_{2.5}$源解析

石家庄市$PM_{2.5}$的 23%—30%来自区域污染传输,70%—77%来自本地污染。在本地来源中,燃煤(28.5%)、工业生产(25.2%)、扬尘(22.5%)、机动车(15.0%)是主因,其他生物质燃烧、餐饮、农业等占比 8.8%。从主要成分来看,地壳元素(29%)、硫酸盐(16%)、有机物(14%)占前三位。

2. 贵阳市 $PM_{2.5}$源解析

贵阳市 $PM_{2.5}$源解析结果显示:对 $PM_{2.5}$贡献最大的源为二次颗粒物(硫酸盐+硝酸盐),分担率为 30.44%,此初步结论待进一步研究,需要对二次硫酸盐和二次硝酸盐的来源进一步分析;其次为机动车尾气尘,分担率为 26.93%;扬尘为第三大类贡献源,占到了 15.16%,其他源为 11.68%。$PM_{2.5}$与 PM_{10}中这三大类贡献源的排序不同的原因主要是,相比较二次颗粒物和尾气尘所排放的颗粒物,扬尘中粒子的粒径范围相对较大,因此在 $PM_{2.5}$中所占的比例会下降。其他源在 $PM_{2.5}$中贡献率较大。$PM_{2.5}$中餐饮油烟、煤烟尘的分担率分别为 7.03%、3.59%;水泥尘和土壤尘的分担率较低,分别为 0.56% 和 1.06%。

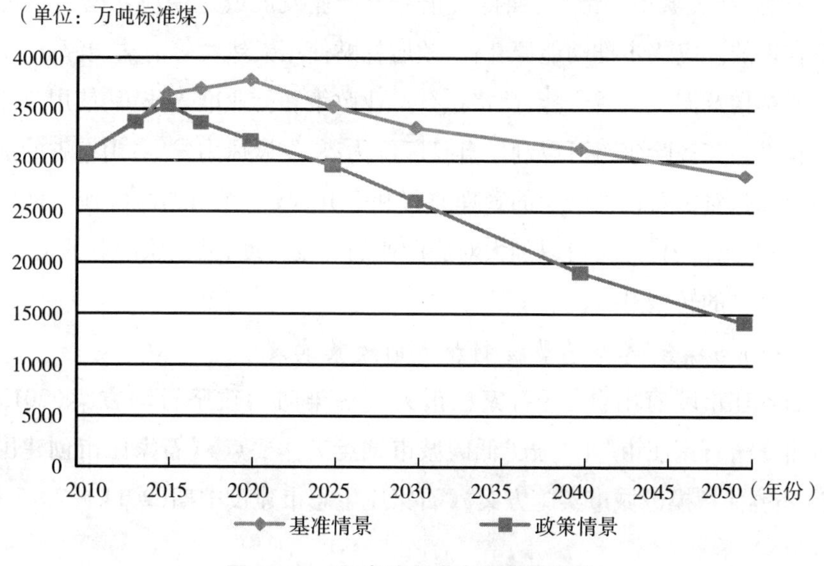

图 6-14　B2 类城市煤炭消费量趋势

(四)基准情景和政策情景

图 6-14 是 B2 类城市基准情景和政策情景下煤炭的消费量趋势。如图 6-14 所示,基准情景下,2010—2020 年 B2 类城市的煤炭消费量随着时间的递增而不断增长,峰值出现在 2020 年左右,之后以较为缓和的速度不断下降。

在政策情景下，峰值提前到2015年左右出现，煤炭消耗量绝对值减少将近2447万吨标准煤，约为3425.8万吨煤炭。到2020年的时候，政策情景比基准情景煤炭消费量减少5861万吨标准煤，约为8205.4万吨煤炭。

（五）煤炭消费总量控制路径

B2类城市在2010—2020年，应该采取经济激励型和命令控制型政策相结合、环境税或排污费高于全国平均水平、鼓励可再生能源、能源效率提高、强制淘汰高耗能行业、重视建筑和民用领域的节煤措施等措施。

该类城市作为大城市中煤炭消费强度处在中等水平的一类城市，处于全面工业化阶段，也是工业化实现的中间阶段。该类城市主要包括中西部省份（河南、湖北、湖南、四川）和东部及东北部省份（山东、辽宁）的27个城市，整体空气污染制约要求不高。

考虑B2类城市的情况，强行禁止部分产业发展或过快淘汰落后产能均是不合理的。应逐步推动能源替代，政府补贴使用天然气等清洁能源，稳步调整产业结构及淘汰落后产能，严格执行产业政策和行业准入政策，使用节能清洁的技术。齐齐哈尔市可以利用自身区位优势，发展风力发电；山东省的部分城市应加强对民营钢铁企业的管理监督和合并，减少无谓的能源使用低效率和污染；开封市、日照市可以加大对旅游业的开发力度，鼓励旅游业的发展，实现经济结构的转型升级。

（六）与煤炭消费总量控制相关的政策实践

石家庄市政府出台了《石家庄市大气污染防治攻坚行动方案（2013—2017年）》《石家庄市"十二五"低碳城市试点工作要点》《石家庄市创建国家（省）环境保护模范城市实施方案》《石家庄生态市建设中期（2011—2015年）实施方案》等。

西宁市政府出台了《西宁市大气污染综合治理行动方案（2013—2014年）》《西宁市2014—2015年节能减排低碳发展行动方案》《西宁市市容环境综合整治百日行动方案》等。

宜昌市政府出台了《宜昌市2015年度大气污染防治计划》《宜昌市2015年节能减排低碳发展主要工作任务分解方案》《宜昌市人民政府关于发展绿色建筑推动生态城市建设的意见》等。

七、B3 类城市

（一）社会经济发展现状

B3 类城市是市区常住人口介于 100 万—300 万的高煤炭消费强度大城市。具体包含平顶山、莱芜、包头、大同、邯郸、银川、呼和浩特、商丘、安阳、赤峰、兰州，共 11 个城市。

B3 类城市是大城市中煤炭消费强度最高的一类城市，其中包括银川、呼和浩特和兰州 3 个省会城市，其他城市主要还有山东、河南等中、东部省份的若干城市。该类城市的人均地区生产总值的平均值是 5485.44 美元，也应属于工业化实现阶段的中期阶段。进一步分析可以发现这类城市较为一般的规律，即省会城市的第三产业比重均大于第二产业比重，而非省会城市的第二产业比重大于第三产业比重。例如：呼和浩特市的第二产业比重为 19.61%，第三产业比重为 78.66%，而枣庄市第二产业和第三产业分别为 60.4% 和 32.5%，拥有较高的"二产"比例。可见，省会城市的产业结构要优于其他非省会城市。由此可以推测该类城市中的省会城市可能处在全面工业化向后工业化过渡的阶段，而其他大多数城市则处在全面工业化阶段。从总体上看，该类城市处于全面工业化阶段。

其城市的基本情况见表 6-15。2010 年 B3 类城市地区生产总值占全国的 3.26%，然而其煤炭消费量却占全国总煤炭消费量的 9.34%。

表 6-15 B3 类城市指标统计

指 标	最大值	最小值	平均值	占全国比例（%）
市区常住人口（万人）	257.18	108.12	161.87	3.55
地区生产总值（亿元）	2146.24	489.25	1189.31	3.26
煤炭消费量（万吨标准煤）	4622.81	1218.91	2311.73	9.34

（二）分用途的煤炭消费

B3 类城市的煤炭消费平均值为 2311.73 万吨标准煤，主要用于发电，工业直接利用和炼焦也占了相当的比例。具体比例见图 6-15。

（三）空气污染制约级别

B3 类包含 11 个城市，主要分布在中国华北、西北地区，多为资源型城市，

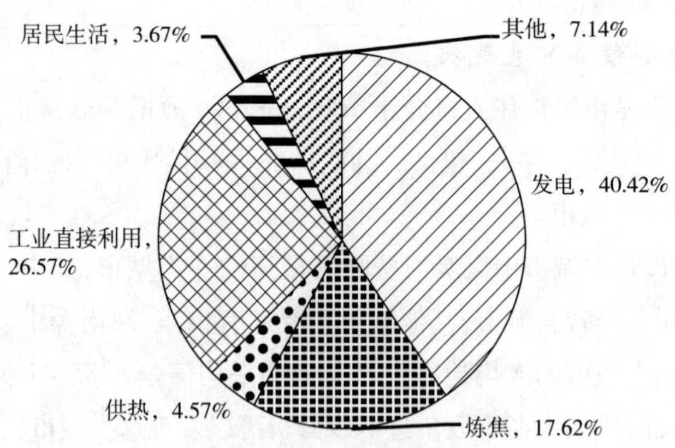

图 6-15　B3 类城市煤炭消费结构

矿产资源丰富、经济水平中等偏高、煤炭消费强度偏高。考虑到 B3 类城市的自身特点，其被划分为Ⅰ级空气污染制约级别。

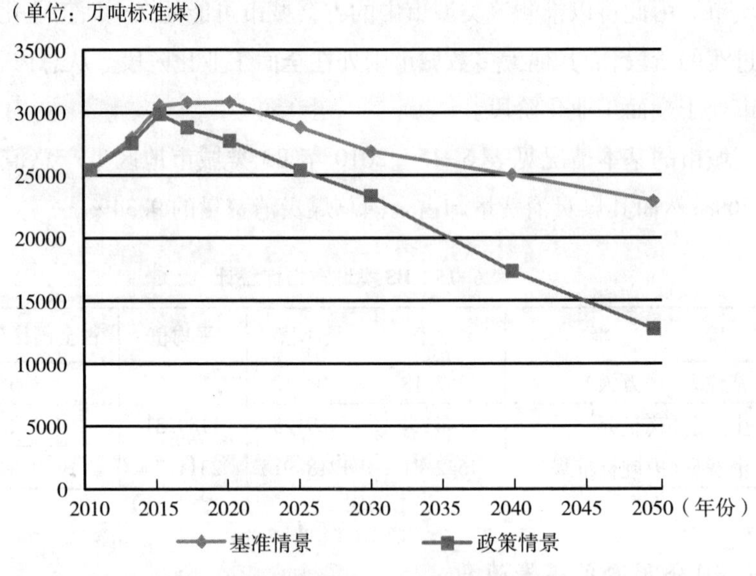

图 6-16　B3 类城市煤炭消费量趋势

（四）基准情景和政策情景

图 6-16 是 B3 类城市基准情景和政策情景下煤炭的消费量趋势。由图 6-16 可知，基准情景下，2010—2020 年 B3 类城市的煤炭消费量随着时

间的递增而不断增长，峰值出现在2020年左右，之后以较为缓和的速度不断下降。

在政策情景下，峰值提前到2015年左右出现，煤炭消耗量绝对值减少将近975万吨标准煤，约为1365万吨煤炭。到2020年的时候，政策情景比基准情景煤炭消费量减少3092万吨标准煤，约为4328.8万吨煤炭。

（五）煤炭消费总量控制路径

B3类城市在2010—2020年主要以命令控制型政策为主，同时施行高于全国平均水平的资源税，制定鼓励淘汰高耗能行业的政策措施。

B3类城市包括了中国边境省份（内蒙古自治区、宁夏回族自治区、甘肃），及中部和东部（山东、山西）的部分城市，是大城市中煤炭消费强度最高的一类城市。基本处于全面工业化阶段，即工业化实现的中间阶段。除商丘市采用Ⅱ级污染制约级别外，其他城市均采用Ⅰ级制约级别。

B3类城市对煤炭消耗的依赖程度很高，同时依靠电力、钢铁和水泥产业的发展。对于这类城市，鉴于其长期的发展情况以及高耗能高污染产业作为支柱产业的现状，强制其改变产业结构并不合理，而更应该在末端治理上寻找突破口。多使用清洁煤电，优化火电结构，深化现有火电机组的能效改造。加强对钢铁产业清洁生产技术的研发力度，鼓励小型民营企业的合并经营，并加强对其的监督和管理，加大对污染的处罚力度，鼓励使用低污染高效率的技术。水泥行业提倡原料替代、能源替代，逐步淘汰落后产能，并推广循环经济等；民生方面，可以借鉴特大城市及北京市的先进经验，有规划地试点开展煤改电工程。

（六）与煤炭消费总量控制相关的政策实践

2013年11月安阳市政府发布《安阳市重点工业行业大气污染综合整治实施方案》，制定了钢铁、水泥、电力、焦化、铸造以及有色金属冶炼六个重点行业大气污染防治规范。

2015年1月呼和浩特市政府出台了《呼和浩特市大气污染防治行动计划实施细则（2013—2017年）》，要求到2015年年底，城市建成区全面淘汰10蒸吨以下燃煤锅炉，加快淘汰落后产能，加大对销售、使用劣质散煤的打击力度。

八、C1类城市

（一）社会经济发展现状

C1类城市是市区常住人口介于50万—100万的中等城市，分布较广且更加均匀，具体包括：商洛、咸宁、衡水、延安、松原、南平、张家界、宜宾、德阳、池州、岳阳、东营、威海、沧州、陇南、广元、泰州、吉安、九江、绍兴、北海、防城港、舟山、宜城、桂林、赣州、廊坊、安庆、丽水、邵阳、驻马店、揭阳、滁州、濮阳、肇庆、漳州、白城、宁德、阳江、汕尾、三亚、周口、玉溪，共计43个城市。

该类城市的组成较为复杂，观察其所在省份可以直观地看到有不少城市位于山东、四川、安徽、广东和广西等省区，这些城市的人口不多，属于中等城市，而煤炭消费强度也处于较低的水平。2010年人均地区生产总值的均值为4274美元，处于工业化发展阶段中的中期阶段。选取出现频率较高的省份中的典型城市：揭阳、安庆、宜宾、威海及桂林。进一步分析发现，除桂林外，其他4个城市的第二产业比重均高于第三产业，而桂林因为其旅游城市的背景，其第三产业比重最高也不足为奇。由此可以推测出，该类城市处于全面工业化阶段。

表6-16是C1类城市各项指标的描述性统计，2010年地区生产总值占全国的9.12%，煤炭消费量占全国的5.62%。

表6-16　C1类城市指标统计

指　　标	最大值	最小值	平均值	占全国比例（%）
市区常住人口（万人）	99.13	50.56	70.08	6.01
地区生产总值（亿元）	2635.64	158.66	851.69	9.12
煤炭消费量（万吨标准煤）	1151.79	44.67	355.74	5.62

（二）分用途的煤炭消费

C1类城市煤炭消费总量平均值为355.74万吨标准煤，主要用于发电和工业直接利用，具体比例见图6-17。

（三）空气污染制约级别

C1类城市经济发展水平一般，煤炭消费强度较低，在这些城市落户的耗

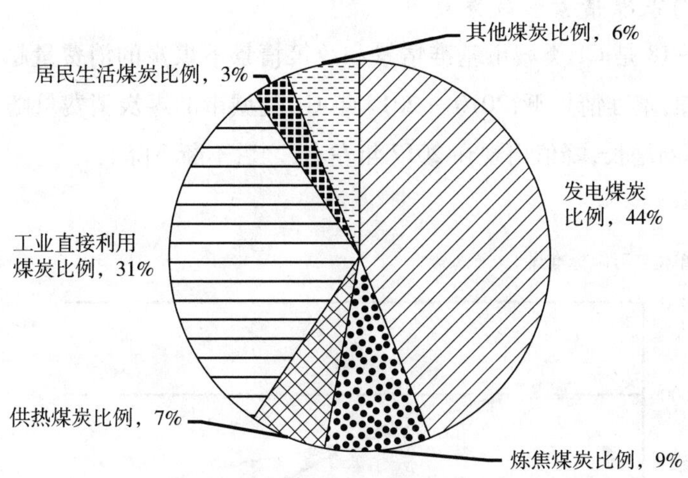

图 6-17　C1 类城市煤炭消费结构

煤量大的产业较少或仍未发展形成有影响力的规模。因此,C1 类属于Ⅲ级空气污染制约级别。目前 C1 类城市完成 $PM_{2.5}$源解析的城市有绍兴市和泰州市。

1. 绍兴市 $PM_{2.5}$源解析

根据《绍兴市首个 $PM_{2.5}$源解析技术报告》可知,绍兴市主要污染来源于汽车尾气、城市扬尘、二次硫酸盐和煤烟尘,其分担率分别为 28.9%、18.0%、16.5%、10.4%。除此之外,源解析中存在较大量的未知源,有可能与外源性输入污染有关。不同季节 $PM_{2.5}$中的各污染源贡献值波动较大。比如,冬、春季节,绍兴大气 $PM_{2.5}$分担率前三的污染源均为机动车尾气尘、城市扬尘和二次硫酸盐,而夏季分担率前三的污染源为二次硫酸盐、机动车尾气尘和城市扬尘。

2. 泰州市 $PM_{2.5}$源解析

根据报道,泰州市空气 $PM_{2.5}$的主要因素中,汽车尾气居首,来源占比达 21.76%;工业源、燃煤、扬尘、生物质燃烧、二次源分居 2—6 名,占比分别为 16.52%、15.54%、10.19%、10.12%、9%,其他来源占 16.87%。

由此可见,C1 类城市的主要污染来源是汽车尾气,由燃煤产生的污染总的来说不高。

(四)基准情景和政策情景

图 6-18 是 C1 类城市基准情景和政策情景下煤炭的消费量趋势。由图 6-18 可知,基准情景下,2010—2017 年 C1 类城市的煤炭消费量随着时间的递增而不断增长,峰值出现在 2017 年左右,之后不断下降。

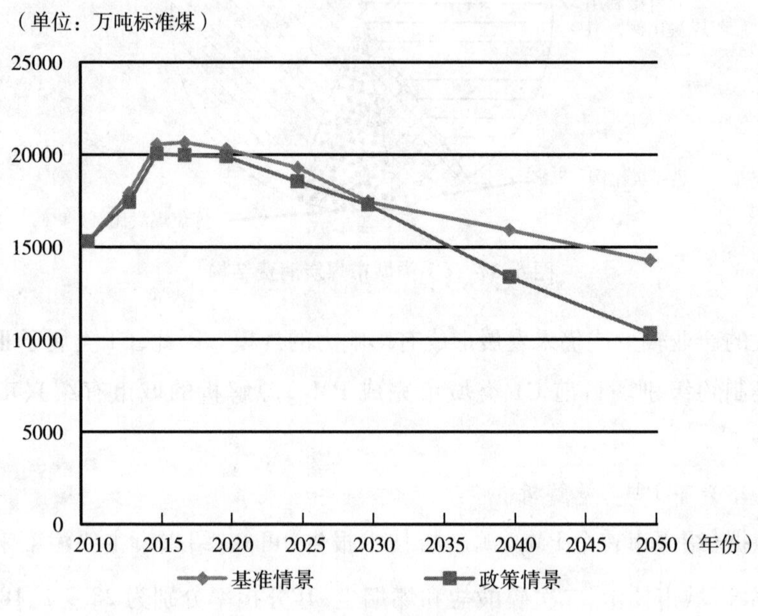

图 6-18 C1 类城市煤炭消费量趋势

在政策情景下,峰值在 2015 年左右出现,但煤炭消耗量绝对值减少将近 611 万吨标准煤,约为 855.4 万吨煤炭。到 2020 年的时候,政策情景比基准情景煤炭消费量减少 402 万吨标准煤,约为 562.8 万吨煤炭。

(五)煤炭消费总量控制路径

C1 类城市在 2010—2020 年,主要以经济激励型和命令控制型政策相结合,鼓励开发可再生能源、推行清洁生产、强制淘汰高耗能行业、整改和淘汰燃煤小锅炉、重视发展绿色建筑和民用领域的节煤措施。

该类城市覆盖了中国中部、东部、东北部、西北部和东南部省份的部分中等城市。这类城市三产比重中第二产业占比最高,处于全面工业化阶段,同时也是工业化发展中期阶段。共 43 个城市中,目前有 9 个城市面临Ⅰ级空气污染制约，10 个城市面临Ⅱ级，11 个城市面临Ⅲ级，13 个城市面临Ⅳ级，可见这些地区对空气污染的制约力度不高。针对 C1 类城市的情况，即煤炭消费强度较低，地区性空气污染约束不强，应加快产业转型的步伐，将淘汰落后产能提上日程，相关部门应加强对发电、水泥行业发展的污染监控，严格控制“两高”和产能过剩行业扩大产能项目；同时全面淘汰 10 蒸吨/时以下的锅炉，积极发展绿色建筑。东部沿海地区应争取加入即将建立运营的大规模城市的核电网，位于四川省、广西壮族自治区的城市则应加强对天然气等清洁能源的开采和宏观调控，广西壮族自治区和海南省拥有丰富的生物质能，可以加强对生物质能利用的技术研发，从而进一步降低对煤炭的依赖。以桂林市、威海市、张家界市为代表的国家智慧旅游城市，应加强旅游业的发展，以智慧旅游为智慧城市建设的突破口和信息产业增长点，带动智慧农业、智慧交通等一系列智慧产业发展，改善调整产业结构，从源头进一步控制煤炭使用和污染排放。

（六）与煤炭消费总量控制相关的政策实践

C1 类城市中，桂林市和三亚市制定了大气污染防治方案，提出了具体的煤炭消费总量控制措施。《桂林市大气污染防治专项行动方案（2013—2017年）》和《三亚市 2015 年大气污染防治实施计划》主要以产业结构优化、能源消费结构调整为主线，要求大力发展循环经济、生态经济，加大环保、能耗、安全执法处罚力度，严格控制“两高”和产能过剩行业扩大产能项目，加强高污染燃料禁燃区管理工作，改造或淘汰 10 蒸吨/时以下燃煤锅炉。

桂林市作为国家低碳城市试点，制定了《桂林市低碳城市试点工作实施方案》，以发展清洁能源、战略性新兴产业、生态碳汇等为龙头，合理调整产业结构，推进节能降耗工作，力争在 2030 年左右达到二氧化碳排放峰值，单位地区生产总值能耗下降到 0.559 吨/万元。

九、C2 类城市

（一）社会经济发展现状

C2 类城市是市区常住人口介于 50 万—100 万的中煤炭消费强度中等城市。具体包括：萍乡、张掖、榆林、曲靖、郴州、汉中、攀枝花、双鸭山、营口、承德、四平、保山、黄石、辽阳、昭通、新余、滨州、佳木斯、湘潭、安康、衢州、阜新、

秦皇岛、盘锦、丹东、马鞍山、朝阳、咸阳、牡丹江、孝感、眉山、德州、酒泉、十堰、荆门、绥化、韶关,共计37个城市。

该类城市主要包括东北和中部的省市,2010年人均地区生产总值的平均值为4270美元,处于工业化实现的中期阶段。该类城市第二产业所占比重高于第三产业所占比重,以山东省德州市为例,第二产业比重为57.16%,而第三产业比重为40.36%。值得一提的是黑龙江省的绥化市,数据显示其占比最高的是第一产业(38.2%),第三产业(36.2%)和第二产业(25.6%)次之,若按产业结构占比来分类,并没有属于它的专门的工业化阶段,查阅资料发现其拥有全国重要的商品粮基地、草食畜牧基地、农牧产品基地和绿色食品基地。除此特例外,可以大致归纳出该类城市属于全面工业化的阶段。

表6-17是C2类城市的主要指标统计,2010年平均市区常住人口76.73万人,地区生产总值占全国的6.26%,然而其煤炭消费量却占全国总煤炭消费量的8.09%。

表6-17　C2类城市指标统计

指　　标	最大值	最小值	平均值	占全国比例(%)
市区常住人口(万人)	99.13	50.56	76.73	5.67
地区生产总值(亿元)	2635.64	158.66	679.16	6.26
煤炭消费量(万吨标准煤)	1151.79	44.67	595.66	8.09

(二)分用途的煤炭消费

C2类城市煤炭消费总量平均值为595.66万吨标准煤,主要用于发电,工业直接利用和炼焦也占据了相当的比例。具体比例见图6-19。

(三)空气污染制约级别

C2类城市经济发展水平一般,煤炭消费强度较低。同C1类城市相似,这些城市落户的耗煤量大的产业较少或仍未发展形成有影响力的规模,因此C2类面临Ⅲ级空气污染制约级别。

(四)基准情景和政策情景

图6-20是C2类城市基准情景和政策情景下煤炭消费量趋势。由6-20

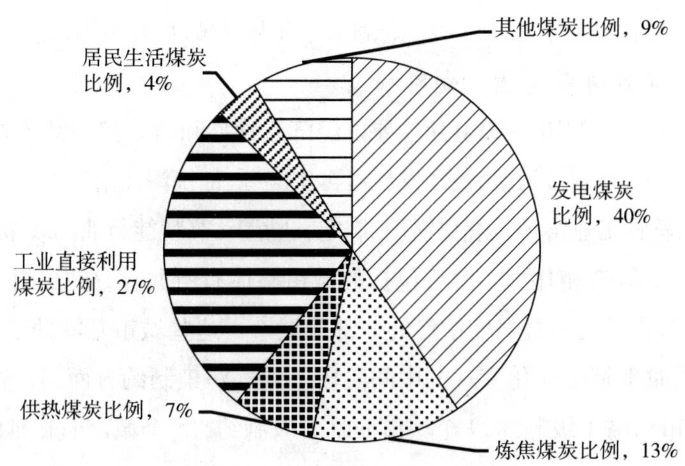

图 6-19　C2 类城市煤炭消费结构

可知，基准情景下，2010—2020 年 C2 类城市的煤炭消费量随着时间的递增而不断增长，峰值出现在 2020 年左右，之后以较为缓和的速度不断下降。

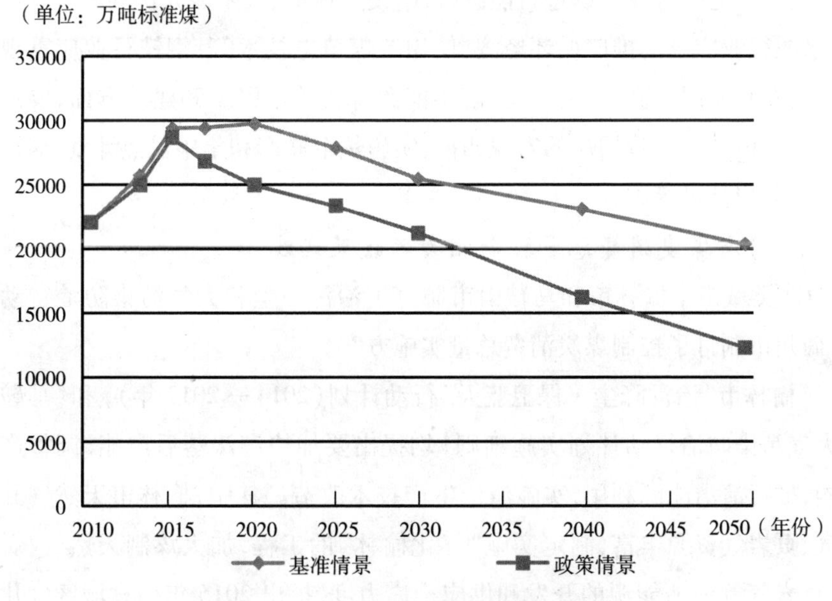

图 6-20　C2 类城市煤炭消费量趋势

在政策情景下，峰值提前到 2015 年左右出现，煤炭消耗量绝对值减少将近 1060 万吨标准煤，约为 1484 万吨煤炭。到 2020 年的时候，政策情景比基

准情景煤炭消费量减少4759万吨标准煤，约为6662.6万吨煤炭。

（五）煤炭消费总量控制路径

C2类城市在2010—2020年主要以经济激励型和命令控制型政策相结合，实行差别电价、差别排污费、鼓励发展可再生能源、加快淘汰落后产能、推行集中供热、全面整顿工业窑炉及燃煤锅炉、制定鼓励淘汰高耗能行业的政策措施。

与C1类城市相比，C2类所包括的城市整体有所北移，包括中国中部、西北和东北部的煤炭消费强度中等的一部分城市。这些城市基本处于全面工业化阶段，同时也是工业化实现的中间阶段。空气污染制约方面，37个城市中，有6个城市面临Ⅰ级制约，9个城市面临Ⅱ级制约，15个城市面临Ⅲ级制约，7个城市面临Ⅳ类制约，可见空气污染制约的力度较低。针对C2类城市的现状，应着重在发电和水泥行业上寻找出路。电力、水泥和钢铁行业都应加快淘汰落后产能的步伐，摒弃高耗能高污染的技术，政府投资或企业自主引进先进的煤炭清洁高效利用技术，开展清洁燃料，对于不能稳定达标的窑炉实施脱硫脱硝建设。电力行业可以进行能源替代，使用风电、太阳能光伏等新兴发电技术；水泥行业应鼓励推广循环经济，使用节煤节电技术等；钢铁行业应重视技术的研发和使用，淘汰落后产能，落实能源替代等。民生和建筑方面，要加强对北方城市冬季供暖用煤的宏观调控，实施热电联产和集中供热计划，居民供暖采取分户计量等方式。

（六）与煤炭消费总量控制相关的政策实践

C2类城市中榆林市和马鞍山市制订了治污降尘和大气污染防治行动计划，衢州市制订了控制煤炭消费总量实施方案。

《榆林市"治污降尘·保卫蓝天"行动计划（2014—2017年）》和《马鞍山市大气污染防治行动计划实施细则》均提出要加快淘汰落后产能，调整产业结构，推行清洁能源利用，实施清洁生产技术改造。其中，榆林市天然气和煤层气、页岩气资源丰富，制定实施"气化榆林"的工程，加大煤制天然气、煤层气、页岩气等清洁能源的开发和供应推广力度，提出2015年榆林城区气化率达到88%以上的目标。《衢州市控制煤炭消费总量实施方案（2014—2017年）》提出，到2017年全市煤炭消费总量占能源消费总量比重降低到55%左右；煤炭消费总量在2012年的基础上下降10%；提高煤炭清洁化利用程度，洁净煤使用率达到90%以上的目标。

十、C3类城市

(一)社会经济发展现状

C3类城市是市区常住人口介于50万—100万的中等城市,主要位于中国的东北、西北地区,大部分均是重工业城市。煤炭消费占比超过100%的城市达13个,占C3类城市总量的40.6%,这也反映了当地火电、炼焦等产业在当地产业结构中的重要地位。C3类城市共计32个,包括:乌海、临汾、石嘴山、运城、六盘水、鹤壁、长治、晋中、巴彦淖尔、忻州、安顺、阳泉、渭南、黔西南布依族苗族自治州、七台河、固原、张家口、遵义、伊春、焦作、本溪、平凉、白银、朔州、铁岭、鹤岗、鸡西、邢台、白山、通辽、鄂尔多斯、铜川。

该类城市多集中在中国的东北、北部、中部及西部地区,以内蒙古自治区、黑龙江省、辽宁省、山西省、甘肃省的城市居多。该类城市2010年人均地区生产总值的均值为4300美元,仍处于工业化实现阶段的中期阶段。选取上述省份中的典型城市通辽、鸡西、本溪、临汾和平凉等进行进一步分析得出,除临汾和平凉是处于第三产业比重大于第二产业比例外(以临汾为例,第二产业比例为38.8%,第三产业的比例为57.24%),其他城市均为第二产业比例高于第三产业。临汾市的非物质文化遗产较多,其作为旅游城市致使其第三产业的比重较高。由典型城市的分析可以推测该类城市亦处于全面工业化阶段,不排除部分城市进入后工业化的过渡阶段。

表6-18是C3类城市各项指标的统计描述,该类城市2010年地区生产总值只占全国比例的4.6%,但煤炭消费量所占比例却高达13.6%。由于技术水平不同,C3类城市的煤炭消费总量及地区生产总值并未表现出较强的正相关性。

表6-18　C3类城市指标统计

指　　标	最大值	最小值	平均值	占全国比例(%)
市区常住人口(万人)	99.47	50.67	72.02	4.6
地区生产总值(亿元)	2199.53	103.37	576.96	4.6
煤炭消费量(万吨标准煤)	3426.10	159.93	1159.43	13.6

（二）分用途的煤炭消费

C3 类城市煤炭消费总量平均值为 1159.43 万吨标准煤，主要用于发电，其次是炼焦煤炭占比，工业直接利用煤炭占比稍低于炼焦煤炭占比，具体比例见图 6-21。

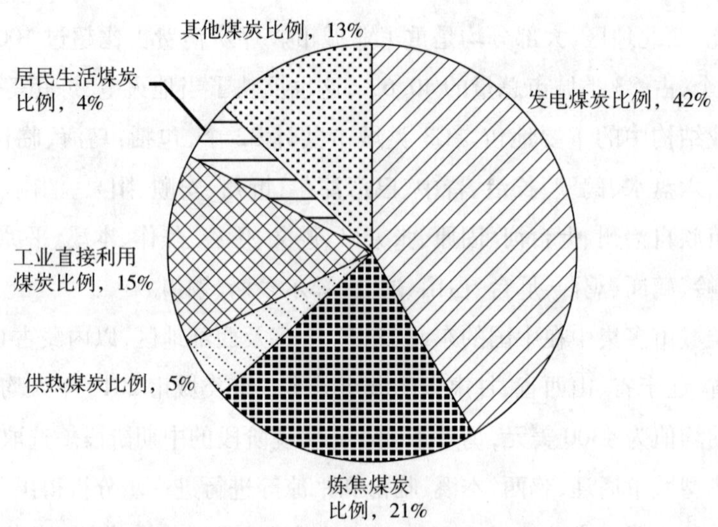

图 6-21　C3 类城市煤炭消费结构

（三）空气污染制约级别

C3 类城市为高煤炭消费强度的中等规模城市，主要位于中国东北、西北地区，大部分为重工业城市，主要产业组成为火力发电、炼焦等且煤炭利用技术水平较低。由于 C3 类城市的规模中等，故其被划分为Ⅱ级空气污染制约级别。

（四）基准情景和政策情景

图 6-22 是 C3 类城市基准情景和政策情景下煤炭的消费量趋势。由图 6-22可知，基准情景下，2010—2020 年 C3 类城市的煤炭消费量随着时间的递增而不断增长，峰值出现在 2020 年左右，之后以较为缓和的速度不断下降。

在政策情景下，峰值提前到 2015 年左右出现，煤炭消耗量绝对值减少将近 3570 万吨标准煤，约为 4998 万吨煤炭。到 2020 年的时候，政策情景比基

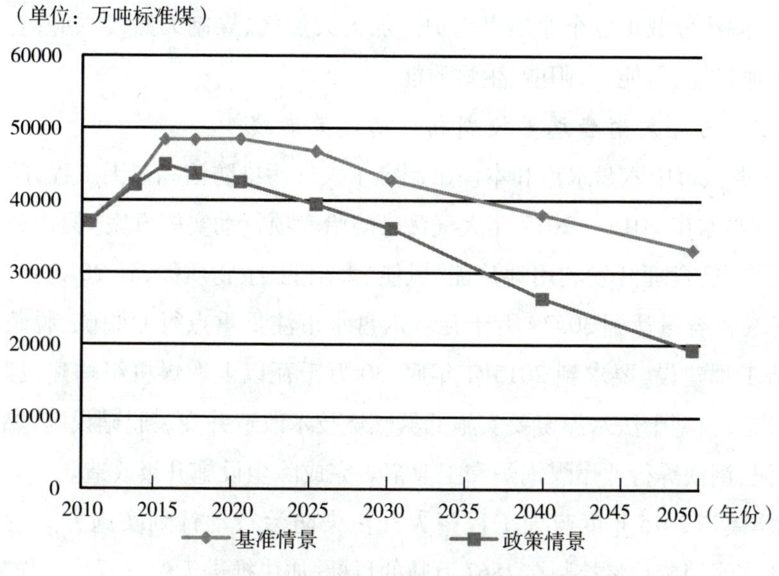

图 6-22　C3 类城市煤炭消费量趋势图

准情景煤炭消费量减少 5988 万吨标准煤，约为 8383.2 万吨煤炭。

（五）煤炭消费总量控制路径

C3 类城市在 2010—2020 年，以命令控制型政策为主，同时施行高于全国平均水平的资源税，制定鼓励淘汰高耗能行业的政策措施。2020 年以后，要加强能源梯级利用、燃料替代和原料替代，促进高耗能产业规模化发展，促进产业转型升级，增大可再生能源比例、重视建筑和民用领域的节煤措施。

这类城市是中等城市中煤炭消费强度最高的一类，处于工业化中期阶段，也即全面工业化阶段。集中了中国中部（山西）、西北部（内蒙古、甘肃）、西部（贵州）和东北（黑龙江、辽宁）的部分城市。32 个城市中，有 6 个城市面临Ⅰ级空气污染制约，18 个城市面临Ⅱ级，7 个城市面临Ⅲ级，1 个城市面临Ⅳ级，整体制约要求处于中等强度。针对 C3 类城市的现状，应从对高耗能高污染产业的控制和管理入手，加强政府督促，促进企业全面淘汰落后产能，严格执行产业政策和行业准入政策，鼓励企业发展能源替代，研发新技术以实现清洁生产和循环经济，同时应着手制定规划以实现产业转移；对于煤化工行业，应控制传统煤化工业的生产总量，统筹规划，引导其高效集约低碳发展，推动其

技术进步。全面整治燃煤锅炉,鼓励工业园区采取集中供热或热电联产的形式,逐步淘汰分散工业企业燃煤锅炉。加大天然气、煤制天然气供应,合理开发利用地热能、风能、太阳能、生物质能。

(六)与煤炭消费总量控制相关的政策实践

C3类城市中六盘水市和本溪市制定了大气污染防治和蓝天工程方案。

《六盘水市2015—2017年大气污染防治专项行动实施方案》提出科学有序发展水电,合理开发利用地热能、风能、太阳能、生物质能,到2015年,全市新能源装机容量达到30.79万千瓦。六盘水市注重重点行业脱硫、脱硝和除尘改造工程建设,要求到2015年年底,30万千瓦以上燃煤机组均建设脱硫、脱硝设施,新型干法水泥窑要实施低氮燃烧技术改造并安装脱硝设施,燃煤电厂、水泥、钢铁等行业燃煤锅炉和工业窑炉完成除尘设施升级改造。

《本溪市2015年度蓝天工程暨大气污染防治行动计划实施方案》提出,2015年煤炭消费总量控制在1867万吨的目标,加快推进天然气置换工作,确保置换完成10万户的原焦炉煤气用户,天然气消费年均增速保持在15%以上。

十一、D1类城市

(一)社会经济发展现状

D1类城市是市区常住人口小于50万的小城市,主要分布在中国中西部地区及广东省。具体包括:许昌、河池、定西、黄冈、潮州、云浮、铜陵、龙岩、鹰潭、上饶、雅安、景德镇、梅州、阿坝藏族羌族自治州、庆阳、甘孜藏族自治州、梧州、怀化、河源、黄山,共计20个城市。

该类城市是小城市中煤炭消费强度较低的一类城市,其主要包括了广东、广西、四川、江西、甘肃和安徽等省份的城市。2020年人均地区生产总值的平均值为3238美元,虽然接近工业化中期阶段的下限值,但仍旧属于工业化的中期阶段。选取梅州、河池、雅安、上饶、定西和黄山市作为研究对象,做进一步的产业结构分析发现,6个典型城市中的2个城市(上饶和黄山),其第三产业比重高于第二产业(以黄山市为例,第三产业比重为48.13%,第二产业则为44.09%),定西市是第一产业比重高于第二产业,但是第三产业比重最高,另外三个城市则是第二产业比重高于第三产业。进一步查阅资料发现,定西市在甘肃省拥有特色农业，其在全省的农业中扮演着举足轻重的角色，更是被誉为“中国马铃薯之乡”。另外，定西市的交通运输、仓储、邮政业及旅游业均较发达，这些特点造就了定西与众不同的产业比重；而黄山市的旅游业是该市的支柱产业，要保护黄山的自然环境自然不能发展高耗能高污染的工业，它的产业结构也反映了这一点。因此，从总体来看，该类型城市的主要产业结构还是第二产业高于第三产业，第一产业最低，故属于全面工业化阶段。

表 6-19 是 D1 类城市各项指标的描述性统计。D1 类城市的地区生产总值和煤炭消费总量占全国之比都比较小，与 A1、B1、C1 类相比，D1 类城市是所有低煤耗城市组中对煤炭利用效率最低的一类城市，并且该类城市规模和地区生产总值也都是最小的，正处于由城镇向城市的转化阶段。

表 6-19 D1 类城市指标统计

指 标	最大值	最小值	平均值	占全国比例(%)
市区常住人口(万人)	50	16.23	39.63	1.58
地区生产总值(亿元)	927.61	111.18	478.73	2.38
煤炭消费量(万吨标准煤)	450.50	39.33	223.75	1.64

(二)分用途的煤炭消费

D1 类城市煤炭消费总量平均值为 195.25 万吨标准煤，主要用于发电和工业直接利用，具体比例见图 6-23。

(三)空气污染制约的级别

D1 类城市主要是低煤炭消费强度的小城市，主要分布于中国中西部地区及广东省。经济发展水平较为落后，环境较好。因此 D1 类城市当前主要以引进投资、进行基础产业建设等快速发展经济水平的行动为首要任务，环境为次要的考虑方面，故被划分为Ⅳ级制约级别。

(四)基准情景和政策情景

图 6-24 是 D1 类城市基准情景和政策情景下煤炭的消费量趋势。由图 6-24 可知，基准情景下，2010—2017 年 D1 类城市的煤炭消费量随着时间的递增而不断增长，峰值出现在 2017 年左右，之后不断下降。在政策情景下，峰

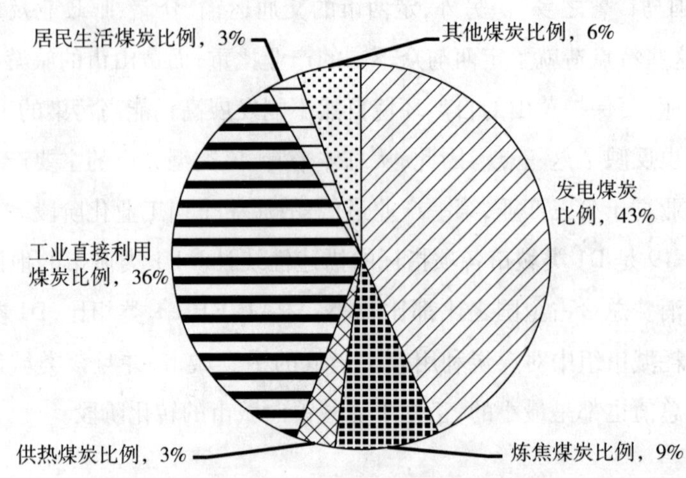

图 6-23　D1 类城市煤炭消费结构

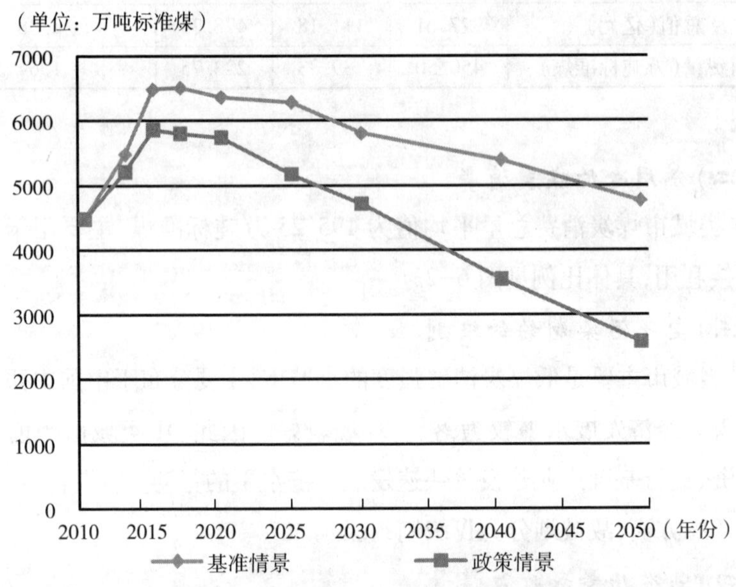

图 6-24　D1 类城市煤炭消费量趋势

值提前，将在 2015 年左右出现，但煤炭消耗量绝对值减少将近 645 万吨标准煤，约为 903 万吨煤炭。

（五）煤炭消费总量控制路径

D1 类城市在 2020—2030 年，以经济激励型和命令控制型政策相结合，鼓励可再生能源、能源效率提高，制定鼓励淘汰高耗能行业的政策措施、重视建筑和民用领域的节煤措施。

该类城市是小城市里煤耗较低的一类城市，处于全面工业化及工业化实现的中期阶段。主要包括南部（广东、广西）、西南（四川）、西部（甘肃）和中部（江西、安徽）等地区省份的部分城市。这类城市中没有城市采用Ⅰ级空气污染制约，有接近一半面临的是Ⅳ级制约，采用Ⅱ级和Ⅲ级的城市数量相当。可见当地对空气污染的制约是较为放松的。针对 D1 类城市应该区别对待：对诸如黄山、雅安等“智慧城市”，应充分运用当地的自然和文化资源，打造精品旅游信息化项目，大力发展旅游业和服务业，使其逐步替代第二产业成为经济中占比较大的产业。对于发电和水泥行业，则应加强能源替代，使用天然气、水电、核电等清洁能源，尽快淘汰落后产能，实现生产的高效率和低污染。同时，加强燃煤锅炉整治和改造，市区各工业园区推进集中供热、“煤改气”“煤改电”工程建设，加大天然气等清洁能源供应，积极开发利用风能、太阳能、生物质能。

（六）与煤炭消费总量控制有关的政策实践

D1 类城市中黄冈市和龙岩市制订了大气污染防治行动计划，针对性地提出了一系列煤炭消费总量控制措施。

《黄冈市区大气污染防治行动计划》提出到 2015 年年底新建居住类建筑节能达到 65%，新建公共建筑节能达到 50%。到 2017 年，市区煤炭占能源消费总量比重降低到 50%以下，市区建成区基本淘汰 10 蒸吨/时及以下的燃煤锅炉，禁止新建每小时 20 蒸吨以下的燃煤锅炉，重点行业排污强度比 2012 年下降 30%以上等目标。

《龙岩市大气污染防治行动计划实施细则》提出，在 2014 年年底全面完成“十二五”落后产能淘汰任务，全市完成淘汰水泥机立窑，6300kVA 以下铁合金矿热炉，400 立方米及以下炼铁高炉和 30 吨及以下炼钢转炉、电炉等落后产能工作。

十二、D2 类城市

(一)社会经济发展现状

D2 类城市是市区常住人口小于 50 万的中煤炭消费强度小城市。具体包括:辽源、金昌、葫芦岛、丽江、克拉玛依、达州、普洱、三明、崇左、临沧、黑河,共计 11 个城市,分布比较广泛。

该类是小城市中煤炭消费强度处于中等水平的一类城市,其人均地区生产总值的均值是 5462 美元,高于 D1 类城市,根据人均地区生产总值均值的分类可以归为处在工业化的中期阶段。观察其城市组成的省份来源,发现其多数位于中国的边境省份及少量中北部省份,出现频率较高的主要是河南和云南,其他如辽宁、内蒙古、广西等也有出现。选择其中的典型城市,丽江市、葫芦岛市、克拉玛依、怀化和达州作为进一步研究的对象,收集其三种产业占比的数据可以发现,除丽江市外,其他四个城市的第二产业比重均高于第三产业;丽江市作为旅游城市,其第三产业占据更重要的地位;值得一提的是,克拉玛依的第二产业比重占全市地区生产总值比重的 89. 75%,而第三产业和第一产业占比分别只有 9. 8%和 0. 5%,众所周知,克拉玛依是重要的石油石化产业聚集区,而其油气资源储量占世界的近 80%,该市目前已成长为现代化石油工业新城,这些解释了克拉玛依产业比重"一边倒"的原因。因此,从总体上来看,该类城市产业发展处于全面工业化阶段。

D2 类城市的基本情况见表 6-20。2010 年平均市区常住人口 33. 71 万人,地区生产总值占全国的 1. 11%,然而其煤炭消费量却占全国总煤炭消费量的 1. 43%。

表 6-20　D2 类城市指标统计

指　　标	最大值	最小值	平均值	占全国比例(%)
市区常住人口(万人)	49. 9	15. 94	33. 71	0. 74
地区生产总值(亿元)	911. 51	91. 27	405. 91	1. 11
煤炭消费量(万吨标准煤)	461. 540	36. 31	353. 34	1. 43

(二)分用途的煤炭消费

D2 类城市煤炭消费总量平均值为 353. 34 万吨标准煤,主要用于发电和工业直接利用,炼焦煤炭也占了一定的比例,具体比例见图6-25。

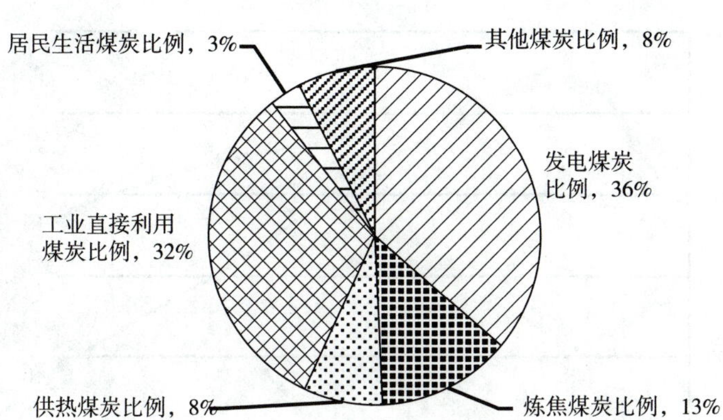

图6-25 D2类城市煤炭消费结构

(三)空气污染制约的级别

D2类城市共有11个中煤炭消费强度的小城市,这类城市分布比较广泛,包括南部的云南省和西部新疆维吾尔自治区,经济发展水平较为落后,环境优美。与D1类城市相同,D2类城市被划分为Ⅳ级制约级别。

(四)基准情景和政策情景

图6-26是D2类城市基准情景和政策情景下煤炭的消费量趋势。由图6-26可知,基准情景下,2010—2020年D2类城市的煤炭消费量随着时间的递增而不断增长,峰值出现在2020年左右,之后以较为缓和的速度不断下降。

在政策情景下,峰值并未提前,仍将在2020年左右出现,煤炭消耗量绝对值减少将近63万吨标准煤,约为88.2万吨煤炭。

(五)煤炭消费总量控制路径

D2类城市在2020—2030年,以经济激励型和命令控制型政策相结合,鼓励可再生能源、能源效率提高,促进高耗能行业规模化发展、重视建筑和民用领域的节煤措施。

这类城市是煤炭消费强度中等的小城市,分布较为分散,主要包括了中国一些边境省份和少数中部省份的城市。基本处于全面工业化和工业化实现的中间阶段。这类城市中仅有一个城市面临Ⅰ级空气污染制约,面临Ⅱ级和Ⅲ级制约的分别有三个,有四个Ⅳ级制约。可见该类城市的制约级别均较低。

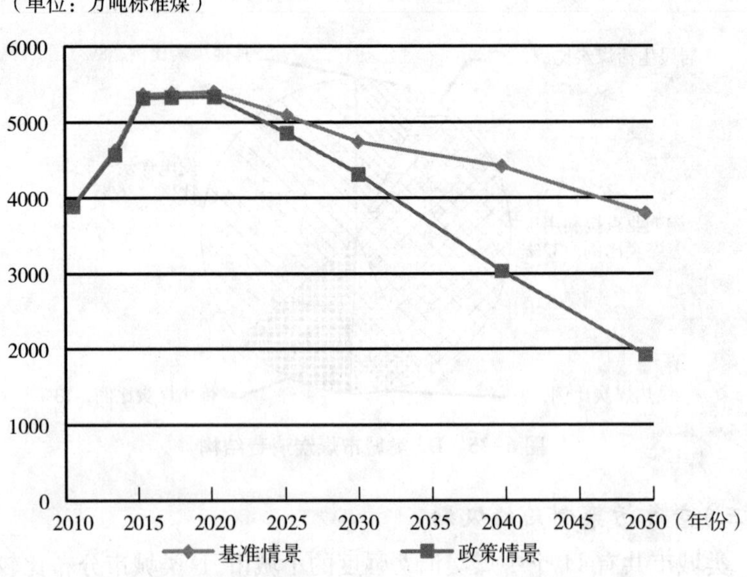

图 6-26　D2 类城市煤炭消费量趋势

针对 D2 类城市，考虑其目前的经济发展状况，盲目地强迫其进行产业结构优化和能源替代是不合理的。可以鼓励其依靠自身周边的资源，因地制宜地开发清洁能源，逐步改善目前产业的能源结构，降低煤炭的使用比例；同时注意引进规模较大城市的先进的技术和管理理念，降低高污染高耗能产业带来的污染，提高其效率；有目的有规划地淘汰落后产能和技术，逐步实现清洁生产，间接推动产业结构的改变和优化。

（六）与煤炭消费总量控制有关的政策实践

D2 类城市中三明市和辽源市制订了大气污染防治行动计划，计划中明确规定了相关煤炭消费总量控制措施。

《三明市大气污染防治行动计划实施细则》提出加快淘汰分散型工业燃煤窑炉，到 2017 年，建成区基本淘汰 10 蒸吨/时及以下的燃煤锅炉，禁止新建 20 蒸吨/时以下的燃煤锅炉。三明市核电项目是国家快堆核能技术发展的示范性项目，在确保安全的前提下大力发展核电，稳步推进三明快堆核电站（2×80 万千瓦）的前期工作。并继续推进陆上风电规模化开发和管理，因地制宜发展太阳能、生物质能、地热能等非化石能源。

《辽源市落实大气污染防治行动计划实施方案》提出，从 2015 年起，逐步淘汰现有 20 蒸吨/时以下燃煤供热锅炉。到 2017 年，煤炭占能源消费总量比重降低到 65%以下，基本实现工业企业从城区内已规划开发建设地块搬出，原煤入选率达到 70%以上。积极促进出台供热费按计量收费，争取到 2017 年全市集中供热用户按照计量表收费。

十三、D3 类城市

（一）社会经济发展现状

D3 类城市是市区常住人口小于 50 万的小城市，主要分布于中国中西部地区，基本都是当地重要的煤产地，当地工业多以火电产业、焦炭炼制及钢铁产业为主，这样的工业结构必然导致煤炭消耗量的增大，这也导致 D3 类中大部分城市的煤炭消费占比都在 90%以上，吴忠、中卫、吕梁、乌兰察布、晋城和呼伦贝尔六市的煤炭消费占比甚至接近 100%，这也表明了当地是火电和焦炭的主要输出地。共 16 个城市，包括：吴忠、中卫、嘉峪关、吕梁、乌兰察布、济源、黔东南苗族侗族自治州、晋城、毕节、黔南布依族苗族自治州、铜仁、通化、娄底、呼伦贝尔、百色、三门峡。

该类城市集中了中国西部和北部省份及自治区的城市，这类城市的典型特点是城市规模小而煤炭消耗强度显著高于平均水平，其中以吴忠市和中卫市为代表。这类城市中，贵州省 4 个城市，宁夏回族自治区和内蒙古自治区分别有 2 个城市，还包括甘肃、吉林等省份的城市。该类城市 2010 年人均地区生产总值的均值为 4008 美元，应归于工业化发展的中期阶段。选取各省份的代表城市吴忠、呼伦贝尔、娄底、嘉峪关、吕梁和百色市做深入分析，获取其产业比重数据后可以发现，选取城市的产业比重排序是一致的，均为第二产业比重高于第三产业的比重。以宁夏回族自治区的吴忠市为例，第二产业的比重为 50. 83%，而第三产业比重为 31. 71%。该类城市是小城市中煤炭消费强度较高的一类城市，煤炭消费占比高，普遍都是用煤炭发电，导致其第二产业占比较高；另外，选取的典型城市中亦有若干城市的第一产业占比不容小觑，例如呼伦贝尔市因其拥有辽阔的草原而有发达的畜牧业。总体上来说，该类城市属于全面工业化阶段。

表 6-21 是 D3 类城市各项指标的描述性统计。

表 6-21 D3 类城市指标统计

指 标	最大值	最小值	平均值	占全国比例(%)
市区常住人口(万人)	50	22.30	38.30	1.22
地区生产总值(亿元)	927.61	111.18	470.92	1.88
煤炭消费量(万吨标准煤)	2250.19	451.73	1013.20	5.95

(二)分用途的煤炭消费

D3 类城市煤炭消费总量平均值为 944.87 万吨标准煤,主要用于发电,工业直接利用和炼焦煤炭占比分别为 22%和 15%,具体比例见图 6-27。

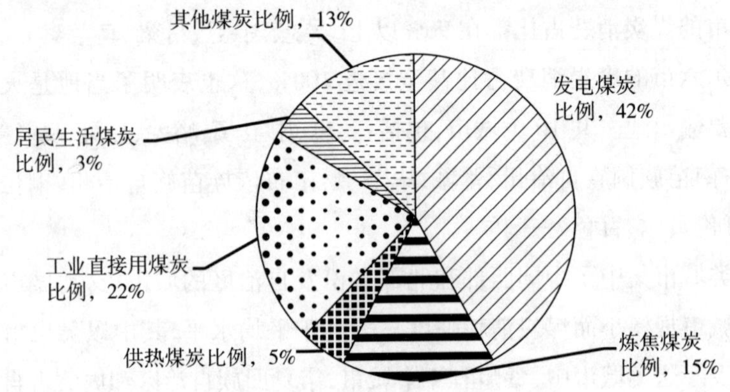

图 6-27 D3 类城市煤炭消费结构

(三)空气污染制约级别

D3 类由 16 个小城市组成,主要分布于中国中西部地区,基本都是当地重要的煤产地,多以火电、炼焦及钢铁产业为主,大部分城市的煤炭消费占比达到 90%以上。因此,环境保护和污染控制已经超越了经济发展的问题,只有建立了良好的企业生存环境才能大力引进先进产业进驻,优化升级现有产业结构。因此目前 D3 类被划分为Ⅲ级空气污染制约级别。

(四)基准情景和政策情景

图 6-28 是 D3 类城市基准情景和政策情景下煤炭的消费量趋势。由图 6-28 可知,基准情景下,2010—2020 年 D3 类城市的煤炭消费量随着时间的

递增而不断增长，峰值出现在2020年左右，之后不断下降。在政策情景下，峰值并未提前，仍将在2020年左右出现，但煤炭消耗量绝对值减少将近391万吨标准煤，约为547.4万吨煤炭。

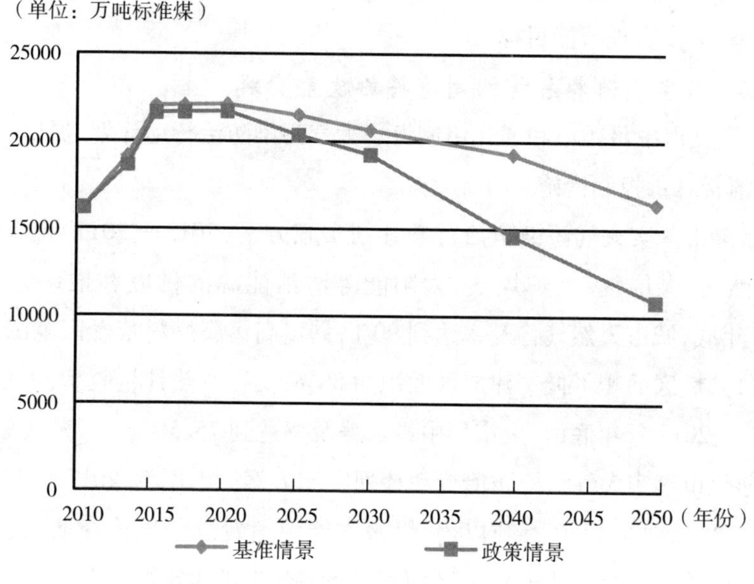

图6-28　D3类城市煤炭消费量趋势

（五）煤炭消费总量控制路径

D3类城市2010—2020年，以命令控制型政策为主，同时施行高于全国平均水平的资源税，大力发展循环经济，促进高耗能行业规模化发展。2020—2030年，加强能源梯级利用、燃料替代和原料替代，促进高耗能产业规模化发展，促进产业转型升级，增大可再生能源比例、重视建筑和民用领域的节煤措施。

这类城市是小城市中煤炭消费强度最高的一类城市，虽然濒临工业化中期阶段的下限阈值，但是仍处在这个阶段，也是全面工业化阶段。这类城市主要覆盖了中国中西部省份的城市。该类城市中面临Ⅰ级空气污染制约的数量最少，有一半城市面临了Ⅱ级制约，面临Ⅲ级和Ⅳ级制约的城市数量相当。考虑目前D3类城市的发展情况，不可能勒令其完全摒弃现有的高耗能高污染产业，因为这些城市目前的发展程度不足以使他们脱离这些产业的发展，而应

从末端治理寻找突破口,如鼓励可行的能源替代、加强对节能减排技术的研发和使用、实现工业能源的梯级利用等。对于部分城市其他途径煤炭使用占比较高的现状,应重视对煤化工行业的管理和监督,使用和完善现代化的节煤技术。此外,该类城市包括中国偏远地区的部分城市,可以推广使用分布式能源节约措施,逐步实现节能目标。

(六)与煤炭消费总量控制有关的政策实践

D3 类城市中吕梁市和通化市制订了大气污染防治行动计划,提出了详细的煤炭消费总量控制措施。

《吕梁市落实大气污染防治行动计划实施方案(2013—2017 年)》提出,加大天然气、煤层气、焦炉煤气、太阳能等清洁能源的供应和推广力度,到 2017 年年底,城市天然气普及率达到 90%;划定高污染燃料禁燃区范围,各县(市、区)禁燃区面积不低于建成区面积的 80%;实行供热计量收费,加快供热管网建设,2017 年年底前,全市集中供热普及率达到 75. 5%。

《通化市落实大气污染防治行动计划实施方案》提出,到 2017 年,全市煤炭消费总量控制在 1370 万吨以内,煤炭占能源消费总量比重降低到 65%以下,全市禁燃区面积不低于建成区面积的 50%,新建建筑严格落实强制性节能标准,设计和施工阶段执行节能标准比率全部达到 100%。

第三节　十三类城市情景堆积图

为了更好地描述基准情景和政策情景,我们将十三类城市的煤炭消费总量绘制成堆积图,进行直观的比较分析。

图 6-29 是基准情景下十三类城市煤炭消费总量的趋势堆积图,如图 6-29所示,基准情景下,2010—2020 年十三类城市煤炭消费总量随着时间增加呈现出不断增长的趋势,其中前 5 年的增速较快,后 5 年的增速较为缓慢。大约 2020 年煤炭消费总量出现峰值,约为 32. 54 亿吨标准煤。之后煤炭消费总量逐渐减少,减速较为平稳。2050 年煤炭消费总量约为 23. 7 亿吨标准煤。其中,A1、B1 及 C3 的煤炭消费量占全国的比例较大,前两类城市的技术水平已经较为发达,难以得到快速的提升和发展,且包含的城市数量较多,

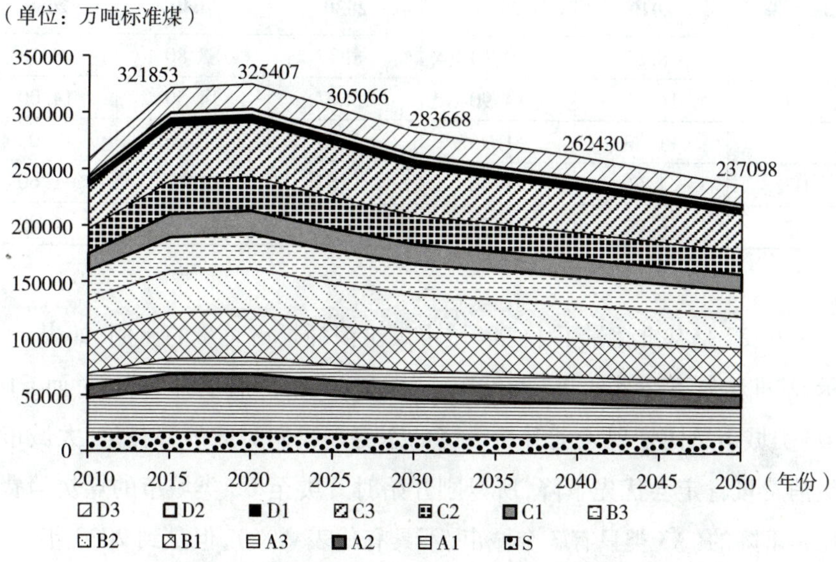

图 6-29　基准情景十三类城市煤炭消费总量堆积图

后者是作为日后发展前途尤为可观的中型城市，煤炭消费强度较高，该类城市煤炭消费量占全国的比例也是所有城市类型中最高的，且峰值年之后的下降趋势非常缓慢。因此在研发新的能源利用和转换技术，促进 A1 类和 B1 类城市煤炭消费量降低的同时，应该对 C3 类城市进行重点关注和控制，寻找有效降低该类城市煤耗的方法。

表 6-22　基准情景下十三类城市煤炭消耗量占总量比例　　（单位：%）

年　份	2010	2020	2030	2040	2050
S	5. 44	5. 14	5. 12	5. 23	5. 38
A1	12. 79	11. 85	11. 38	11. 61	12. 08
A2	4. 34	4. 32	4. 44	4. 51	4. 55
A3	4. 20	4. 38	4. 54	4. 44	4. 29
B1	13. 24	12. 52	12. 13	12. 38	12. 86
B2	11. 87	11. 64	11. 71	11. 88	12. 03
B3	9. 83	9. 47	9. 49	9. 53	9. 69
C1	5. 92	6. 24	6. 16	6. 06	6. 02

续表

年　份	2010	2020	2030	2040	2050
C2	8.52	9.13	8.97	8.80	8.58
C3	14.35	14.90	15.07	14.50	14.00
D1	1.73	1.96	2.05	2.06	2.01
D2	1.50	1.66	1.67	1.68	1.60
D3	6.27	6.79	7.28	7.33	6.92

表6-22是基准情景下十三类城市煤炭消耗量占总量的比例，如表6-22所示，基准情景下，S类至B3类城市总体呈现先下降后上升的态势，而C1类至D3类城市总体呈现先上升后下降的态势。我们对此的解释是，大城市的煤炭消费量肯定会优先下降，所以刚开始时S类至B3类城市的煤炭消费量占比是下降的（A3类只有3个城市，不具有代表意义），但是到2030年左右，大城市煤炭消费量下降的潜力有限，小城市煤炭消费量下降将会更明显，所以相对来讲，大城市煤炭消费量占比又呈现上升态势。

堆积图能够很好地说明在实施煤炭消费总量控制时，应该被重点限制的城市类别。特别是C3类城市，由于城市规模中等，它们在未来几十年的发展往往具有较大的潜力，经济的快速增长会扩大对能源的需求。而C3类城市恰恰又是高煤耗类城市，拥有大量耗煤的产业且煤炭利用技术较为落后。如果想要控制住未来的煤耗量，需要引进先进的生产技术并以包括环境方面在内的未来综合效益来考核现有产业的发展，平衡经济与环境之间的关系。另外，A1类、B1类、B2类及C2类城市的煤炭消费量的比例也比较高，由于这些城市的经济水平和技术条件在未来最具潜力，是提前引进先进城市的能源结构转换经验进行早期改造，以预防未来巨大的煤炭消费量，还是本着先发展后治理的原则放任自流，最后通过总量控制的政策硬性地减少煤炭消费，是一个非常值得思考的问题。

图6-30是政策情景下十三类城市煤炭消费总量的趋势堆积图，如图6-30所示，政策情景下十三类城市煤炭消费总量的峰值由基准情景下的2020年提前至2015年，峰值量约为31.2亿吨标准煤，较基准情景峰值下降

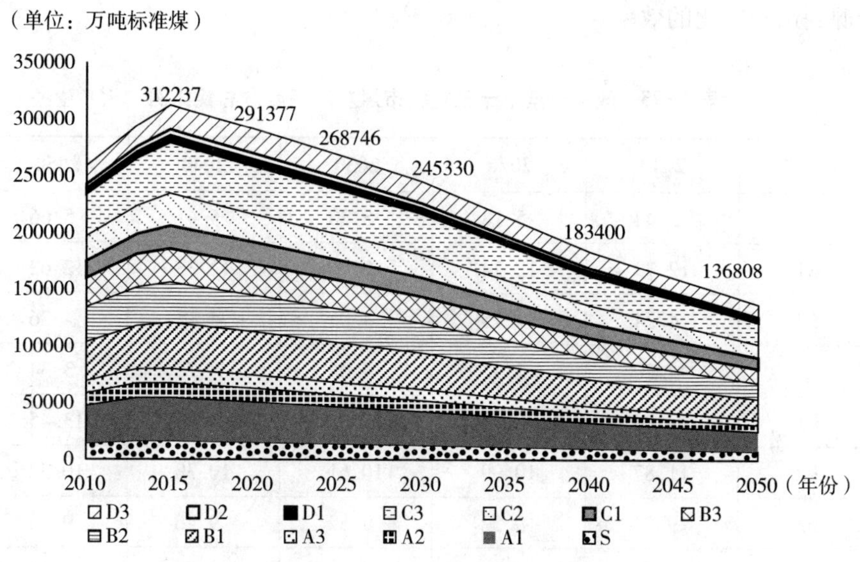

图 6-30 政策情景下十三类城市煤炭消费总量堆积图

4.1%左右。政策情景下 2050 年煤炭消费总量约为 13.7 亿吨标准煤，较基准情景 2050 年煤炭消费总量下降 42.3%左右，煤炭消费总量控制政策的总体效果显著。在政策情景中，2015 年之前煤炭消费总量随着时间增加不断增长，但增长幅度略低于基准情景，2015—2050 年煤炭消费总量以明显快于基准情景的速率下降。

表 6-23 是政策情景下十三类城市煤炭消耗量占总量的比例，相对基准情景来说，原先各目标年煤炭消费量变化不大的 B2、B3 类城市的煤炭消费量在政策情景中有明显的下降，占全国煤炭消费总量的比例也有所下降。而原先增长趋势比较明显的 A2、D2 类城市的煤炭消费量在政策情景中呈现出不一样的变化；而中小城市，包括 C1、C3、D1、D3 类城市的煤炭消费量虽然也较基准情景有了显著降低的趋势，但占全国总量的比例均略有上升。其中，D1 类和 D2 类城市占全国总量的比例也有所上升，其中 D1 类城市的上升幅度较大。总的来说，至 2050 年，S、A、B 类城市占比总体呈下降趋势，D 类城市呈上升趋势。可以看出政策情景有效地控制了大城市的煤炭消费量，起到了资源合理配置的作用，使煤炭资源流向了使用成本较低的中小城市及原煤产地。

同时煤炭消费总量控制政策大幅度地减少了各类城市的煤炭消费量,提高了能源利用和转化的效率。

表 6-23　政策情景下十三类城市煤炭消耗量占总量比例　（单位:%）

年　份	2010	2020	2030	2040	2050
S	5.44	5.18	5.20	5.41	5.66
A1	12.79	12.24	12.06	12.33	12.62
A2	4.34	4.15	4.05	4.15	4.26
A3	4.20	3.98	4.08	3.78	3.34
B1	13.24	13.11	13.04	13.04	13.45
B2	11.87	10.99	10.61	10.38	10.32
B3	9.83	9.52	9.52	9.46	9.32
C1	5.92	6.63	6.81	6.97	7.13
C2	8.52	8.36	8.41	8.54	8.57
C3	14.35	14.59	14.71	14.40	14.13
D1	1.73	1.97	1.92	1.93	1.89
D2	1.50	1.83	1.76	1.65	1.40
D3	6.27	7.45	7.83	7.96	7.92

第四节　十三类城市的总结

基于前述章节的分析结果,我们对十三类城市分别在基准情景和政策情景下达到峰值的时间和 2020 年政策情景相比基准情景煤炭消费量的减少量进行了总结。表 6-24 是十三类城市的总结,从表 6-24 可见,B2 类城市、C2 类城市、C3 类城市是减少煤炭消费潜力最大的城市类别,同时 A1 类城市、A3 类城市、B1 类城市、B3 类城市是减少煤炭消费潜力比较大的城市类别。在这些类别的城市中,有些类别是由于城市数量比较多,而且城市的煤炭消费基数比较大，从而造成了其减少煤炭消费的潜力比较大，比如 A1 类和 B1 类城市。但是，还有些类别是因为煤炭消费的方式过于粗放，具有较大的调整产业结构和能源结构的空间，从而导致了其减少煤炭消费的潜力比较大，比如 A3 类、B3 类和 C3 类城市。

表 6-24　十三类城市的总结

类别代码	城市类型	煤炭消费强度分类	城市数量	达到峰值时间		2020 年政策情景比基准情景煤耗下降（万吨标准煤）
				基准情景	政策情景	
S	直辖市	低	4	2017	2015	1642
A1	特大城市	低	21	2017	2015	2895
A2	特大城市	中	5	2020	2015	1946
A3	特大城市	高	3	2020	2015	2655
B1	大城市	低	64	2017	2015	2528
B2	大城市	中	27	2020	2015	5861
B3	大城市	高	11	2020	2015	3092
C1	中等城市	低	43	2017	2015	402
C2	中等城市	中	37	2020	2015	4759
C3	中等城市	高	32	2020	2015	5988
D1	小城市	低	20	2017	2015	622
D2	小城市	中	11	2020	2020	63
D3	小城市	高	16	2020	2020	391

第五节　适用于不同类型城市的政策矩阵

在选择不同类型城市的煤炭消费总量控制政策和措施时，应该遵循因地制宜的原则，充分考虑各类城市的经济发展阶段、资源禀赋和比较优势，利用多种政策措施的组合，协同发挥作用。严格把握空气质量制约，尽量找到边际成本最小的减排措施。同时建议从区域一体化的角度，建立区域协同发展的政策框架和制度设计，如发达城市补偿不发达城市的产业结构和能源结构升级的成本，以及补偿不发达城市的煤改气和煤改电工程中对用户气价和电价的补贴成本等。

煤炭消费总量控制政策措施选项主要包括经济激励型政策、命令控制型政策和劝说鼓励型政策，另外还包括煤炭消费比例较高的相关产业政策等。具体而言，经济激励型政策主要包括建立排污权交易市场，如碳交易市场等，以及征收环境税、资源税等；命令控制型政策主要包括设立禁煤区、禁采区，以及加强能源管理、强调能源统计和审计等，严格的能效标准和大气污染物排放标准等；劝说鼓励型政策即政府部门尤其是环保部门，应做好对煤耗企业及区域煤炭使用情况的信息公开，鼓励普通民众参与到煤炭消费总量控制行动中来；同时，要加大对煤炭控制及空气污染相关知识的普及和教育，一方面教育生产者，即煤炭使用者，将清洁生产、循环经济等可持续发展的模式提上自身企业发展的进程，从思想上、意识上认识到控制煤炭使用、制约空气污染的重要性；另一方面引导广大老百姓认识到使用煤炭带来的负效应，鼓励其多使用节能绿色的产品，并在生活中处处留心，节约能源；产业政策既包括调整产业结构，也包括重点产业的技术政策。调整产业结构是从根本上对煤炭消费和污染控制起到改变作用的方式。强硬的产业政策应是全面淘汰落后产能，禁止高污染高耗能产业的发展，而鼓励性的产业政策则是增加产业的规模和技术投资，升级行业的技术改造，以及根据资源禀赋和比较优势适度规模化发展。可以按政策的强度将其划分为禁止发展、强制淘汰、鼓励淘汰和规模化发展等，强度依次降低；重点行业的技术政策主要包括以下几个方面：电力部门适用的政策主要包括使用新能源和可再生能源发电，如使用核能、风能、太阳能和生物质能等、提高目前使用的燃煤电厂的效率，以及改良并使用先进的电网传输技术，如智能电网等；钢铁和水泥行业适用的政策主要包括能源替代，即使用除煤以外的其他能源为生产供能，实现原料替代、燃料替代等。发展先进的节煤节电和污染控制技术，通过技术进步实现节煤和污染控制目标。推广循环经济和清洁生产，实现能源梯级利用，水资源的循环利用和固体废弃物的再利用等；建筑和民用方面适用的政策主要包括，鼓励建设绿色节能建筑（如三联供建筑等），并加强对老旧建筑物的节能改造，推广使用智能电表，施行分时电价（峰电、谷电），鼓励错峰用电。北方城市的暖气收费采用分户计量。同时可以试点推行煤改气、煤改电工程等。

中国地域广大,各地社会经济发展不均衡,由于不同城市不同的经济发展阶段、资源禀赋和空气污染制约,其控制煤炭消费所适用的政策措施也有所不同。总体来说,命令控制型和劝说鼓励型政策措施应该在全国范围内推广,而经济激励型政策措施、淘汰落后产能政策、电力行业、建筑和民生领域应该区分不同类型的城市,有步骤有重点地逐步推进。

一、政策矩阵

基于研究成果,本书通过矩阵形式逐一列出十三类城市应考虑采用的政策措施,如表 6-25 至表 6-35 所示。主要思想是:十三类城市应该根据所处的经济发展阶段、资源禀赋和面临的空气污染制约级别,选择最适合的政策组合来控制煤炭消费总量,涉及的政策主要包括产业结构调整政策、淘汰落后产能政策、天然气替代政策、淘汰改造燃煤锅炉政策、禁燃区建设政策、煤炭高效燃烧与先进发电技术选择政策和建筑节能政策等。

表 6-25　产业结构调整的分级矩阵

分级 城市类别	调整产品结构,延长产业链,提高产品增加值	优化第二产业结构,发展战略性新兴产业和高端制造业,控制煤炭密集型产业的增长	发展现代服务业
S 类			√
A1 类			√
A2 类		√	√
A3 类	√	√	
B1 类			√
B2 类		√	√
B3 类	√	√	
C1 类			√
C2 类		√	√
C3 类	√	√	
D1 类			
D2 类		√	
D3 类	√	√	

表6-25是针对不同类型城市推荐的产业结构调整领域的政策矩阵。综合考虑各类城市所处的工业化阶段，针对不同煤耗强度的城市提出不同的产业结构调整方法。如A3、B3、C3、D3类等高煤耗强度城市，应调整产品结构，延长产业链，提高产品附加值，中、高煤耗强度城市应优化第二产业结构，发展战略性新兴产业和高端制造业，控制煤炭密集型产业的增长，低、中煤耗强度的城市应该优先发展现代服务业。

表6-26 淘汰落后产能政策的分级矩阵

城市类别 \ 分级	禁止发展	强制淘汰	鼓励淘汰	规模化发展
S类	√			
A1类	√			
A2类	√			
A3类		√		
B1类		√		
B2类		√		
B3类			√	
C1类		√		
C2类			√	
C3类			√	
D1类			√	
D2类				√
D3类				√

表6-26是针对不同类型城市推荐的淘汰落后产能领域的政策矩阵。综合考虑不同城市的经济发展和煤炭消耗情况，针对不同类型城市的高耗煤产业如钢铁、水泥等产业，其淘汰落后产能政策的力度，由高到低，可以分别称为禁止发展、强制淘汰、鼓励淘汰和规模化发展。

表6-27 天然气替代的分级矩阵

	热电联产	工业锅炉天然气替代	民用天然气
S类	√	√	√
A1类	√	√	√

续表

	热电联产	工业锅炉天然气替代	民用天然气
A2类	√	√	√
A3类	√	√	√
B1类	√		√
B2类	√		
B3类	√	√	√
C1类			√
C2类	√		√
C3类	√	√	√
D1类			
D2类	√	√	√
D3类	√	√	√

表6-27是针对不同类型城市推荐的天然气替代领域的政策矩阵。积极推广天然气分布式能源系统的应用,继续拓展天然气在居民燃气供应、工业利用、供热等领域的应用。加快工业天然气推广,推动居民用天然气的普及。

表6-28　淘汰改造燃煤锅炉政策矩阵

	10蒸吨/时以下		20蒸吨/时以下		全面淘汰	禁燃区内禁止新建
	淘汰	改造	改造	禁止新建		
S类					√	
A1类	√			√		√
A2类	√			√		√
A3类	√			√		√
B1类	√			√		√
B2类	√			√		√
B3类	√			√		√
C1类	√		√			
C2类	√		√			
C3类	√		√			

续表

	10蒸吨/时以下		20蒸吨/时以下		全面淘汰	禁燃区内禁止新建
	淘汰	改造	改造	禁止新建		
D1类	√	√				
D2类	√	√				
D3类	√	√				

表6-28是针对不同类型城市推荐的淘汰改造燃煤锅炉领域的政策矩阵。基本上十三类城市都要求全面淘汰或改造10蒸吨/时以下的燃煤锅炉，A类和B类城市禁止新建20蒸吨/时以下的燃煤锅炉，C类城市要求对20蒸吨/时以下的燃煤锅炉进行改造，实施脱硫脱硝建设以及除尘设施升级改造。S类城市要求全面淘汰燃煤锅炉，城市核心区基本实现无煤化。同时A类和B类城市还应禁止在禁燃区内新建燃煤锅炉。

表6-29 禁燃区建设政策矩阵

具体政策 城市类别	逐步由城市建成区扩展到近郊	禁燃区面积不低于建成区面积的80%	禁燃区面积不低于建成区面积的60%	禁燃区面积不低于建成区面积的40%
S类	√			
A1类	√			
A2类	√			
A3类	√			
B1类		√		
B2类		√		
B3类		√		
C1类			√	
C2类			√	
C3类			√	
D1类				√
D2类				√
D3类				√

表 6-29 是针对不同类型城市推荐的禁燃区建设的政策矩阵。S 类和 A 类城市应扩大禁燃区建设范围，逐步由城市建成区扩展到近郊。B 类城市煤炭消费强度较高，应继续加强禁燃区建设，禁燃区面积不得低于建成区面积的 80%。C 类城市禁燃区面积不得低于建成区面积的 60%，D 类城市应尽快完成“高污染燃料禁燃区”划定工作，城市禁燃区面积不得低于建成区面积的 40%。

表 6-30　煤炭高效燃烧与先进发电技术选择矩阵

洁净煤技术 / 城市类别	循环流化床燃烧	增压流化床燃烧	超超临界	热电联产	整体煤气化联合循环发电
S 类	√	√		√	
A1 类	√	√	√	√	√
A2 类	√	√	√	√	√
A3 类	√	√	√	√	√
B1 类	√	√		√	√
B2 类	√	√		√	√
B3 类	√	√		√	√
C1 类	√	√			
C2 类	√	√		√	
C3 类	√	√		√	
D1 类	√				
D2 类	√			√	
D3 类	√			√	

表 6-30 是针对不同类型城市推荐的煤炭高效燃烧与先进发电技术领域的政策矩阵。目前我国煤炭利用效率总体水平不高，煤炭资源浪费严重。近年来国内外不断推出煤炭高效利用技术，这些技术大幅提高了煤炭利用效率。循环流化床燃烧技术具有燃料适应性广、燃烧效率高、成本低等优点，适合在全国范围内推广。增压流化床燃烧技术综合利用率高且系统操作简单方便，S 类、A 类、B 类以及 C 类城市都可以选择。超超临界发电技术虽然已经趋于

成熟，但系统复杂、投资高，且其未来发展方向主要为超大容量120万—130万千瓦机组，S类城市基本上不会再新建燃煤发电机组，因此超超临界技术对S类城市不适用。考虑到技术和投资要求，A类城市比较适合发展超超临界技术。热电联产技术可以降低能源消耗、便于综合利用，且技术成熟安全，适合全国大范围推广。整体煤气化联合循环发电净效率高，且系统简单，设备和系统的投资、运行成本较低，但其对气化炉和煤气的净化系统要求较高，同时也需要大容量的发电机组，因此可先在A类和B类城市中推广运用。

表6-31　建筑节能政策矩阵

城市类别＼具体政策	绿色新建筑	老建筑改造	智能电表	分户计量（暖气等）	煤改电	煤改气
S类	√	√	√	√	√	√
A1类	√	√	√		√	√
A2类	√	√	√	√	√	√
A3类	√	√	√		√	√
B1类	√	√	√			
B2类	√	√	√			
B3类	√	√	√		√	
C1类		√				
C2类		√		√		
C3类		√				
D1类		√				
D2类		√				
D3类		√				

表6-31是针对不同类型城市推荐的建筑节能领域的政策矩阵。绿色建筑和智能电表的应用需建立在良好的经济发展基础之上，故对S类、A类和B类的城市适用；老建筑改造对于所有类别的城市都适用；暖气的分户计量对于拥有大规模供暖系统的城市适用，故考虑S类、A2类和C2类城市；煤改电、煤改气项目目前在北京的试点情况表明，这些政策措施还需要监管和管理措施的配套，对城市自身的发展情况有较高的要求，故只考虑S类、A类和个别B3类城市。

二、关键时间段的政策措施

根据政策情景的研究可以看出，政策情景有效地控制了大城市的煤炭消费量，起到了资源合理配置的作用，使煤炭消费流向了使用成本较低的中小城市及原煤产地。同时煤炭消费总量控制政策大幅度地降低了各类城市的煤炭消费量，提高了能源利用和转化的效率。所有城市的煤炭消费峰值都在2020年之前出现，其中绝大部分城市的煤炭消费峰值出现在2015年左右，还有一些城市的峰值出现在2013年。

由于各类型城市煤炭消费结构的不同和经济发展阶段的不同，其政策情景相比于基准情景下降的幅度也有明显的不同。表6-32是不同类型城市出现峰值的时间段以及相对于基准情景的下降幅度比较。

表6-32　不同类型城市相对于基准情景的下降幅度

城市类别＼年份	2010—2015	2015—2030	2030—2050
S类	峰值出现	下降幅度较大	下降幅度大
A1类	峰值出现	下降幅度较大	下降幅度大
A2类	峰值出现	下降幅度较大	下降幅度大
A3类	峰值出现	下降幅度较大	下降幅度大
B1类	峰值出现	下降幅度较大	下降幅度大
B2类	峰值出现	下降幅度较大	下降幅度大
B3类	峰值出现	下降幅度较大	下降幅度大
C1类	缓慢上升	峰值出现，下降幅度不大	下降幅度较大
C2类	峰值出现	下降幅度不大	下降幅度大
C3类	峰值出现	下降幅度不大	下降幅度大
D1类	缓慢上升	峰值出现，下降幅度不大	下降幅度较大
D2类	峰值出现	下降幅度不大	下降幅度较大
D3类	缓慢上升	峰值出现，下降幅度不大	下降幅度大

根据各类型城市政策作用的关键时间段，我们提出了不同类型城市在不同的时间段上可采用的主要政策措施（见表6-33）。

表 6-33　关键时间段政策矩阵

城市类别＼年份	2010—2020	2020—2030
S 类	经济激励型和命令控制型政策相结合，环境税或排污费高于全国平均水平、逐渐严格禁止高耗能行业、重视建筑和民用领域的节煤措施	碳市场逐渐发挥越来越大的作用，增大可再生能源比例
A1 类	经济激励型和命令控制型政策相结合，环境税或排污费高于全国平均水平，鼓励使用可再生能源、能源效率提高	碳市场逐渐发挥越来越大的作用，严格禁止高耗能行业、增大可再生能源比例、重视建筑和民用领域的节煤措施
A2 类	经济激励型和命令控制型政策相结合，鼓励使用可再生能源、能源效率提高	碳市场逐渐发挥越来越大的作用，环境税或排污费高于全国平均水平、严格禁止高耗能行业、增大可再生能源比例、重视建筑和民用领域的节煤措施
A3 类	经济激励型和命令控制型政策相结合，资源税高于全国平均水平，强制淘汰高耗能行业	
B1 类	经济激励型和命令控制型政策相结合，环境税或排污费高于全国平均水平，鼓励使用可再生能源、能源效率提高、强制淘汰高耗能行业、重视建筑和民用领域的节煤措施	
B2 类	—	经济激励型和命令控制型政策相结合，环境税或排污费高于全国平均水平，鼓励使用可再生能源、能源效率提高，强制淘汰高耗能行业、重视建筑和民用领域的节煤措施
B3 类	命令控制型为主，同时施行高于全国平均水平的资源税，制定鼓励淘汰高耗能行业的政策措施	进一步提高能源梯级利用、燃料替代和原料替代比例，促进高耗能产业规模化发展，促进产业转型升级，增大可再生能源比例、重视建筑和民用领域的节煤措施
C1 类	经济激励型和命令控制型政策相结合，鼓励使用可再生能源、能源效率提高、强制淘汰高耗能行业、重视建筑和民用领域的节煤措施	

续表

城市类别＼年份	2010—2020	2020—2030
C2类	经济激励型和命令控制型政策相结合，鼓励使用可再生能源、能源效率提高、制定鼓励淘汰高耗能行业的政策措施	
C3类	命令控制型为主，同时施行高于全国平均水平的资源税，制定鼓励淘汰高耗能行业的政策措施	加强能源梯级利用、燃料替代和原料替代，促进高耗能产业规模化发展，促进产业转型升级，增大可再生能源比例、重视建筑和民用领域的节煤措施
D1类	—	经济激励型和命令控制型政策相结合，鼓励使用可再生能源、能源效率提高，制定鼓励淘汰高耗能行业的政策措施、重视建筑和民用领域的节煤措施
D2类	—	经济激励型和命令控制型政策相结合，鼓励使用可再生能源、能源效率提高，促进高耗能行业规模化发展、重视建筑和民用领域的节煤措施
D3类	命令控制型为主，同时施行高于全国平均水平的资源税，大力发展循环经济，促进高耗能行业规模化发展	加强能源梯级利用、燃料替代和原料替代，促进高耗能产业规模化发展，促进产业转型升级，增大可再生能源比例、重视建筑和民用领域的节煤措施

第七章 案例城市研究

在前面章节中，我们将294个城市分为十三类，并对十三类城市进行了情景研究。但是，十三类城市研究比较抽象，不够具体，为了更好地分析和探究不同类别城市煤炭消费特点和未来煤炭消费总量控制可能的路径以及面临的挑战和机遇，我们选择了不同的案例城市进行研究。

第一节 案例城市的选择

在前述研究的基础上，充分考虑不同类型城市的社会经济发展阶段、煤炭消费特点及是否位于大气污染重点控制区等因素，从而合理选择案例城市进行研究。

我国单位土地面积煤炭消耗量较高的城市主要分布在河北、山东、山西以及长三角等地区，该区域可表示为以"北京—西安—杭州"为顶点的高煤耗三角区，其涵盖了大部分地均高煤耗城市。而地均高煤耗城市的空间分布在一定程度上与 $PM_{2.5}$年均浓度较高区域相吻合，即都可表示为以"北京—西安—杭州"为顶点的三角区，从而也可以证明煤炭消费对大气污染的贡献。西安市、宁波市、石家庄市和天津市正好处于三角的顶点区域。

在前述研究中，西安市属于低煤耗强度的特大城市(A1)，这一类型的城市共有21个，该类城市主要由一些经济比较发达省份的省会城市组成，其余则是位于东南部沿海地区或珠三角地区的特大城市。2010年地区生产总值占全国的21.5%，其煤炭消费量占全国总煤炭消费量的12.14%，这说明该类城市目前的经济水平较为发达,使煤炭利用和能源消费结构得到了一定程度的改善。西安市是环保部划定的大气污染重点控制区的47个城市之一,位于陕西关中城市群,根据其2013年和2014年的AQI数据,空气质量现状较差,其2014年$PM_{2.5}$年均浓度为75.7微克/立方米,超过国家空气质量二级标准的116.3%。西安市所在的陕西省提出2017年煤炭消费量控制在1.38亿吨以内,比重降低到67%以下。

宁波市属于低煤耗强度的大城市(B1),这一类型的城市共有64个,数量多,有代表性。纵观这类城市的所在省份可以发现,这些城市大部分分布在江苏、广东、福建、浙江等东南沿海省份,所以其能源消费结构一定程度上具有相似性,同时大部分城市的第二产业占比大于第三产业。这一类型城市的2010年地区生产总值占全国的23.0%,煤炭消费量占全国总煤炭消费量的12.6%。宁波市是环保部划定的大气污染重点控制区的47个城市之一,位于长三角城市群,根据其2013年和2014年的AQI数据,可发现其空气质量为较差,其2014年$PM_{2.5}$年均浓度为45.7微克/立方米,超出国家空气质量二级标准30.6%。宁波市是早期提出煤炭总量控制的城市之一,曾提出"十二五"期间的煤炭消费量控制在2010年的水平,到2017年在2012年的基础上平均下降10%以上。

石家庄市属于中煤耗强度的大城市(B2),这一类型的城市共有27个,主要是山东、河南、黑龙江、湖南等省份的常住人口为100万至300万的大城市,该类城市与B1类城市成为未来40年经济高速发展的重要城市力量。该类型城市2010年地区生产总值占全国的8.6%,然而其煤炭消费量却占全国总煤炭消费量的11.3%,这说明其煤炭消耗强度高于全国平均水平。石家庄市是环保部划定的大气污染重点控制区的47个城市之一,位于京津冀城市群,根据其2013年和2014年的AQI数据,得出其空气质量为差,其2014年$PM_{2.5}$年均浓度为122.6微克/立方米,超出国家空气质量二级标准250.3%。石家庄市所在的河北省是煤炭总量控制的重点地区,目标是2017年比2012年减少4000万吨煤炭消耗。

天津市属于S类城市,这一类型的城市共有4个,包括天津、北京、重庆、上海四个直辖市。该类型城市2010年地区生产总值占全国的11.1%,煤炭消

费量只占全国总煤炭消费量的5.2%,说明该类型城市经济水平发达且煤炭消耗强度低于全国水平。天津市是环保部划定的47个大气污染重点控制区域之一,位于京津冀城市群,根据其2013年和2014年的AQI数据,得出其空气质量较差,2013年天津市$PM_{2.5}$年均浓度为96微克/立方米,超出国家空气质量二级标准174.3%。天津市是煤炭总量控制的重点区域,目标是2017年比2012年减少1000万吨燃煤。

以上四个案例城市可代表十三类城市中的四大类,涵盖了116个城市,而且主要是社会经济相对发达、人口密集的特大城市和大城市。这四大类城市2010年的地区生产总值占全国的64.2%,煤炭消耗量占全国的41.2%。四个案例城市的社会经济发展阶段、对煤炭的依赖程度、所处地理区间、空气污染控制的严峻程度等都具有异质性,可以在一定程度上反映中国城市所面临的社会经济发展和环境保护的矛盾,及煤炭总量控制的挑战和机遇。

第二节　西安市

一、社会经济发展现状

西安市是丝绸之路经济带的经济、文化和商贸中心,位于我国关中地区,是西北边陲的重要枢纽城市,也是连接亚欧大陆桥及黄河流域的最大城市。西安市下辖新城、碑林、莲湖、雁塔、未央、灞桥、阎良、临潼、长安、高陵10个市辖区及周至、蓝田、户县3个县,面积共10108平方千米。截至2012年,西安市常住人口855.29万人。西安市科技力量雄厚、人才众多,现已培育了高新技术产业、装备制造业、旅游产业、现代服务业、文化产业等五大主导产业,形成了高新技术产业开发区、经济技术开发区、曲江新区、浐灞生态区、阎良国家航空高新技术产业基地、西安国家民用航天产业基地、国际港务区、沣渭新区八大发展平台。

西安市2013年地区生产总值为4884.13亿元,人均地区生产总值为56988元/人。其中,第一产业、第二产业和第三产业的占比分别为4.46%、43.36%和52.18%。根据经济发展阶段分析与判断理论,西安市属于后工业化阶段。2017年,西安市全年实现地区生产总值7469.85亿元,比上年增长

7.7%。其中,第一产业增加值281.12亿元,增长4.6%。第二产业增加值2596.08亿元,增长5.5%,第三产业增加值4592.65亿元,增长9.2%。三次产业构成3.8∶34.7∶61.5。按常住人口计算,全年人均生产总值78346元,比上年增长6.0%。

为了进一步分析西安市经济增长中生产要素的贡献,构造如下的生产函数:

$$Y_t = A K_t^{\alpha} L_t^{\beta} \tag{7-1}$$

其中,Y_t 为地区生产总值,K_t 是资本存量,L_t 是劳动力(从业人员),A 是除投资和劳动力之外的综合要素生产力,即广义技术进步,α 表示资本产出弹性,β 表示劳动产出弹性。

为了更好地压缩数据得到理想的回归结果,将(7-1)式取对数形式得:

$$\ln Y_t = \ln A_t + \alpha \ln K_t + \beta \ln L_t \tag{7-2}$$

根据西安市1992—2013年的数据,用计量经济学方法进行多元线性回归分析,得到表7-1的回归结果。

表7-1 西安市多元线性回归结果

	φ	α	β	R^2	DW值
参数值	-0.629	0.72	0.45	0.991	1.08
T统计值	-1.45	29.24	4.96		

根据资本存量的产出弹性 α 和劳动力的产出弹性 β,可以计算出1992—2013年各要素对西安市地区生产总值的贡献率(见表7-2)。

表7-2 1992—2013年西安市地区生产总值增长的要素贡献率

要素变量	1992年值(2013年价)	2013年比1992年增加值	要素贡献	要素贡献率(%)
资本存量(亿元)	329.61	6044.39	4249.69	93.15
劳动力(万人)	172.31	359.41	302.02	6.62
综合要素生产力	—	—	10.51	0.23
地区生产总值(亿元)	321.93	4562.2	4562.2	100

由表 7-2 可知,西安市在 1992—2013 年,资本存量对地区生产总值的贡献率高达 93.15%,劳动力对地区生产总值的贡献率为 6.62%,而综合要素生产力(广义技术进步)对地区生产总值的贡献率仅为 0.23%。由此可见,西安市是典型的资本拉动型城市。

二、空气污染现状

根据西安市环保局 2014 年公布的环境监测公报,对于空气污染的监测,2013 年共监测 365 天,西安市环境空气质量达到二级以上的天数为 138 天,达标率为 37.8%。按照《环境空气质量标准》(GB3095—2012),西安市 2013 年每天的空气质量情况如下:优 9 天,良 129 天,轻度污染 106 天,中度污染 54 天,重度污染 33 天,严重污染 34 天,分别占监测总天数的 2%、36%、29%、15%、9%和 9%。图 7-1 是 2013 年和 2014 年西安市环境空气质量分级示意。

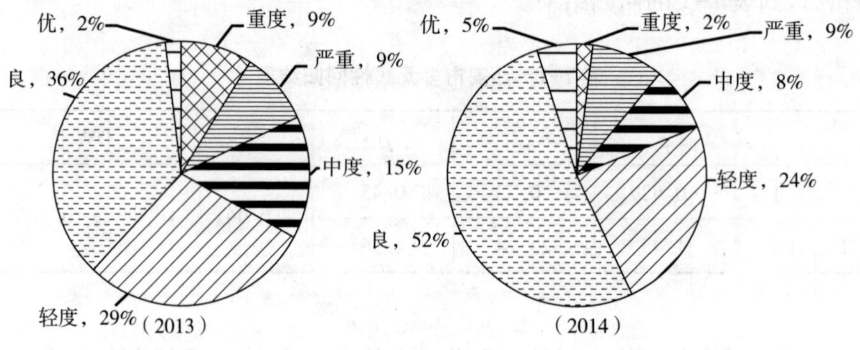

图 7-1　2013 年和 2014 年西安市环境空气质量分级比例

2014 年共监测 365 天,其中西安市环境空气质量达到二级以上的天数为 211 天,达标率(即为达到二级以上)为 57.8%。按照《环境空气质量标准》(GB3095—2012),西安市 2014 年每天的空气质量情况如下:优 18 天,良 193 天,轻度污染 88 天,中度污染 28 天,重度污染 32 天,严重污染 6 天,分别占总天数的 5%、52%、24%、8%、9%和 2%。

由上述数据可以发现,从 2013 年到 2014 年,西安市的空气污染情况有一定的好转,空气污染情况为良的天数所占的比例有明显的上升,可见有关部门的空气污染防治政策与行动产生了显著的效果，但是空气污染整体情况仍旧严峻。

在细颗粒物 $PM_{2.5}$ 方面，2013 年年平均浓度值为 104.97 微克/立方米，2014 年年平均浓度值为 76 微克/立方米，与 2013 年相比年均值下降了 27.6%，但仍超过国家环境空气质量二级标准的 1.17 倍。

三、能源和煤炭消费结构

（一）能源消费结构

2013 年西安市一次能源消费总量为 2204 万吨标准煤。全市一次能源消费总量中，煤炭、原油、天然气、外来电力及可再生能源分别占 56.36%、13.83%、9.99%、10.55%和 9.27%。

2013 年西安市终端能源消费量为 2529.1 万吨标准煤。其中，第一产业消费能源 52.75 万吨标准煤，占比 2.09%；第二产业消费能源 800.52 万吨标准煤，占比 31.65%；第三产业消费能源 1043.27 万吨标准煤，占比 41.25%；城乡居民能源消费 632.56 万吨标准煤，占比 25.01%。主要能源品种终端消费中，电力、煤、石油、天然气、热力和其他类能源总和的占比分别为 34.15%、21.66%、21.86%、8.70%、8.47%和 5.16%。图 7-2 是 2013 年西安市一次能源消费结构和终端能源消费结构。

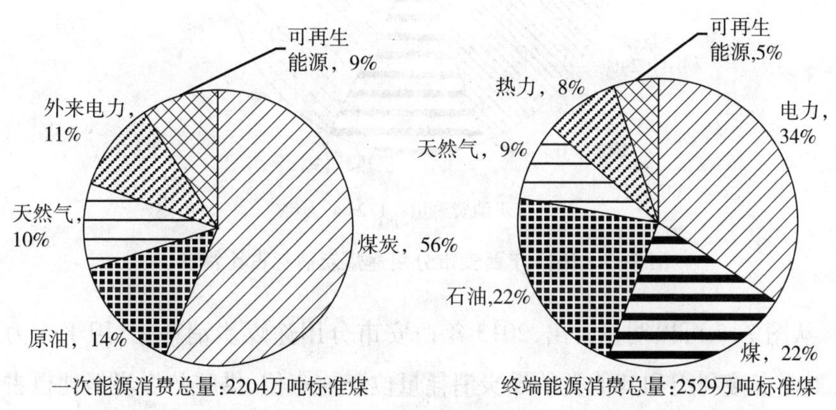

图 7-2　2013 年西安市一次能源消费结构和终端能源消费结构

根据西安市 2013 年能源平衡表的数据，可以描述出西安市 2013 年能源和煤炭从投入到终端消费量的流向，可知西安市能源消费仍以原煤为主，且第二产业耗煤量较大。西安市外调电力比重较大，占电力消费总量的 13.56%。西安市天然气消费占比约为 10%，2013 年全国天然气在一次能源消费结构中的平均占比约为 5.3%，可见西安市天然气消费占比远远高于全国平均水平。

进一步分析煤炭从投入到终端消费的情况，可以看出，西安市的原煤主要用来发电，其次是工业直接利用。在工业直接利用中，非金属矿物制品业，铁路、船舶、航空航天和其他运输设备制造业以及农副产品加工业消费煤炭最多。

（二）煤炭消费结构

西安市 2013 年煤炭消耗总量为 1723.47 万吨，分用途煤炭消耗情况见图 7-3（其中“发电”项即为火力发电，“居民生活”项包括城镇和农村居民的煤炭消耗量，“其他”项包括除其他五项外的用途带来的煤炭消耗量，主要是第一产业和第三产业）。

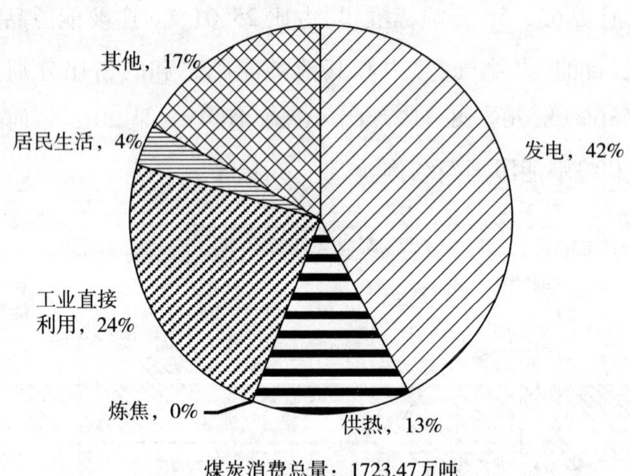

图 7-3　2013 年西安市分用途煤炭消耗占比情况

从图 7-3 可以明显看出，2013 年西安市分用途煤炭消耗中，用于火力发电、工业直接利用和其他类的煤炭消耗量位于前三位，供暖的煤炭消耗也占有相当的比重。

图 7-4 是西安市工业直接利用中煤炭消耗量排名前六位的行业，分别是非金属矿物制品业、铁路/船舶/航空航天和其他运输设备制造业、农副食品加工业、酒/饮料和精制茶制造业、橡胶和塑料制品业、食品制造业。

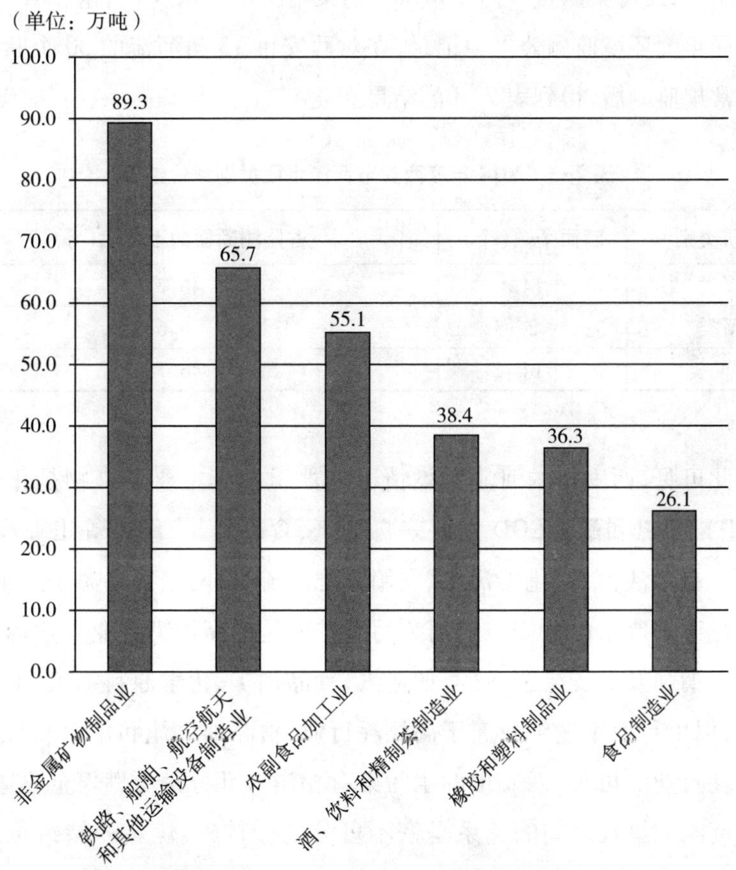

图 7-4 2013 年西安市工业直接利用前六位行业原煤消耗量

四、其他生态环境制约——水资源

首先，西安市水资源紧缺。西安市 2013 年水资源总量为 18.87 亿立方米，其中天然地表水资源总量为 15.61 亿立方米，地下水资源总量为 10.76 亿立方米。2013 年人均占有地表水资源量为 193 立方米，相当于全国平均（2098 立方米）水平的 9.8%。人均水资源占有量达到 1000 立方米则是国际

范围内公认的维持地区经济社会发展的必要指标。由此可见,西安市属于严重缺水的城市。按地域分布划分,西安市绝大部分的水资源来源于黄河流域,长江流域占有另外很小的部分。

其次,水质污染严重。西安市水质污染情况不容乐观。根据2014年西安市环保局年度环境监测公报中记录,在对西安市13条河流的30个断面分别进行的常规监测后,得到表7-3的结果。

表7-3 2014年度西安市河流水质类别评价结果

水质类别	断面个数(个)	占监测断面的百分比(%)
Ⅳ类	14	46.7
Ⅴ类	2	6.6
劣Ⅴ类	14	46.7

由此可见,西安市的河流污染情况较严重。其主要污染物是化学需氧量(COD)、氨氮和酚。COD主要来自造纸、食品加工、纤维等工业废水;氨氮主要来自生活污水、化工污水、农用化肥的流失;酚主要来源于造纸、木材防腐和化工等废水。西安市的河流污染主要是由高污染企业未达标的污水直接排入渭河及其支流造成的,如造纸、食品加工、化学原料加工、木材加工等行业,以上行业中造纸业属于高煤耗行业,食品加工业和化学原料加工属于中煤耗行业。可见,西安市的水污染有相当一部分是由燃煤企业造成的。

水资源和煤炭之间的关系是密不可分的。首先,煤炭的储藏位置在地下,煤炭开采必然对地下水造成一定的影响。其次,煤炭开采过程中还伴随着矿坑的排水,矿坑水的排出是煤炭开采过程中的一个负效应。最后,煤炭开采链条中不同环节的用水都会对水资源和水环境造成影响。在我国,开采1吨煤,要消耗2.54立方米地下水;洗1吨煤,耗水量为2.5立方米;发电燃料每用1吨煤,约需水7.6立方米;而煤化工生产中,转化1吨煤用于制油或制烯烃,需用水10—15吨;成规模的煤化工企业每小时用水量高达2000—3000吨。

2011年"中央一号文件"明确提出,实行最严格的水资源管理制度,划定用水总量、用水效率和水功能区限制纳污"三条红线"。"三条红线"包括到2020年,全国年总用水量控制在6700亿立方米以内,万元国内生产总值和万元工业增加值用水量明显降低,农田灌溉水有效利用系数提高到0.55以上,主要江河湖泊水功能区水质明显改善,城镇供水水源地水质全面达标。基于此项文件,2013年水利部发布《煤炭基地规划水资源论证指导意见》,指导意见首次提出:所有煤炭基地开发要和"三条红线"相衔接,如果超了红线,所有新兴项目都不批准,而且所有的矿坑水、矿井水必须达到100%的利用;其次,煤炭消费全过程"用水红线"到2020年逐渐达到峰值并有所下降,部分地区煤炭发展规模超过区域用水约束,要进行控制。

由此可见,国家已经直接把"三条红线"作为煤炭基地开采的指导性意见,所以未来煤炭发展肯定是要和水相衔接的。水资源原来并不是硬性约束,但现在开始作为硬性约束来约束煤炭开采的发展。水资源已经成为西安市煤炭总量控制的重要约束,煤炭总量控制和节水技术缺一不可。

五、煤炭消费总量控制的有利条件

(一)外调电力供应充足

2013年全社会用电255.47亿千瓦时,其中全市自发电上网99.4亿千瓦时,同比下降7.69%,外调电力155.59亿千瓦时,同比增长8.62%。

西安可以依托陕西电力公司的330千伏电网不断增加外部电力供应,满足替代需求,从而减少辖区内燃煤电厂发电用煤量。

(二)产业结构调整潜力较大

参照西安市统计年鉴的工业行业分类标准,结合西安市的工业发展现状,将西安市的工业行业划分为22个行业,然后按照行业分类分析西安市各行业的分行业工业增加值和分行业单位工业增加值煤耗。图7-5是西安市规模以上工业企业分行业的工业增加值,图7-6是西安市规模以上工业企业分行业单位工业增加值煤耗。

为了展开详细的分析,将图中22类行业单位工业增加值煤耗分成高、中、低三等:

高煤耗行业有造纸及纸制品业;橡胶和塑料制品业;非金属矿物制品业。

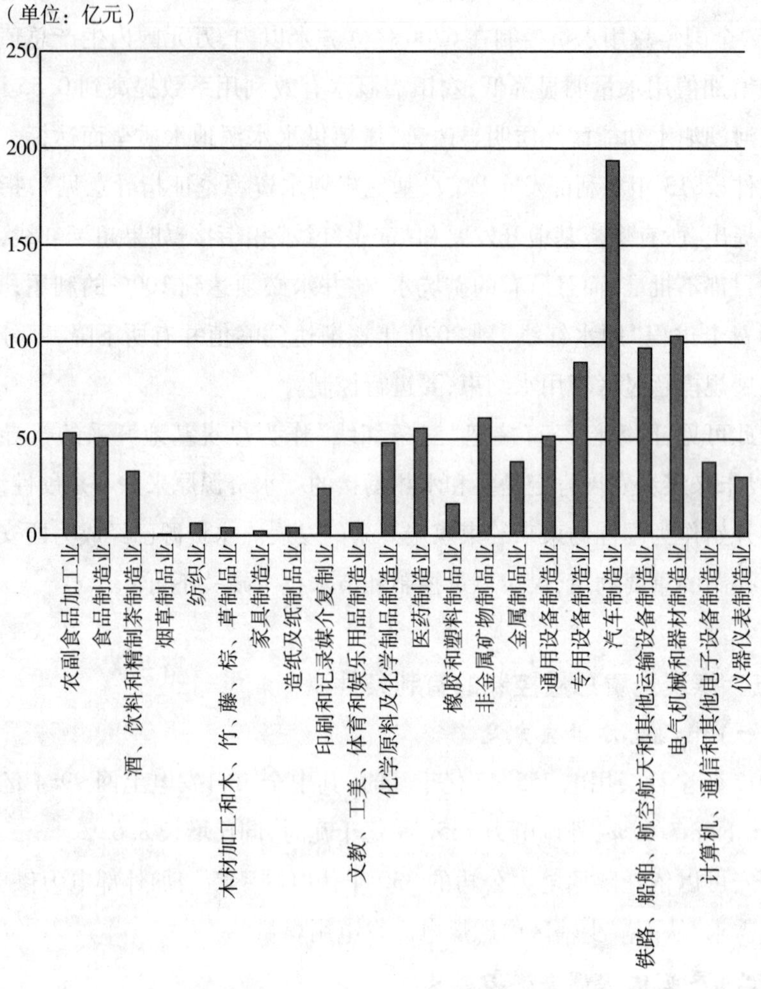

图 7-5　西安市规模以上工业企业分行业工业增加值

中煤耗行业有酒、饮料和精制茶制造业；农副食品加工业；铁路、船舶、航空航天和其他运输设备制造业；食品制造业；化学原料及化学制品制造业。

其他为低煤耗行业。

由图 7-6 可知，工业增加值排名靠前的汽车制造业、电气机械和器材制造业、专用设备制造业等行业的单位工业增加值煤耗都比较低。这三大行业都是高科技行业，也是西安市目前的支柱产业，而西安市先进的科技创新和科研水平为上述行业提供了强有力的保障和推动。

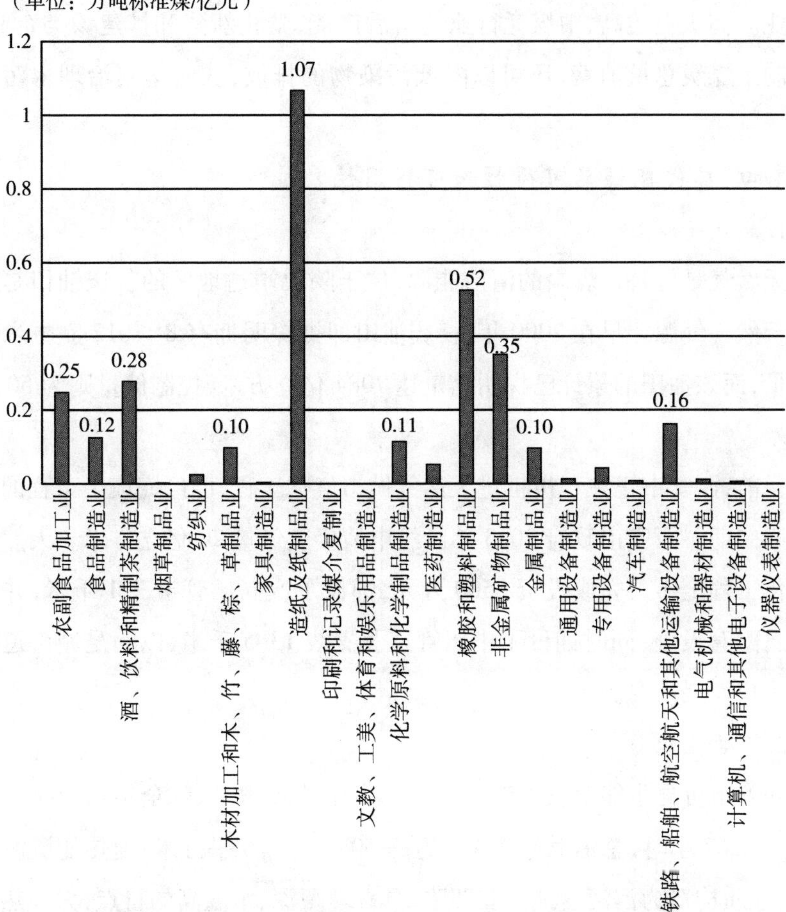

图 7-6　西安市规模以上工业企业分行业单位工业增加值煤耗

造纸及纸制品业、橡胶和塑料制品业以及非金属矿物制品业的单位工业增加值煤耗明显高于其他行业，而其行业平均煤炭利用效率目前仍低于国际先进水平，因此，在这些行业实行煤炭总量控制具备较大的潜力和空间。对于该类行业，需加大技术改造和淘汰落后产能的力度，禁止新建和扩建。

综上所述，在第二产业内部结构调整方面，西安市具有比较大的潜力。

（三）与治理水污染有协同效应

西安市的水污染主要由造纸、食品加工、化学原料加工、木材加工等行业

造成,其中造纸业属于高煤耗行业,食品加工业和化学原料加工业都属于中煤耗行业。淘汰上述高、中煤耗行业的落后产能,禁止新建和扩建该类企业,不仅控制了煤炭总量消费,还可以降低污染物的排放,从而达到治理水污染的目标。

(四)替代能源的可得性和可利用性

1. 天然气

天然气是可替代煤炭的清洁能源,位于陕北靖边地区的长庆油田是西安市的天然气气源。早在2000年,长庆油田即被探明拥有8×1012立方米的资源总量,而该油田的累计已探明储量达7084亿立方米,控制储量则为5076亿立方米。

目前,西安市正在积极推进天然气城市气化工程,已经完成了工程的第一期和第二期。西安市政府2013年已经申请年度气量20亿立方米。天然气城市气化工程全年共完成投资8500万元,铺设了次高压管道7.1千米,并已建设附属配套设施;同时铺设了中压管道及支线13.5千米,以满足城市道路建设和用户发展需要。

2. 可再生能源

西安市可再生能源发展潜力较大。太阳能较为丰富,全年日照时数达到1983—2267小时,总辐射量为450万—504万千焦/平方米;地热能资源非常丰富,地质构造为渭河盆地西安凹陷,具有埋藏深、水温高的特点,大地热流值高于世界平均水平;生物质能发展潜力较大,年产农林废弃物约400万吨,日产垃圾6500万吨以上;风能在特定地域具有一定的发展潜力,秦岭分水岭实测平均风速5.5米/秒,最大9米/秒。

西安市实力雄厚的能源科技研发能力为各种替代能源的可利用性提供了强有力的保障。西安市现有113家国家、省市级重点实验室、能源研究中心、工程技术中心及能源研究机构,共获得各类国家级奖项11项、省市级奖项49项,取得实用新型专利727项、发明专利96项。其中陕西四季春清洁热源股份有限公司研发的中深层干热岩供热制冷技术、蓝色海洋太阳能有限公司研发的平板太阳能光热应用系统均处于国际领先地位。

六、煤炭消费总量控制的不利条件

(一)天然气和电力应急调峰能力不足

西安市煤炭消费总量控制的一个主要障碍是天然气和电力应急调峰能力不足。西安市产业用能和居民生活用能不平衡:第二产业主要以燃煤为主,主城区第三产业和居民生活用能以电力、天然气为主,造成主城区用电用气的峰谷差较大,且调峰困难;用户用能不平衡,特别是西安众多的大专院校放假期间用能需求急剧下降;季节用能不平衡:春秋季电力和天然气消费低,夏季冬季消费量大幅增加,天然气和电力不能有效保障,从而存在大缺口,一部分的缺口会用燃煤补上,这给煤炭总量控制带来不利影响。

(二)社会服务业耗煤量大

西安市第三产业中的社会服务业是煤炭消耗的主要部门和行业,包括:金融、房地产、通信、政府、事业单位等。2013 年社会服务业共消费煤炭 260.98 万吨,占总煤炭消耗量的 15.1%。在社会服务业中,主要耗煤部门和行业是各高校和中专院校,相当一部分高校仍在使用取暖锅炉和茶水锅炉。对高校目前使用的取暖锅炉及茶水锅炉进行改造更新、提高其能源转换效率是西安市控制煤炭消费总量的重点和难点。

(三)能源利用效率较低

自 2005 年以来,西安市单位地区生产总值能耗不断下降,但与我国一线城市相比仍有一定差距,主要是能源消费环节浪费比较严重,如燃煤锅炉热效率较低、建筑采暖热能浪费严重、电机综合效率低下、照明用电浪费比较普遍等。2013 年,西安市单位地区生产总值能耗为 0.568 吨标准煤/万元,比北京市高 33.6%,比上海市高 32.7%。

(四)电力基础设施建设落后

西安市电网建设速度不能满足用电需求的快速增长,用电负荷平均每年增加 38 万千瓦,平均增速 11%,而变电容量每年增加 56 万千伏安,平均增速 8.9%。2013 年有 10 亿元的投资计划受变电站用地、选址选线未落实等问题影响而无法落地,还有已建成的 22 个 110 千伏变电站因配套工程跟不上,不能及时供电。2013 年全市供电负荷达 541 万千瓦,17 个变电站、24 个主变满载或过载,30 条 110 千伏线路重载,供电高峰缺口 9 万千瓦。陕西主网西安

东南断面成为制约西安东郊和蓝田等地用电的主要因素。

七、"十三五"煤炭总量控制目标

(一)近期目标(2016—2017年)

2017年西安市的煤炭消费总量控制目标为:全社会能源消费控制在3361万吨标准煤以下,煤炭消费总量控制在1236万吨以下。

2016—2017年西安市的产业结构调整和淘汰落后产能目标为:按照"稳定一产,优化二产,加快发展三产"的思路,重点抓好工业提质增效、旅游业提速转型和服务业聚集区发展等,抓好新能源示范城市的创建工作,扎实推进新型城镇化建设,推动20家污染企业"退城入园",淘汰50家企业落后产能和过剩产能。

(二)远期目标(2018—2020年)

西安市2020年的煤炭消费总量控制总量目标为:全社会能源消费控制在4000万吨标准煤以下,燃煤总量不得超过1122万吨,燃煤终端消费低于490万吨。"十三五"期间共削减燃煤总量253万吨,折合180万吨标准煤。

2018—2020年西安市的能源结构调整目标为:天然气、电力以及可再生能源等清洁、优质能源替代煤炭;同时加大对建成区燃煤锅炉淘汰或替代的力度;降低本地电厂自发电量,减少发电用煤;大力发展天然气专线用户,降低用煤大户和大专院校生活煤炭消费量,削减近郊和周边区县二产、三产和城乡居民生活煤炭消费量。

八、情景分析

根据西安市的资源禀赋、经济发展阶段、产业特点和政府的各项规划,我们计算了西安市能源消费的基准情景和政策情景,分别如图7-7和图7-8所示。

根据西安市能源消费的基准情景和政策情景,"十三五"期间,在两种情景下,西安市能源消费总量逐年递增,但增长速度逐渐放慢,且煤炭消费占比越来越小,天然气、外调电力和可再生能源的比重越来越大。

图7-9是西安市基准情景和政策情景下煤炭消费量的趋势,由图可知,

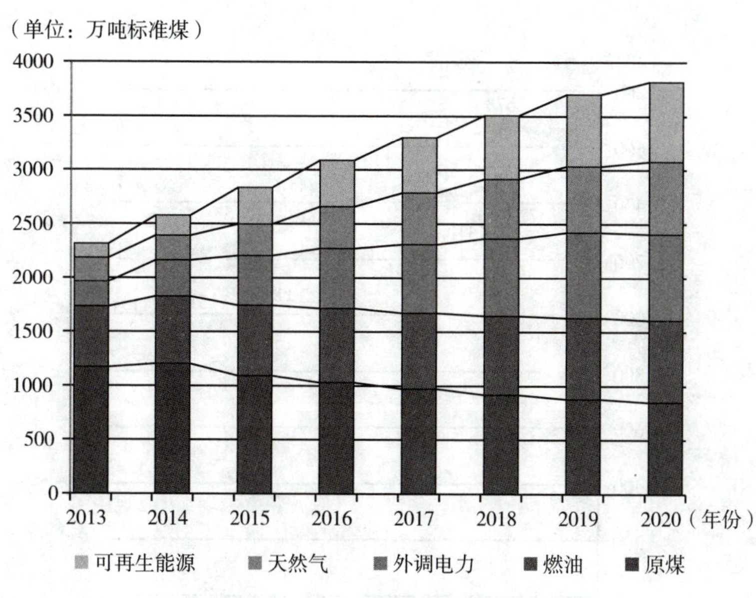

图 7-7 西安市能源消费基准情景

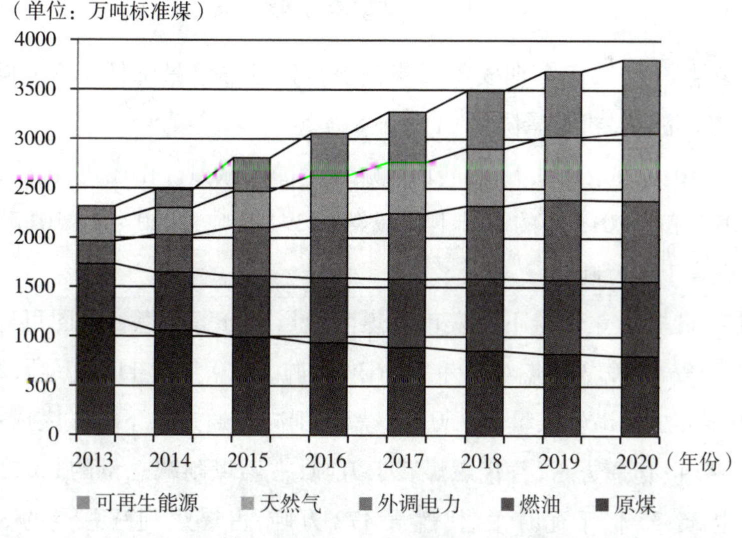

图 7-8 西安市能源消费政策情景

基准情景下西安市煤炭消费总量在 2014 年达到峰值,政策情景下达到峰值的年限提前至 2013 年。

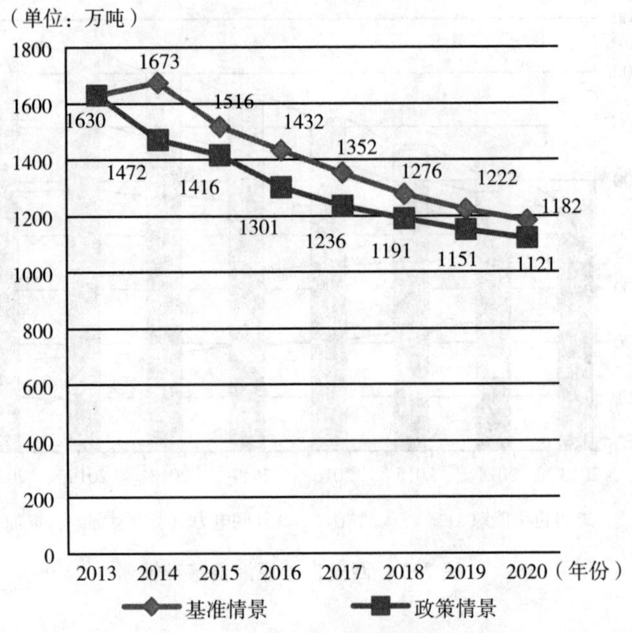

图 7-9　西安市煤炭消费量趋势

政策情景下，2017 年西安市煤炭消费量比基准情景降低 116 万吨，2020 年煤炭消费量比基准情景降低 61 万吨。

图 7-10 是政策情景下，西安市燃煤总量的削减量。由图可知，在政策情景下，2017 年在 2013 年的基础上削减燃煤 394 万吨；2020 年在 2017 年基础上削减燃煤 115 万吨。

图 7-11 是政策情景下西安市燃煤削减量的分解示意。由图可知，政策情景下，西安市 2013 年燃煤总量为 1630 万吨，2020 年为 1121 万吨，2020 年相比 2013 年共削减燃煤量 509 万吨。燃煤削减量通过以下方式完成：(1)替煤用气 14.48 亿立方米，替代燃煤 271 万吨，占燃煤削减总量的 53.5%；(2)替煤用电 36.35 亿千瓦时，替代燃煤 172 万吨，占燃煤削减总量的 33.7%；(3)新增燃气供热站 13 座，供热能力 448 万千瓦，替代燃煤 28 万吨，占燃煤削减总量的 5.5%；(4)开发利用新能源替代燃煤 37 万吨，占燃煤削减总量的 7.3%。

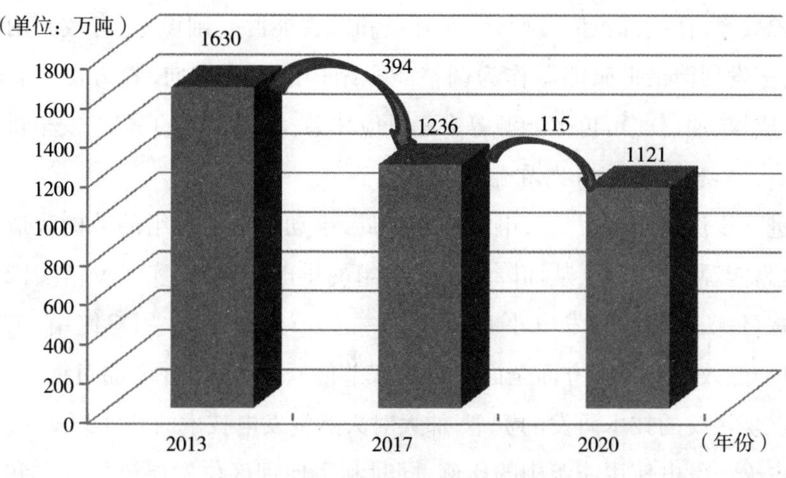

图 7-10 西安市燃煤总量削减量

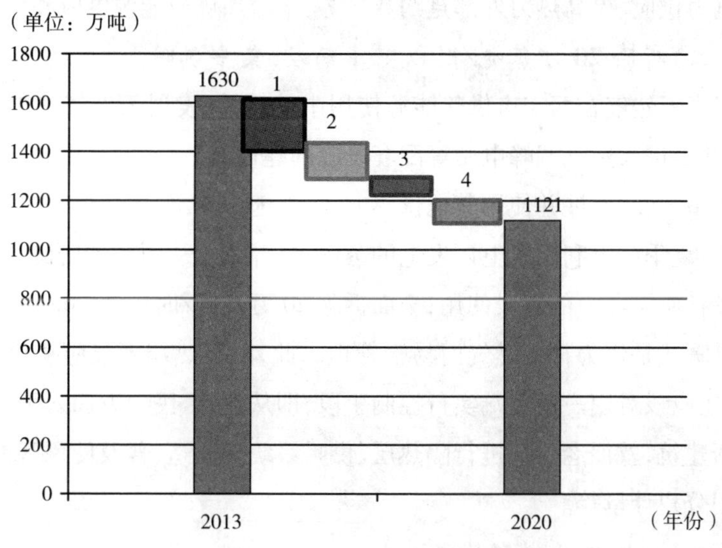

图 7-11 西安市燃煤削减量分解

九、政策措施

为完成政策情景下削减燃煤目标，需要政策措施的保障。在能源消费方面，降低西安市煤炭消费总量，大力推进燃煤清洁高效利用，扩大外来电力、热力、天然气和非化石能源的供应规模，增加优质和清洁能源消费比重，全面提高能源效率；在能源供应方面，全面升级和完善能源基础设施，有效利用周边资源，把发展清洁低碳能源作为调整能源结构的主攻方向，着力发展非煤能源，形成煤、油、气、可再生能源等多元供应体系，实现能源的清洁、安全供应。

（一）提高能效和优质能源比例

进一步优化西安市的火电结构和布局，推动火电厂机组的节能改造和升级，提高能源转换效率，从而降低燃煤机组的供电煤耗；切实贯彻落实国家煤耗削减目标，严格控制发电小时数；大力推广节能技术，从用户使用、工业利用、电网能效管理等多方面全面践行国家节能减排政策，并增加对提高能效、减少燃煤污染的技术研发的资金；加大对天然气发电技术的开发力度，提高天然气占火力发电使用能源中的比例，同时利用地理区位发展风能发电和太阳能光伏产业，从而提高清洁能源占总发电能源使用的比例；甚至可以通过增加外来电力供应、提高热力外部趸购数量等，来增加优质能源供应和使用。

（二）拆除20万蒸吨/时以下小锅炉，集中供暖

提高天然气在西安市供热能源使用中的比重，发展天然气热电冷联产技术等，并推进天然气调峰电站等配套设施的建设，进一步提高供暖锅炉的能源转换效率；同时发展并使用其他供热方式，如地源热泵、地热供暖、污染源供暖等技术；夏季可以利用发电厂发电的蒸汽进行制冷，从而节省居民和企业使用制冷设备所需电力的煤炭使用；全面拆除20万蒸吨/时以下小锅炉，将其并入集中供暖或是作为自备燃气而易于管理。此外，供热端不仅应从供热发出端控制，还应该对用户使用端实行控制手段，即从建筑、民生方面入手，鼓励建造绿色新建筑，敦促老建筑进行隔热层、供暖系统的改造，普及使用智能电表，暖气采用分户计量等。

（三）加快产业转型升级

通过产业结构调整，带动西安市能源消费结构调整。鼓励发展低能耗行业，限制高能耗行业，大力发展高新技术产业、现代服务业、旅游业和高端制造业等，加快培育战略新兴产业，从源头上控制用能，未通过能评和环评的项目一律不得办理其他手续，不得开工建设，已经建成的不得投入生产、使用。禁止新建、改建、扩建火电厂及炼油、石化、水泥、铸造、造纸、淀粉和建材等高污

染、高耗能企业。停止审批、核准、备案产能过剩行业扩大产能项目,加大技术改造和淘汰落后产能力度,积极引导主城区内工业重污染企业“退城入园”,转型发展。

(四)大力发展天然气专线用户

西安市2013年能源平衡表中第三产业的“其他”项主要包括金融、保险、房地产、公共事业、居民服务,教育、广电、科学研究、卫生和机关管理,而其中教育、广电和科学研究一类的占比就达到了整个“其他”项的80%;高校、中专学校的耗煤量就达到了该类的80%。应对高校目前使用的取暖锅炉及茶水锅炉进行改造更新,从而提高其能源转换效率而减少煤耗量,必要时也可考虑将部分高校并入全市统一取暖管网;同时可以开展天然气进院校等活动,大力发展天然气的专线用户。

(五)全面发展可再生能源

全面发展可再生能源,不断增加优质能源本地供应量和保障水平,提高抵御风险的能力。

优先发展地热能。充分发挥地热能的科技和资源优势,大力推广应用水源、土壤源、污水能源泵和干热岩等地热能利用新技术,优先使用地热能供热制冷,培育地热能产业经济链。到2020年,地热能供热(制冷)面积达到4960万平方米。

大力扶持太阳能开发利用。鼓励和支持在城乡大规模应用多种太阳能设施和设备,到2020年,太阳能总集热面积达到238万平方米,太阳能光伏装机达24.665万千瓦,光伏发电与电网销售电价相当。

积极推进生物质能综合利用。到2020年,西安市沼气利用总量折合可达到7万吨标准煤;生物质发电装机容量达3.6万千瓦,垃圾发电装机容量达23.2万千瓦,生物柴油年产能达27.5万吨。

第三节 宁波市

一、社会经济发展现状

宁波自古以工商业和港口运输为名。现今依托得天独厚的港口和区位优

势，宁波已成为长江三角洲南翼的经济中心，也是浙江省经济中心之一。而位于我国海岸线中部的宁波港是我国有名的深水良港，并且随着国家“一带一路”倡议的实施，宁波将成为“一带一路”特别是21世纪“海上丝绸之路”建设的排头兵和主力军。

目前，宁波市有5个市辖区（海曙区、江北区、北仑区、鄞州区、镇海区），3个县级市（慈溪市、余姚市、奉化市），还有2个县（宁海县、象山县）。2013年市辖区户籍总人口为229.6万人，占总户籍人口数的39.3%，从行政面积上看，市辖区面积占宁波市总面积的27%。

宁波市近年来经济发展势头强劲，在全国整体经济增速放缓的大环境下稳步前进。2013年全年实现地区生产总值7128.9亿元，按可比价计算，比上年增长8.1%，占全省生产总值的19.0%。人均（户籍）生产总值123139元，按2013年平均汇率（1美元=6.1932元人民币）折算为19884.5美元，是全国平均水平的近3倍，位列全国各省会城市人均生产总值排名第23位，浙江省内仅次于杭州市位列第2位。其中三次产业比重为3.9∶52.5∶43.6，第二产业大于第三产业。根据对经济发展阶段的分析与判断，宁波市属于由全面工业化阶段向后工业化阶段过渡的时期。宁波市2017年全年实现地区生产总值9846.9亿元，按可比价计算，比上年增长7.8%。三次产业之比为3.2∶51.8∶45.0。按常住人口计算，全市人均地区生产总值为124017元（按年平均汇率折合18368美元）。

为了进一步分析宁波市经济增长过程中各生产要素的贡献，构造以下生产函数：

$$Y_t = A K_t^{\alpha} L_t^{\beta} \tag{7-3}$$

其中，Y_t为地区生产总值，K_t是资本存量，L_t是劳动力（从业人员），A是除投资和劳动力之外的综合要素生产力，即广义技术进步，α表示资本产出弹性，β表示劳动产出弹性。

本书选取了一个产出变量即宁波市地区生产总值，两个投入变量分别是资本存量、劳动力数据。

产出数据。本书采用宁波市地区生产总值（2010年价）作为衡量经济发展的指标，这一数据根据1990—2012年宁波市地区生产总值数据和地区生产总值指数计算得来。

资本存量数据。由于不能直接得到资本存量数据，本书的资本存量（2010 年价）的核算方法基于永续盘存法，即以当年的新增固定资产投资累加前一年的新增固定资产投资的 90%，再累加前二年的新增固定资产的 80%，依次类推，共累加 10 年的新增固定资产，假设每年的新增固定资产以 10%的年折旧率折旧。

劳动力数据。选用宁波市 1990—2012 年从业人员数量作为劳动力数据。

运用 Eviews 软件做多元线性回归分析，相关回归结果见表 7-4。

表 7-4　宁波市多元线性回归结果

	φ	α（资本）	β（劳动力）	R^2	DW 值
参数值	-2.1143	0.63	0.7885	0.995	0.988
P 值	0.0626	0.0000	0.0007		

拟合优度检验。由回归结果可知，$R^2=0.995$，说明地区生产总值的变化按照生产函数由资本存量和劳动力人数变化来解释的比例为 99.5%，可解释程度很高。因此，该回归方程通过模型拟合优度检验。

t 检验。在显著性水平 $\alpha=0.05$ 下，说明资本存量 K 对 y 的影响是显著的；劳动力因素 L 对 y 的影响是高度显著的。

计算得到各要素对宁波市地区生产总值贡献率，见表 7-5。

表 7-5　1990—2012 年宁波市地区生产总值增长的要素贡献率

要素变量	1990 年值（2010 年价）	2012 年比 1990 年增加值	要素贡献	要素贡献率（%）
资本存量（亿元）	264.77	5845.49	4474.93	77.37
劳动力（万人）	325.10	176.50	137.73	2.38
综合要素生产力	—	—	1170.86	20.24
地区生产总值（亿元）	322	5784	5784	100

由表 7-5 可知，宁波市 1990—2012 年资本存量对地区生产总值的贡献率为 77.37%，劳动力对地区生产总值的贡献率为 2.38%，综合要素生产力（广义技术进步）对地区生产总值的贡献为 20.24%。

二、空气污染现状

2013 年，宁波市中心 8 个空气质量监测国控站点按《环境空气质量标准》（GB3095—2012）评价，全年达标 275 天，超标 90 天，其中轻度污染 68 天，中度污染 11 天，重度污染 8 天，严重污染 3 天。同长三角地区重要城市相比，优于上海、南京、杭州和苏州；同浙江省内 11 个地市相比，其综合指数排名第四位，劣于舟山、丽水、台州。而根据 2014 年宁波市环保局发布的《2014 年宁波市环境状况公报》，2014 年宁波市区空气质量明显好于 2013 年，空气优良率为 83%，比 2013 年上升了 7.7 个百分点，在全省 11 个地市排名第四，好于杭州、温州。具体各级污染的天数见图 7-12。

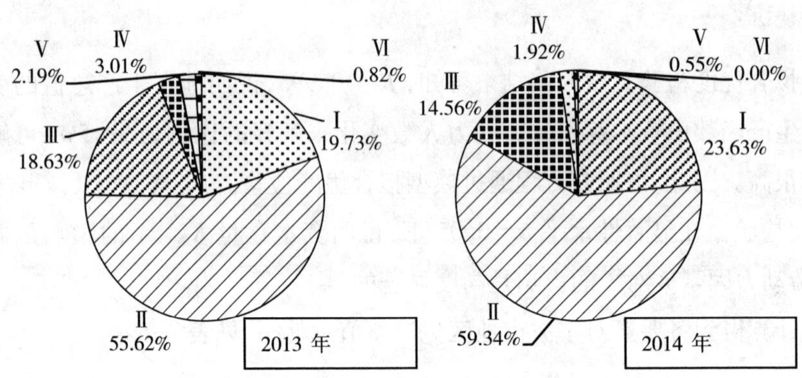

图 7-12 2013 年和 2014 年宁波市市区大气污染情况

三、$PM_{2.5}$源解析

图 7-13 是宁波市 $PM_{2.5}$的源解析结果。由图 7-13 可知，宁波市的首要污染来源是工业生产。$PM_{2.5}$污染来源中，工业污染排放贡献率约占 47%，机动车、船舶等移动源的贡献率约占 22%，扬尘的贡献率约占 11%，农业面源的贡献率约占 8%，海盐粒子贡献率约占 5%，其他 7%。

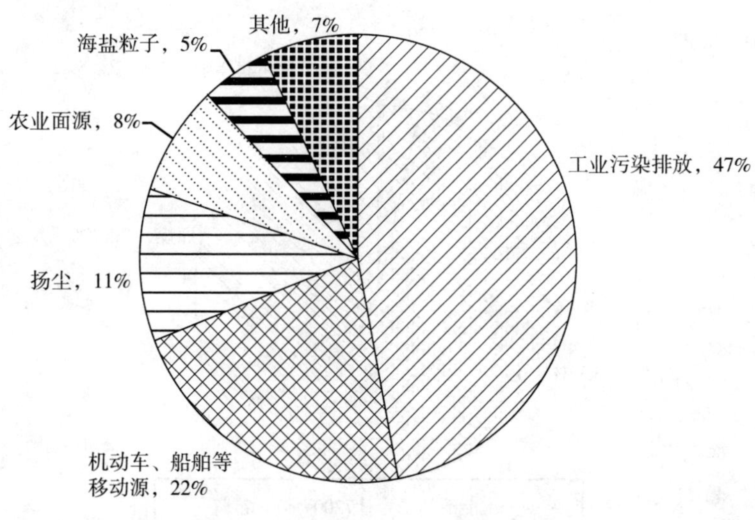

图 7-13 宁波市 $PM_{2.5}$ 源解析结果

四、能源和煤炭消费结构

（一）能源消费结构

宁波市是我国经济较为活跃的城市之一，随着地区生产总值的快速增长，能源消费量也持续走高。然而宁波市的主要消耗能源——煤炭、原油、天然气等 99% 依赖外部输入。宁波市陆地区域是典型的“无煤、无油、无气”的一次能源“三无”匮乏地区。此外，宁波市由于深水良港和区位优势等特点成为华东地区重要的石化能源加工基地、电力能源输出基地，能源消费量进一步扩大。

2013 年宁波市全市一次能源消费合计 7200 万吨标准煤，占浙江省能源消费总量（18820 万吨标准煤）的 38.3%。其中消耗原煤 4334.6 万吨（统调电厂占 3298.8 万吨）（3094.9 万吨标准煤）、原油 2688.8 万吨（3841.2 万吨标准煤）、天然气 189132 万立方米（227.0 万吨标准煤）和其他能源（风能、生物质能、太阳能和水能）36.7 万吨标准煤。具体组成比例见图 7-14。

2013 年宁波市终端能源消费总量为 4139.7 万吨标准煤，占浙江省终端能源消费总量的 22.5%。在宁波市终端能源消费中，煤炭（不包括火电、热点企业燃煤）568.7 万吨标准煤、石油制品 1451.9 万吨标准煤、电力 1767.7 万

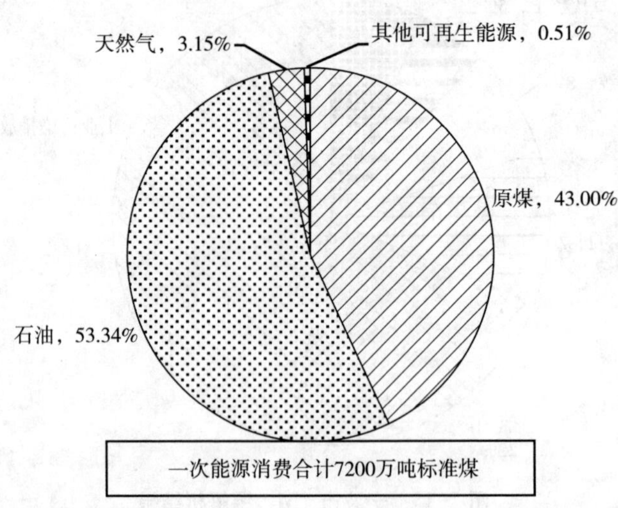

图 7-14　宁波市 2013 年一次能源消费结构

吨标准煤、天然气 87.0 万吨标准煤、热力 233.3 万吨标准煤。具体组成比例见图 7-15。

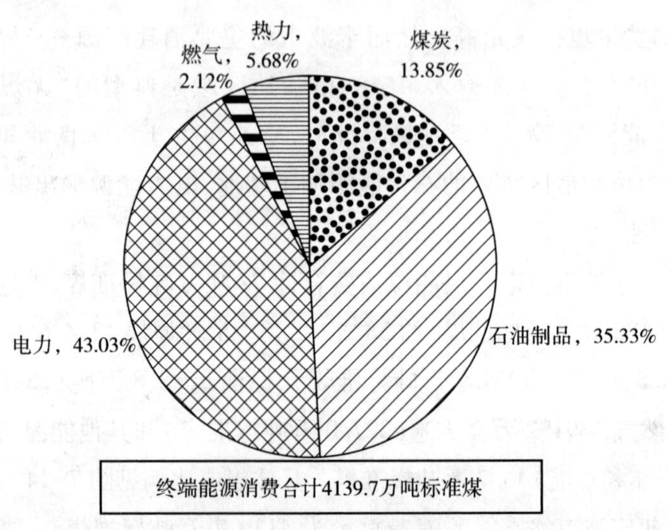

图 7-15　宁波市 2013 年终端能源消费结构

通过上面的分析可以看出，宁波市终端能源的能源消费量是小于一次能源的能源消费量的。由此可见,宁波市属于能源输出型城市,这一点可以从宁波市的省调电厂占比较大这一事实得到印证。

(二)煤炭消费结构

2013年,宁波市全社会煤炭总量4699.2万吨,约为3355.23万吨标准煤,比上年增长4.3%,占浙江省煤炭消费量的32.2%。其煤炭分用途占比见图7-16。可见全社会煤炭消耗量99%以上集中于工业用煤,其中规模以上工业煤炭消费4589.2万吨,占全社会消费总量的97.6%。由此,宁波市工业用煤九成以上的煤炭消耗均集中在重工业行业。分煤炭用途来看,火电占比最高,为78%;供热、炼焦、工业直接利用用途紧随其后;居民生活和其他用途用煤量几乎可忽略不计。但是,宁波市发电产业中省调电厂占比较大,对宁波市消耗的煤炭总量控制能力有限,所以,不能简单地根据发电耗煤较多而将煤炭减量替代的行动集中于发电,供热、炼焦以及工业直接利用等主要耗煤行业都是煤炭减量替代行动的重点。

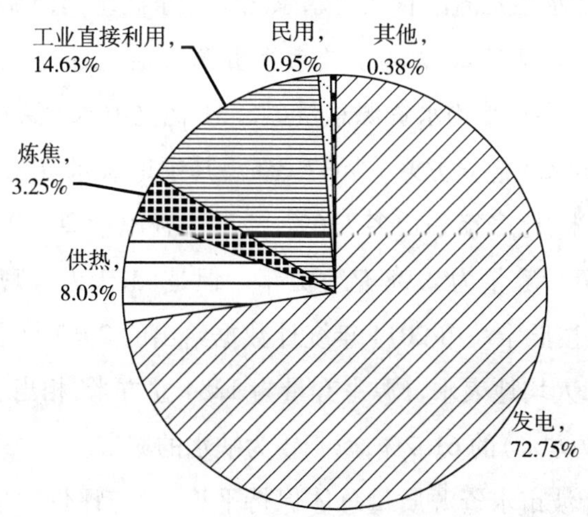

图7-16　2013年宁波市煤炭消费结构

工业直接利用中的前六大煤炭消费量行业分别为:化学原料和化学制品制造业、造纸及纸制品业、纺织业、非金属矿物质业、化学纤维制造业、纺织服装服饰业。其中化学原料和造纸行业用煤量均在70万吨标准煤以上,远高于其他行业。具体情况见图7-17。

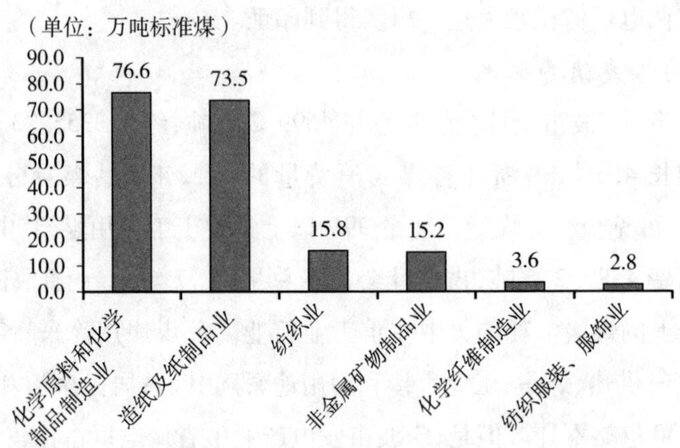

图 7-17　2013 年宁波市工业直接利用前六位行业原煤消耗量

五、其他生态环境制约——水资源

宁波市的甬江水系是浙江省八大水系之一。宁波市内河流密布，有余姚江、奉化江和甬江。根据 2013 年宁波市水资源公报，宁波全市水资源总量 76.59 亿立方米，比多年平均水资源总量（75.31 亿立方米）多 1.7%，比 2012 年水资源总量（122.20 亿立方米）少 37.3%。其中地表水资源量（河川径流量）74.51 亿立方米，比多年平均多 1.6%，地下水资源量 20.39 亿立方米，扣除与地表水的重复计算量为 2.08 亿立方米。但是，由于人口密集，宁波市仍然属于缺水城市，按照宁波市 2014 年统计数据给出的 2013 年宁波市 580.15 万的总人口计算，人均地表水资源占有量为 1284 立方米，相当于全国人均地表水资源（2098 立方米）的 61.2%，属于较为缺水的城市。

2013 年度，宁波市水资源质量总体保持平稳，参与评价的平原河网水质断面有 35 个，符合地表水环境质量Ⅱ类标准的有 1 个，符合地表水环境质量Ⅲ类标准的有 5 个、Ⅳ类标准的有 4 个，其余均为Ⅴ类和劣Ⅴ类，有 25 个，主要超标项目为总磷、氨氮、高锰酸盐指数等，跟燃煤企业关系不大。但是宁波市水资源并不充沛，属于较为缺水的城市，应该制定出相应的措施来控制耗煤过程中水资源的消耗。

六、煤炭消费总量控制的有利条件

（一）替代能源的可得性和可利用性

1. 天然气供应比较充足

宁波市濒临东海，可以利用东海的天然气来代替煤炭，春晓油气田位于宁波市东南约 350 千米的东海西湖凹陷区域，总面积 22000 平方千米，探明天然气储量达 700 多亿立方米。而东海向来被誉为“东亚的波斯湾”，海域蕴藏着丰富的自然资源，仅在中国大陆架上的天然气储量就有 5 万亿立方米，原油储量约为 1 千亿桶。

并且，宁波还可依靠西气东输、川气东送等工程输送过来的天然气，目前天然气管线总长约 4500 千米，中心城区天然气管网长约 3400 千米，并且还有已建成或正在建的天然气管网线路“杭甬线”和“甬台温线”。天然气的供应可以在很大程度上有利于宁波市的煤炭消费总量控制。

2. 人均地区生产总值高

宁波市 2013 年人均地区生产总值为 123139 元，远高于其他案例城市西安、石家庄等，而且中国 2013 年人均地区生产总值约为 41804 元，也远高于全国平均水平。所以，宁波居民更容易接受相对价格较高的天然气，这在一定程度上有利于煤炭消费量的降低。

3. 风电和太阳能项目得到支持和推进

目前，宁波市已建成风电场项目 4 个，装机容量达到 18.3 万千瓦，在建的风电场项目有 6 个，装机容量为 20.1 万千瓦，已核准项目 1 个。而且，宁波市杭州湾新区成功申报列入国家级分布式光伏规模化应用示范区，启动分布式光伏发电项目建设。

（二）全球范围内的经济低迷

从近两年的国内生产总值来看，中国的经济较为低迷，这也是当前中国经济结构升级和体制改革必然会经历的一个过程，在经济低迷的大环境下，对于降低煤耗强度不可谓不是一个有利条件。

2014 年宁波完成外贸进出口总额 1047 亿美元，其中出口 731.1 亿美元，分别高于浙江省 1.4 个、全国 5.2 个百分点。宁波市的出口产品包括服装服饰、日用家具、冶金产品、化工产品、机械设备、家电电子等，这些产品在制作生

产过程中都会或多或少地利用到煤炭。在当前全球经济形势不太好的环境下,出口导向型企业更容易受到影响,这也是降低煤炭消耗的一个有利条件。

七、煤炭消费总量控制的不利条件

(一)统筹电厂占比较大

根据煤炭分用途消费量占比图显示,占比最大的是发电,约占 78.35%,虽然,宁波市火电消耗煤炭达到 3396.16 万吨,但是其中省统调电厂企业消耗原煤 3298.8 万吨,占火电投入的 95%。也就是说,火电消耗用煤中的 95%并不在宁波市政府管辖范围内,而是由国家、省统筹管理(宁波市发电总量 45%用于输出,只有 55%的发电供本市自用),因此宁波市政府对火电燃煤的整体控制作用微弱。

(二)高耗能产业或低附加值的低端制造业比较多

从宁波市能源产业的结构情况来看,发电、原油加工的产能和产量在保证全市电力、油品需求的同时,还可大量外输,用于浙江省乃至华东地区的能源保障。但由于宁波市特有的重化工业产业结构,临港重化工业已占据全市工业产值的 70%以上,其中石化、化工、造纸、钢铁等均为高耗能产业,而且服装、纺织业也占比较大,这些均是控制煤耗的不利因素。

(三)天然气价格比较高

目前,宁波市部分电厂采用天然气代替煤炭进行发电,但是天然气的发电成本约为 0.8 元/度,而煤炭发电的成本为 0.3—0.4 元/度,通过简单的对比就可以看出,天然气的成本还是高于煤炭的,并且通过调研我们知道,天然气电厂每年的工作时间在 2000 小时左右,而煤炭火电厂的工作时间大概在 5500 小时以上。在居民日常生活中用天然气代替煤炭,虽然可以降低居民用煤的消费量,但是居民利用在宁波市整体能源消费中所占比例很小,替代没有太大意义。

(四)可再生能源比例较少

从宁波市 2013 年终端能源消费结构可以看出,宁波市的能源消费主要还是以煤炭和石油为主,可再生能源占比非常小,如果想降低煤耗,可能会有很大的阻力,这也是宁波市降低煤耗的一个不利条件。

八、煤炭消费总量控制目标

根据《宁波市大气污染防治行动计划(2014—2017年)》,宁波市计划到2017年,地方煤炭消费总量比2012年平均下降10%以上,煤炭占能源消费总量比重降到56.7%以下,宁波市煤炭消费总量的峰值大概在2013年达到,之后一直处于下降状态。根据《宁波市大气污染防治调整能源结构专项实施方案》,宁波市计划到2015年,一次能源煤炭消费总量控制在4326万吨(3088.76万吨标准煤),其中省统调煤电机组用煤3200万吨、地方用煤1125万吨左右。到2017年,一次能源煤炭消费总量控制在4248万吨(3033.07万吨标准煤),其中省统调煤电机组用煤3200万吨、地方用煤1050万吨左右。

九、情景分析

根据宁波市的资源禀赋、经济发展阶段、产业特点和政府的各项规划,我们计算了宁波市能源消费的基准情景和政策情景,分别见图7-18和图7-19。

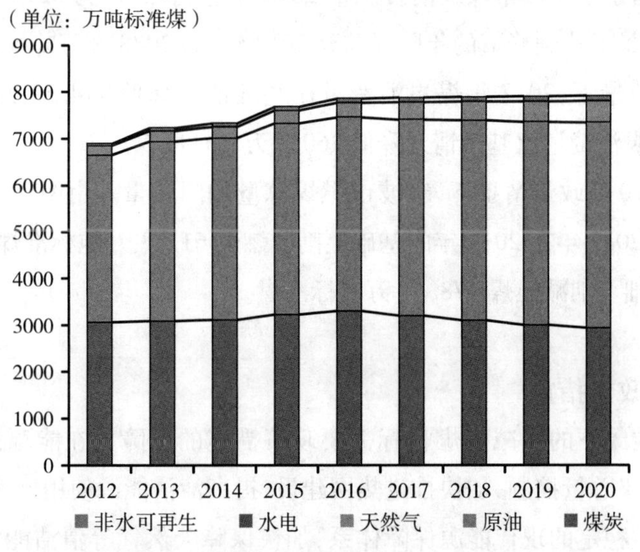

图7-18 宁波市基准情景下的能源消费结构变化

根据宁波市基准情景和政策情景下的能源消费结构变化情况,可以看出两种情景下宁波市的煤炭消费量占比均呈下降趋势,天然气和可再生能源比重增加,但总体占比仍较小。

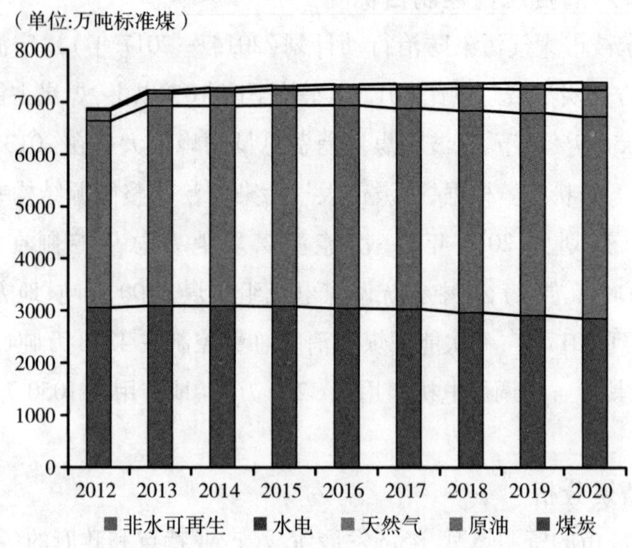

图 7-19　宁波市政策情景下的能源消费结构变化

基准情景下宁波市煤炭消费总量 2016 年达到峰值，为 3299.6 万吨标准煤，政策情景下达到峰值的年限提前至 2013 年，为 2088.8 万吨标准煤。

政策情景下，2017 年煤炭消费量比基准情景降低 174.33 万吨标准煤，2020 年煤炭消费量比基准情景降低 260.4 万吨标准煤。

图 7-20 是政策情景下，宁波市燃煤总量的削减量。由图 7-20 可知，政策情景下，2017 年在 2013 年的基础上削减燃煤 61.83 万吨标准煤；2020 年在 2017 年基础上削减燃煤 178.37 万吨标准煤。

十、政策措施

政策情景下的削减燃煤目标需要政策措施的保障。在能源消费结构方面，实行煤炭总量控制，加快推进热网建设，提高清洁能源使用比例，建立健全清洁、高效、稳定的现代能源保障体系，加快保障天然气等清洁能源供应的基础设施建设，加大天然气等清洁能源的供应。在优化产业结构方面，“腾笼换鸟”，推进工业稳增长调结构促发展，淘汰第二产业中，特别是钢铁、水泥、化工、石化、有色金属冶炼等重点行业的落后产能，腾出用能空间，推动产业集聚和转型发展。大力发展循环经济，提高煤炭使用效率。

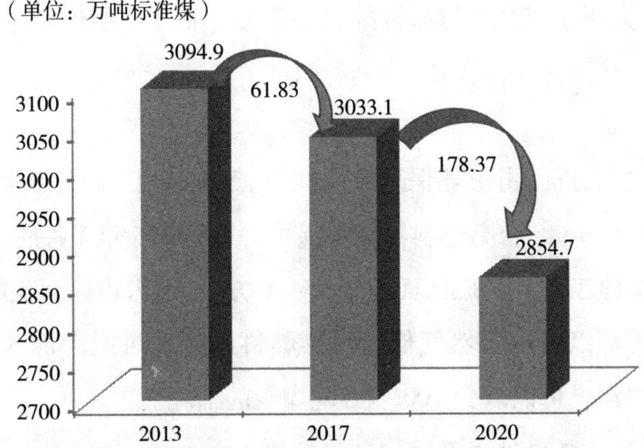

图 7-20 宁波市政策背景下的燃煤总量削减值

（一）宁波市地方煤炭消耗总量控制

宁波市 2012 年地方煤炭消费总量为 1166 万吨煤炭，具体的消费结构见图 7-21。

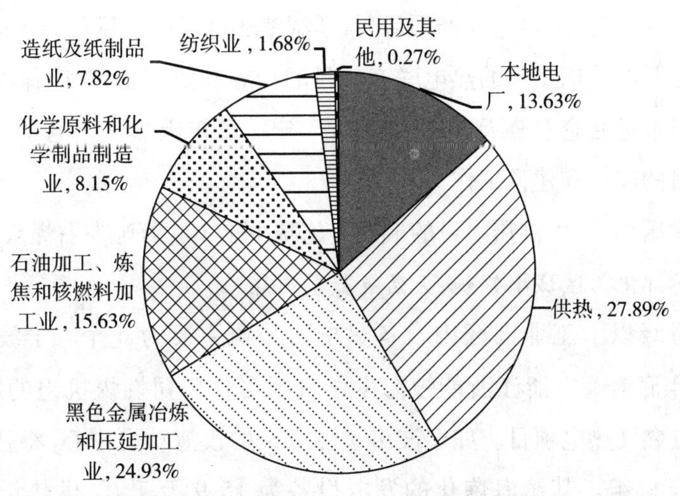

图 7-21 宁波市 2012 年地方煤炭消费结构

根据图 7-21，宁波市政府采取相应的措施来控制煤炭消费总量。由于“煤改气”短期内受到价格成本、天然气供气限制、省内天然气上网小时数限

制等制约,难有较大较快发展,所以,宁波市控制煤耗最有效的措施有四个:禁燃区建设,上大压小、集中供热,拆掉化工区域小锅炉,关闭 10 蒸吨以下的小锅炉。

1. 禁燃区建设

禁燃区建设方面,由市环保局牵头执行,宁波市在 2015 年年底前拆除宁波绕城公路以内 1348 台高燃料污染小锅炉,截至 2015 年 4 月底,已完成 1315 台小锅炉的关停工作。禁燃区面积达 354 平方千米,占市区面积的 11%左右。淘汰的小锅炉可以通过天然气作为供热燃料进行升级或者加入集中供热管网。禁燃区的建设可以减少 100 多万吨煤炭的消耗。

2. 上大压小,集中供热

热网建设方面,宁波市通过采取以下措施,使工业园区基本实现了集中供热。

首先,因地制宜推进大电厂供热。对位于大电厂周边的工业园区的热负荷,在保障电网安全前提下,鼓励通过机组供热改造,实现大电厂集中供热。某些区域可采用大电厂的余热供热,比如北仑电厂目前就在采取这种模式。

其次,继续推进热电联产项目,科学调整热电联产项目布局。进一步做好在建和已开展前期工作的热电联产项目的指导和协调工作,确保项目顺利实施。重点推进北仑春晓天然气热电联产、宁波长丰天然气热电联产和大榭热电等项目的前期和建设工作。

上大压小、集中供热项目的成功实施减少了 100 万吨左右煤炭的消耗。

3. 拆掉化工区域小锅炉,天然气代替燃煤

现省级以上工业园区内自备热电的公司主要为 6 个。宁波市已经在 2016 年年底前确定浙江浙能镇海发电有限责任公司燃煤机组的搬迁方案。另外推进燃气热电项目。如宁波市正在建设的镇海动力中心,将替代镇海发电的燃煤机组。其镇海炼化的发电设备为 15.9 万千瓦,供热设备容量为 15.9 万千瓦,是 6 个自备热电企业中最高的。

据某部门相关负责人表示,此措施可以减少 100 万—200 万吨煤炭的消耗。

4. 关闭 10 蒸吨以下小锅炉，禁止新建 20 蒸吨/时(含)以下使用高污染燃料锅炉

禁燃区外高污染燃料锅炉淘汰改造方面，宁波市由经信委负责在 2015 年年底前全市基本完成禁燃区外 10 蒸吨/时(含)以下高污染燃料锅炉的淘汰改造工作；2017 年年底前，基本完成禁燃区外工业窑炉、高污染燃料锅炉的淘汰改造工作。这些使用 10 蒸吨/时(含)以下小锅炉的企业主要为宁波市内民营中小、小微企业。此项措施的实施可以减少 100 万—200 万吨煤炭的消耗。

总体来讲，此四大举措将减少煤炭 400 万—600 万吨原煤，高于宁波市大气污染防治行动计划，到 2017 年年底地方煤炭消费总量比 2012 年平均下降 10%以上的目标(大概下降 116 万吨原煤)，但是宁波市仍然有其他项目的新建和扩建，需要为这些项目留出相应的煤炭消费量空间。

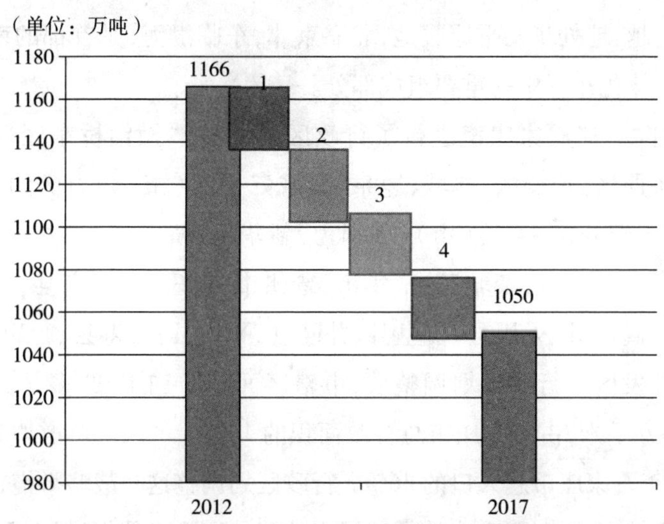

图 7-22　宁波地方煤炭消费总量变化及控制效果

(二)浙江省的煤炭总量控制

虽然宁波市火电消耗煤炭达到 3396.16 万吨，但是其中省统调电厂企业消耗原煤 3298.8 万吨，占火电投入的 95%。也就是说，火电消耗用煤中的 95%并不在宁波政府管辖范围内，而是由国家、省统筹管理(宁波市发电总量 45%用于输出，只有 55%的发电供本市自用)，因此宁波市政府对火电燃煤的

整体控制作用微弱。

在这方面的煤炭控制上就需要浙江省政府来配合完成,根据《浙江省大气污染防治计划(2013—2017年)》,浙江省在这方面提到的措施主要是提高外购电比例:加大省外电源合作开发力度,建立稳定的外来电基地,提高长期外购电比例,到2015年,实现"外电入浙"2000万千瓦左右;到2017年,实现"外电入浙"3000万千瓦左右,外购电比例提高到30%左右。也就是说,2015—2017年减少1000万千瓦的本地发电。

第四节 石家庄市

一、社会经济发展现状

石家庄市是河北省省会,是河北省政治、经济、文化和信息中心。并且其地理位置优越,地处华北平原腹地,北靠京津,东临渤海,是首都的南大门,也是京津冀一体化布局中的重要组成部分。

2014年9月,石家庄市进行了行政区划调整,"撤销桥东区,所辖范围分别划入桥西区、长安区,藁城、鹿泉、栾城三个县(市)转为区的建制。"目前,石家庄市辖8区14县(市),分别为:新华区、桥西区、长安区、裕华区、矿区、藁城区、鹿泉区、栾城区、辛集市、晋州市、新乐市、正定县、深泽县、无极县、赵县、高邑县、元氏县、赞皇县、井陉县、平山县、灵寿县、行唐县和1个高新技术开发区。行政区划调整后,市辖区面积增加1700多平方千米,达到2206平方千米,占石家庄市总行政面积的14%。市区人口增加到455万,约占2014年石家庄市总人口的46%。行政区划调整这一战略举措,将提升石家庄市省会城市功能,更有力地承载城市的跨越和腾飞梦想,促进石家庄市的发展。

目前,石家庄也在积极进行正定新区的布局和规划。按照调整后的石家庄市城市总体规划,正定新区位于滹沱河北岸,正定古城东侧地区,规划面积135平方千米,现有17万人,包括正定、藁城等7个乡镇62个村。其中,起步区约35平方千米,位于正定县境内。

石家庄市近年来经济发展势头强劲,2013年,全市生产总值完成4863.6

亿元,比上年增长9.5%。人均(常住人口)生产总值46321元,按2013年平均汇率(1美元=6.1932元人民币)折算为7479.3美元,高于全国平均水平。其中三次产业比重为9.8∶47.2∶43.0,第二产业大于第三产业。根据对经济发展阶段的分析与判断,石家庄市属于由全面工业化阶段向后工业化阶段过渡时期。2017年石家庄市实现地区生产总值6460.9亿元,按可比价格计算,比上年增长7.3%。三次产业比重为7.4∶45.1∶47.5。按常住人口核算的人均生产总值为59384元。

为了进一步分析石家庄市经济增长过程中各生产要素的贡献率,构造以下生产函数:

$$Y_t = A\,K_t^{\alpha}\,L_t^{\beta} \tag{7-4}$$

其中,Y_t为地区生产总值,K_t是资本存量,L_t是劳动力(从业人员),A是除投资和劳动力之外的综合要素生产力,即广义技术进步,α表示资本产出弹性,β表示劳动产出弹性。

本书选取了一个产出变量即石家庄市地区生产总值,两个投入变量分别是资本存量、劳动力数据。

产出数据。本书采用石家庄市地区生产总值(2010年价)作为衡量经济发展的指标,这一数据根据1999—2012年石家庄市地区生产总值数据、地区生产总值指数计算得出。

资本存量数据。由于不能直接得到资本存量数据,本书的资本存量(2010年价)是由每年的新增固定资产投资估算得来。

劳动力数据。选用石家庄市1999—2012年从业人员数量作为劳动力数据。

运用Eviews软件做多元线性回归分析,相关回归结果见表7-6。

表7-6 石家庄市多元线性回归结果

	φ	α(资本)	β(劳动力)	R^2	DW值
参数值	-23.84	0.437	4.06	0.995	1.08
P值	0.0002	0.0000	0.0001		

拟合优度检验。由回归结果可知，$R^2=0.995$，说明地区生产总值的变化由资本存量和劳动力人数变化解释的比例为99.5%，可解释程度很高。因此，该回归方程通过模型拟合优度检验。

t检验。在显著性水平$\alpha=0.05$下，说明资本存量K、劳动力因素L对y的影响是高度显著的。

通过计算得到各要素对石家庄市地区生产总值贡献率，见表7-7。

表7-7　各要素对石家庄市地区生产总值贡献率

要素变量	1999年值（2010年价）	2012年比1999年增加值	要素贡献	要素贡献率（%）
资本存量（亿元）	1867.88	10739.42	2445.97	76.06
劳动力（万人）	464.01	63.59	550.47	17.12
综合要素生产力	—	—	219.50	6.83
地区生产总值（亿元）	989.35	3215.94	3215.94	100

由表7-7可见，石家庄市1999—2012年，资本存量对地区生产总值的贡献率为76.06%，劳动力对地区生产总值的贡献率为17.12%，综合要素生产力（广义技术进步）对地区生产总值的贡献率为6.83%。

二、空气污染现状

石家庄市区环境空气以“煤烟型”污染为主，呈现由“煤烟型”污染向“复合型”污染转化的趋势，主要污染物为可吸入颗粒物。经统计，2014年石家庄市环境空气质量优良天数为114天（其中Ⅰ级天数为12天、Ⅱ级天数为102天），占总天数的31.2%；Ⅲ级天数为101天，占总天数的27.7%；Ⅳ级天数为48天，占总天数的13.2%；Ⅴ级天数为60天，占总天数的16.4%；Ⅵ级天数为42天，占总天数的11.5%。具体各级污染的天数占全年天数的比例见图7-23。

细化到各空气污染物成分，二氧化硫、一氧化碳浓度2013年、2014年都没有达到国家环境质量标准，但2015年前9个月的浓度值已经达到了国家环

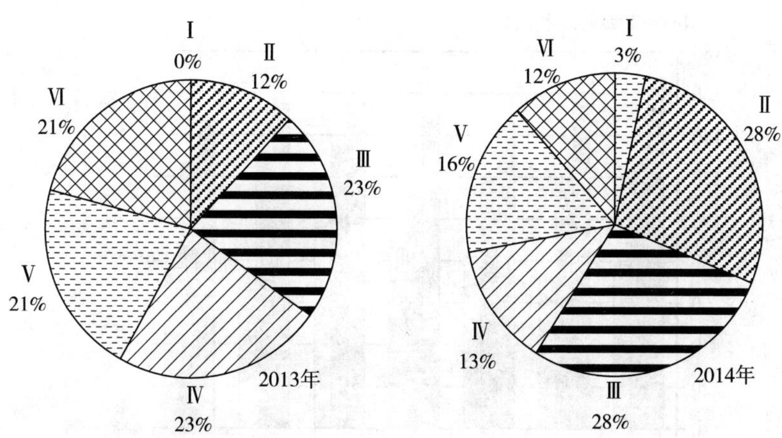

图 7-23　2013 年和 2014 年石家庄市市区大气污染情况

境质量标准。截至 2015 年 9 月，二氧化氮浓度、臭氧（8h）浓度、PM_{10}浓度、$PM_{2.5}$浓度仍未达到国家环境质量标准。

三、$PM_{2.5}$源解析

根据石家庄市环保局提供的数据，石家庄市 7 个国控站点的 $PM_{2.5}$年均值情况见表 7-8 和图 7-24。由表 7-8 中的数据和图 7-24 中的历年柱状图可知，石家庄的 $PM_{2.5}$浓度从 2013—2015 年呈下降趋势。

表 7-8　石家庄市 7 个国控站点的 $PM_{2.5}$年均值情况

年　　份	2013	2014	2015（截至 9 月 17 日）
化工学校	167	130	78
职工医院	155	119	74
人民会堂	146	118	82
高新区	152	119	86
西北水源	156	135	98
西南高教	161	130	77
世纪公园	147	127	83

图 7-25 是石家庄市 $PM_{2.5}$源解析的结果。$PM_{2.5}$源解析包含来源和主要成

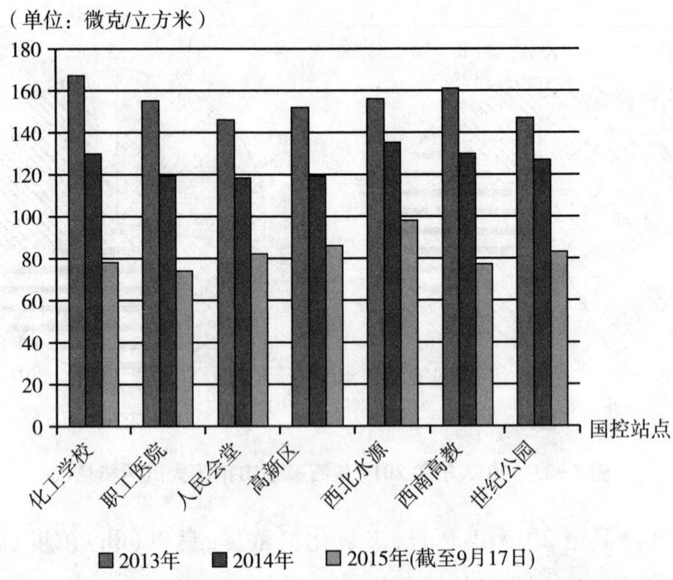

图 7-24　石家庄市 7 个国控站点的 $PM_{2.5}$ 年均值情况

分两部分，石家庄市 $PM_{2.5}$ 的 23%—30%来自区域污染传输，70%—77%来自本地污染。在本地来源中，燃煤(28.5%)、工业生产(25.2%)、扬尘(22.5%)、机动车(15.0%)成为主要因素，其他生物质燃烧、餐饮、农业等占比 8.8%。从主要成分来看，地壳元素(29%)、硫酸盐(16%)、有机物(14%)占前三位。

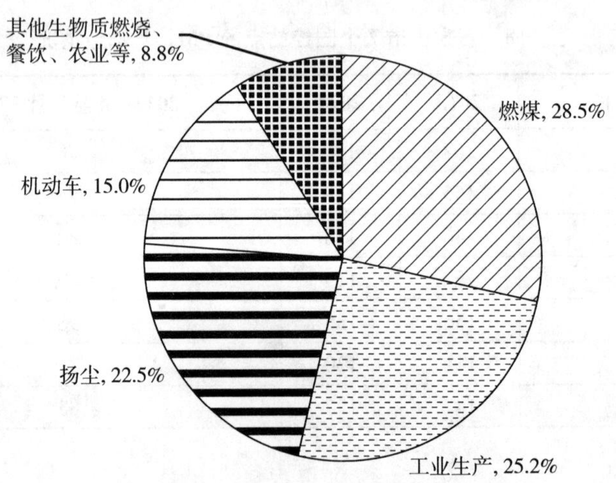

图 7-25　石家庄市 $PM_{2.5}$ 源解析结果

四、能源和煤炭消费结构

（一）能源消费结构

2014 年石家庄市总能耗为 4724.052 万吨标准煤，同比下降 1.44%。在总能耗中：煤品燃料为 3830 万吨标准煤、油品燃料为 682.28 万吨标准煤、天然气为 136.64 万吨标准煤、可再生能源为 75.04 万吨标准煤，具体比例见图7-26。

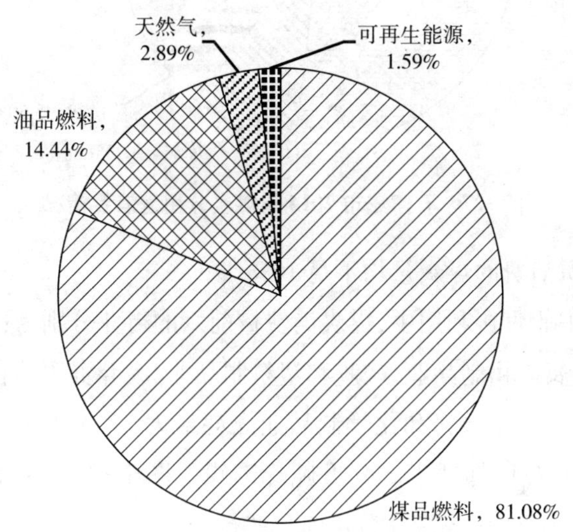

图 7-26　石家庄市 2014 年能源消费结构

通过图 7-26 可以看到，石家庄市的能源消费以煤炭为主，占能源消费总量的 81.08%。

（二）煤炭消费结构

2014 年，石家庄市煤炭消费量为 5269 万吨，约合 3830 万吨标准煤。其煤炭分用途占比见图 7-27。

由图 7-27 可见，全社会煤炭消费量约 92%用于工业消费，并且有 43.88%用于工业直接利用，这与石家庄市是一个重工业城市的事实相吻合。煤炭消费量中有 33.88%用于发电，通过调研得知，河北南网最大的两个火电站（上安电厂、西柏坡电厂）都分布在石家庄市。并且，2014 年石家庄市电力向外输出 30 亿千瓦时，除了工业直接利用和发电所用的煤炭，炼焦、供热、民

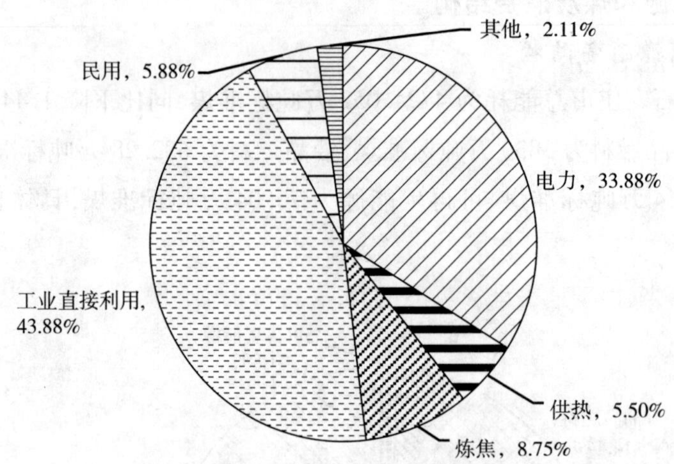

图 7-27　石家庄市 2014 年煤炭分用途消费情况

用和其他用途所消费的煤炭量均不足 10%。

在煤炭的工业直接利用中，煤炭消费量前六的行业分别为：化学原料和化学制品业、非金属矿物制品业、橡胶和塑料制品业、废弃资源综合利用业、食品制造业、纺织业。化学原料和化学制品业煤耗最大，为 572.0 万吨标准煤，其余行业的煤炭消费量都低于 300 万吨标准煤。图 7-28 显示出了石家庄市 2014 年工业直接利用中煤炭消费量前六的行业。

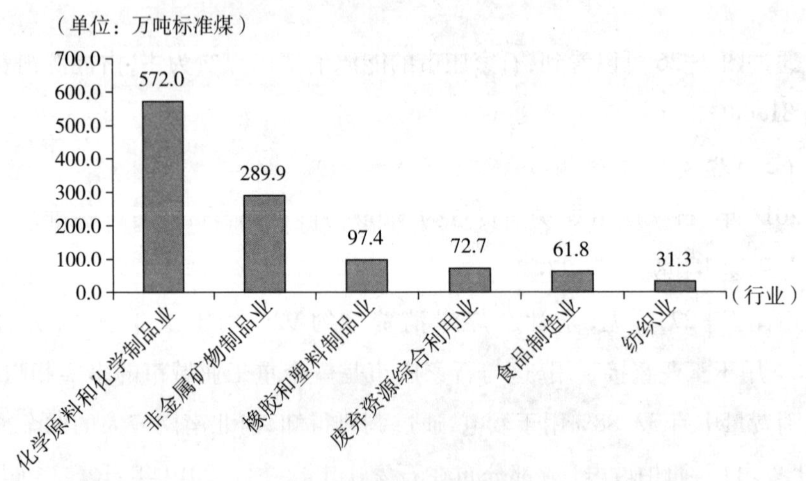

图 7-28　2014 年石家庄市工业直接利用前六位行业原煤消耗量

五、其他生态环境制约——水资源

1. 水资源匮乏

虽然石家庄境内有滹沱河、洨河、沙河等几条河流经过，但由于河流流量小、季节性强，多年来的平均水资源总量为 20.35 亿立方米，人均水资源量 208 立方米，不足全国平均水平的十分之一，严格来说石家庄属于资源型缺水城市。

并且多年来，由于地表水资源不足，石家庄市水资源供需矛盾较为突出，存在超采地下水现象。虽然目前市区市政供水 80%来自岗南、黄壁庄两大水库的地表水，但在全市的供水总量中，地下水仍占了大部分。2013 年，整个石家庄市地区水资源总量 20.72 亿立方米，供水总量 27.39 亿立方米。其中，地表水供水 5.93 亿立方米，占 21.7%；地下水供水 21.46 亿立方米，占 78.3%。

石家庄市全年用水量与供水量持平，用水量排在前三位的是农业用水、居民生活用水和工业用水。其中，农业用水最多，为 19.92 亿立方米，占 72.7%；居民生活用水 2.95 亿立方米，占 10.8%；工业用水 2.83 亿立方米，占 10.3%。此外，城镇公共用水 0.91 亿立方米，占 3.3%；生态与环境用水 1.67 亿立方米，占 6.1%。

2. 水资源污染

石家庄市主要监控的地表水体包括辖区内的两大水库（黄壁庄水库、岗南水库）和地表河流。2014 年岗南水库水质类别为Ⅰ类，水质状况优；黄壁庄水库水质类别为Ⅲ类，水质状况良好。

2014 年，绵河—冶河水系水质属Ⅳ类，主要污染物为石油类、氨氮、生化需氧量；洨河水质为劣Ⅴ类，主要污染物为氨氮、总磷、生化需氧量；石津渠水质为Ⅳ类，主要污染物为生化需氧量、氟化物、化学需氧量；滹沱河水质为劣Ⅴ类，主要污染物为氨氮、生化需氧量、化学需氧量等；汪洋沟水质为劣Ⅴ类，主要污染物为氨氮、生化需氧量、总磷等。

石家庄市市区地下水硬度较高，具有较明显的地域分布特征，超标区域主要分布在市区中、南部。此外，受局部工业废水和生活污水排放的影响，市区内个别地下水井总硬度、总大肠菌群、硝酸盐氮、溶解性总固体、氯化物有超标现象。污染物呈“片状”和“点状”分布特征。

前面在西安、宁波的案例中提到，国家已经直接把“三条红线”作为煤炭基地开采的指导性意见，所以未来煤炭的发展利用肯定要和水相衔接。石家庄市水资源不充分，属于严重缺水的城市，并且污染较为严重，应该制定出相应的措施来控制耗煤过程中水资源的消耗。

六、煤炭消费总量控制的有利条件

（一）替代能源的可得性和可利用性

1. 天然气资源供应充足，“县县通”工程已基本实现

目前石家庄市天然气供应充足，气源主要来自“西气东输”工程的陕宁二线、三线。石家庄市提出“气化石家庄”战略后，已基本完成“县县通”工程，供气管道基本实现贯通各个县城。2014 年石家庄市全年用气量为 9.1 亿立方米，并且，2008—2014 年全年用气量基本呈现每年 30% 的增长速度，预计 2015 年用气量将超过 10 亿方。

2. 农村市场天然气使用潜力巨大

虽然天然气供应充足，但是在将近 10 亿方的用气量中，各县用气量最多只有 1 亿—2 亿方，再推到农村市场，天然气用量更少，这从另一个角度也反映了天然气在农村使用还有很大的潜力。农村散煤的燃烧也是煤炭消费中一个重要组成部分，一旦在农村普及天然气，也会在一定程度上减少总的煤炭消费量。

3. 太阳能项目逐步投产

石家庄市处于太阳能资源较为丰富的地带，年辐射量为 1259—1350 千卡/平方厘米，年日照时数为 2563—2852 小时，占可照时数的 58%—65%。石家庄市利用太阳能的项目也以每年 4—5 个的数量增长，并且也在发展分布式光伏发电。通过对太阳能的有效利用，可以缓解煤炭消费总量的压力。

4. 地热资源存在应用潜力

石家庄市也有较为丰富的地热资源，地热资源已发现 18 处，热水总流量 1.39 万立方米/日。目前石家庄政府也在考虑如何进行地热资源的利用，具体的规划尚未出台，但可以预见，地热资源的有效利用可以减少煤炭资源的利用。

（二）京津冀一体化带来的减煤压力

《京津冀协同发展规划纲要》已经印发实施，河北省被定位为“全国现代商贸物流重要基地、产业转型升级试验区、新型城镇化与城乡统筹示范区、京津冀生态环境支撑区”。河北省作为京津冀生态环境支撑区，作为省会的石家庄市也相应地会有节能减排的压力，这种压力不只是来自石家庄市内部，还包括来自上级的压力，这有利于石家庄市进行煤炭总量控制。

（三）第二产业内部高耗能产业占比较大

通过前面的煤炭分用途利用占比图中可以看出，石家庄市工业直接利用的煤炭消费量占比最高，可见石家庄第二产业内部高耗能产业占比较大。通过调研也获知，化学原料和化学制品业、非金属矿物制品业、煤炭开采和洗选业等产业也是石家庄市的耗煤大户。这样的发展模式对于减煤是较为有利的，石家庄市可以通过未来在产业结构调整中的一系列动作来淘汰落后产业和产能，这样可以大大减少工业中的煤炭利用量，进而减少煤炭消费总量。从另一方面讲，在石家庄市第二产业高耗能产业占比较大的情况下，石家庄市煤炭消费总量控制的潜力也是非常大的。

七、煤炭消费总量控制的不利条件

（一）替代能源的可得性和可利用性

1. 人均地区生产总值较低，天然气承受能力有限

虽然石家庄市天然气供给比较充足，但是相对于石家庄市较低的地区生产总值来讲，价格依旧较高，居民和工业企业承受能力有限，天然气居民用户只有 110 万户，工业用气量也在下降。图 7-29 是石家庄市天然气价格情况，从图 7-29 中可以看出，石家庄市民用天然气价格近两年没有发生变化，一直保持在 2.4 元/立方米，而工业用天然气价格却在不断提高，现价为 3.8 元/立方米。

2. 农村居民接受能力有限，高效能源替代受阻

石家庄市发改委一直在推广型煤的使用，这种煤炭比散煤热值要高 20%，每推广 10 万吨型煤，就可以实现大约 2 万吨的减煤量。但是存在一个

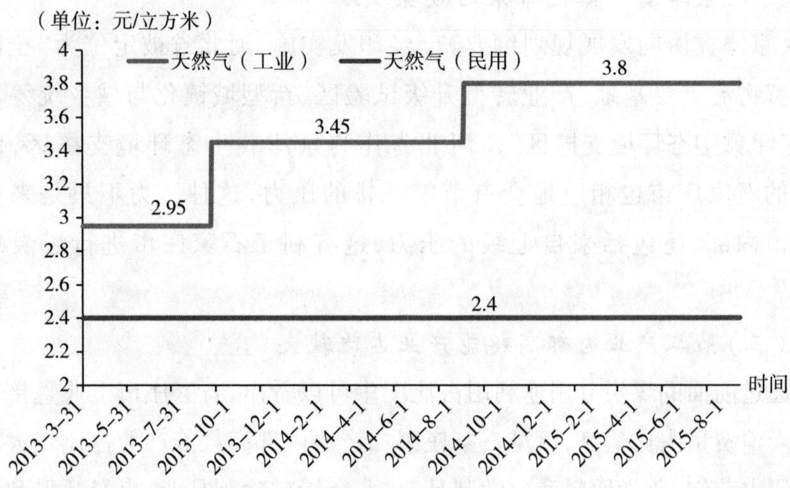

图 7-29 石家庄市天然气价格情况

问题，型煤的价格要高于散煤，即便是在政府已经补贴了 300 元的前提下，这就造成了农村居民还是更倾向于使用散煤。

3. 外购电计划存在不确定性

通过调研获知，石家庄市 2013 年、2014 年在控制煤炭总量消费上的重点是规模以上企业。其中在热电上，2014 年比 2012 年少发 33 亿度电。未来石家庄市很大一部分的煤炭消费总量控制是需要通过外购电来实现的，这种外购电的设想还需要得到国家电网特高压输电线等项目的支持。总体来看，石家庄市未来几年的煤炭消费总量控制还是很有压力。

4. 水能、风能匮乏

石家庄市水能和风能资源比较匮乏，不能通过对水能或者风能的利用来实现煤炭消费总量的减少。

（二）统计口径不一，煤炭消费总量控制效率不高

石家庄市现在的能源平衡表和相关的能源消费情况都在进行修改，以期与河北省和国家的数据相吻合，这也反映出城市层面能源数据在统计上的问题。数据统计不准确，那么根据现有数据来分析相关情况进而得出的煤炭消费总量控制措施也并不准确，从而使煤炭消费总量控制的效率也不高。

另外，石家庄市各市辖区县和石家庄市的统计之间也存在问题。区县管

辖范围内有些小锅炉早已拆除，但是石家庄市之前对此并没有统计，如今这些早已拆除的小锅炉被当成新完成的任务上报给石家庄市相关部门，并算作一项减煤任务的完成。这其实是很没有效率的，也是石家庄市煤炭消费总量控制的一个不利因素。

（三）政府用于拆建拨款较少，与企业谈判阻力较大

对于高耗能或者高污染企业，政府在对其进行强制性关停的同时，还要给企业进行资金上的补偿，这就给石家庄市财政带来非常大的压力。前面提到，石家庄市重工业占比比较高，在拆建上需要大量的资金支持。但是，整个河北省大气办一年只有30多个亿的资金用于此类拆建，这是远远不够的。例如，目前石家庄市正在商谈拆除河北敬业钢铁厂两个450立方米的锅炉，当时锅炉的建设投资就要2个亿，而市政府能拿出进行补贴的钱只有2000万元，所以政府在谈判上是很有难度的。

八、煤炭消费总量控制目标

根据石家庄市统计局公报数据，2012年石家庄市全社会煤炭消费量为6007万吨。根据《石家庄市2015年削减煤炭工作计划》，2015年全市减煤任务为：到年底煤炭消费量比2012年减少970万吨，也就是说2015年煤炭消费总量控制在5037万吨。到2017年，全市煤炭消费量比2012年净削减1500万吨，即煤炭消费量控制在4507万吨，同时，煤炭占能源消费总量比重降低到65%以下。

九、情景分析

根据石家庄市的资源禀赋、经济发展阶段、产业特点和政府的各项规划，我们计算了石家庄市能源消费的基准情景和政策情景，分别见图7-30和图7-31。

根据石家庄市政策情景和基准情景下的能源消费结构变化情况可以看出，两种情景下石家庄市的煤炭消费量占比均呈现下降趋势，天然气和可再生能源比重增加，但总体占比仍较小。

图7-32是石家庄市基准情景和政策情景下煤炭消费量的趋势。由图可知，石家庄市煤炭消费总量在2012年已经达到峰值，之后一直呈递减状态。政策情景下，2017年煤炭消费量比基准情景降低238.4万吨标准煤，2020年

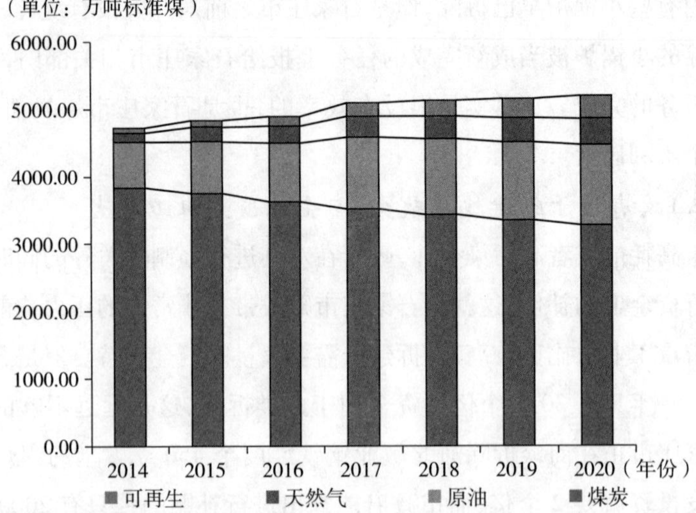

图 7-30 石家庄基准情景下的能源消费结构变化

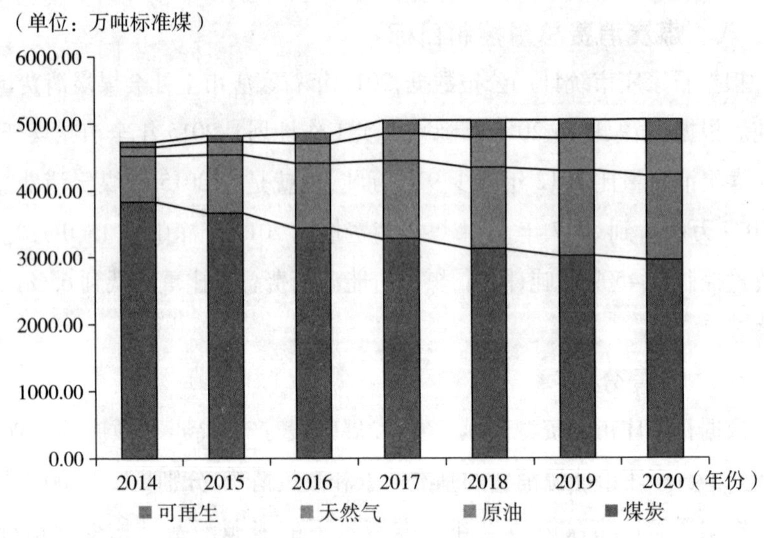

图 7-31 石家庄政策情景下的能源消费结构变化

煤炭消费量比基准情景降低 314.6 万吨标准煤。

图 7-33 是政策情景下,石家庄市燃煤总量的削减量。政策情景下,2017 年在 2012 年的基础上削减燃煤 1500 万吨;2020 年在 2017 年基础上削减燃煤 519 万吨。

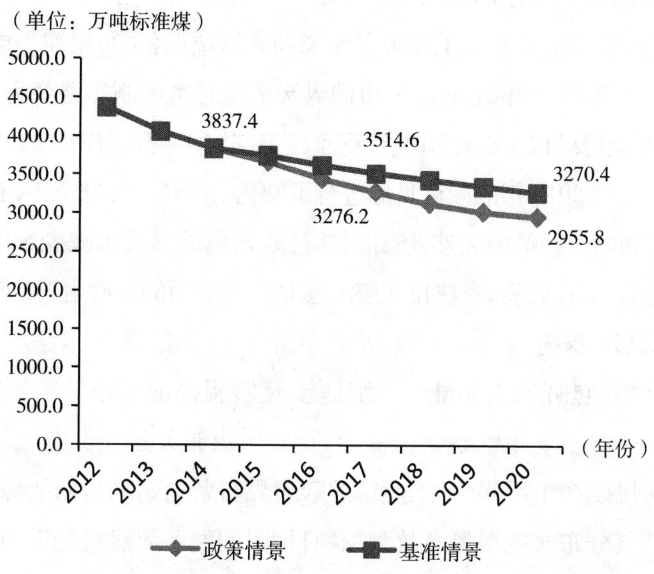

图 7-32　石家庄市基准情景和政策情景下的煤炭消费量

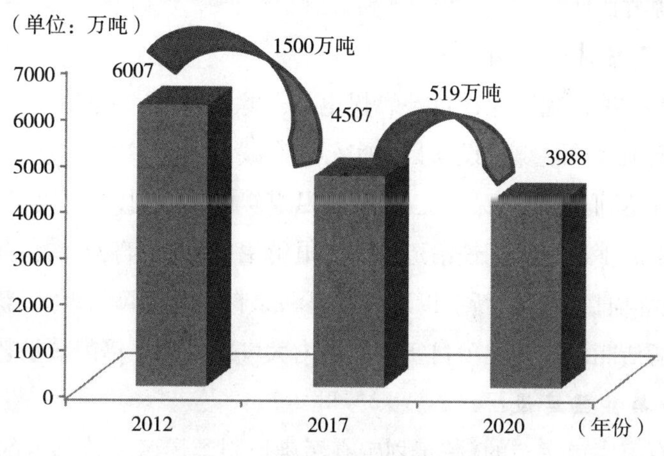

图 7-33　石家庄市燃煤总量削减值

十、政策措施

为保证政策情景下的削减燃煤目标，需要政策措施的保障。石家庄市煤炭消费总量中有 70%左右是规模以上的企业消费的，所以石家庄在 2013 年、

2014年煤炭消费总量控制的重点是规模以上的企业。主要措施是淘汰落后产能,压缩过剩产能,并取缔了几十家外来煤炭的洗选公司,压缩了电力行业的发电量等。从2015年开始,石家庄市的煤炭消费总量控制思路变为“规模以上控制、重点削减规模以下企业用煤”,石家庄市制定了《石家庄市2015年削减煤炭工作计划》,对2015年的减煤目标进行了细化。2016年、2017年,石家庄市除采取上面提到的一些措施之外,还计划通过外购电的形式来减少发电过程中的煤炭消费总量。下面是石家庄市在煤炭总量控制方面的一些主要措施:

(一)燃煤替代

开发利用地热能、太阳能、生物质能,逐步提高城市清洁能源使用比重。实施“气化石家庄”,加大天然气、液化石油气、煤制天然气供应。新增天然气优先保障居民生产生活锅炉、工业窑炉和燃煤自备电站的清洁能源替代等;鼓励发展天然气分布式能源等高效利用项目,限制发展天然气化工项目;积极发展天然气调峰电站。2017年年底前,基本完成燃煤锅炉、窑炉、自备电站的天然气替代改造任务。通过调研获知,在2015年年底,第三产业的锅炉已经全部实现能源替代。

(二)严格涉煤项目审批

禁止新建项目配套建设自备燃煤电站。除热电联产机组外,不再审批新建燃煤发电项目。耗煤建设项目要实行煤炭减量替代。现有多台燃煤机组装机容量合计达到30万千瓦以上的,可按照煤炭等量原则,改建为高参数、大容量燃煤机组。不再审批钢铁冶炼、水泥、电解铝、平板玻璃、炼焦、有色金属、电石、铁合金等项目。严格新上以煤为燃料和原料工业项目的审批,新增热源原则上使用清洁能源。新建项目实行区域内大气污染源2倍削减量替代。

(三)禁燃区建设

根据石家庄市发布的《关于划定高污染燃料禁燃区及控制区的通告》,石家庄市的禁燃区范围主要是二环路以内区域和正定新区。禁燃区内不得新建高污染燃料燃用设备,不得将其他燃料燃用设备改造为高污染燃料燃用设备。

《石家庄市2015年削减煤炭工作计划》指出,2015年城市核心区(市区一环)内实现无煤化。石家庄市二环以内,工业利用和居民生活的623台锅炉现在已经完成拆除,只剩下石家庄钢铁厂和石家庄热电厂的两个20万千瓦和两个 2.5 兆瓦的锅炉来承担二环以内 3100 万平方米的供热。其中,石家庄钢铁厂将搬至矿区,华电集团的石家庄热电厂将于 2017 年年底停工,然后在裕华二电(南三环外侧)上两个 30 万千瓦的机组,给约 2000 万平方米的区域供热,同时“热电九期”(计划用 8 亿方天然气)上马,未来将给约 1100 万平方米的区域供热,这两个项目已经批准。

(四)全面整治燃煤小锅炉

加快热力和燃气管网建设,通过集中供热、“煤改气”“煤改电”等措施,协助完成燃煤锅炉的综合治理。除保留必要的应急和调峰燃煤锅炉外,建成区全部淘汰 10 蒸吨/时及以下燃煤锅炉,禁止新建燃煤锅炉;工业园区禁止新建 20 蒸吨/时以下燃煤锅炉;其他地区禁止新建 10 蒸吨/时以下燃煤锅炉。2017 年年底前,建成区全部淘汰 35 蒸吨/时及以下燃煤锅炉,城乡结合部和其他远郊县(市、区)的城镇地区基本淘汰 10 蒸吨/时及以下燃煤锅炉。在供热、供气管网覆盖不到的地区,改用电、新能源或洁净煤,推广使用高效节能环保型锅炉系统。工业园区和化工、造纸、印染、制革、制药等企业聚集区,淘汰全部自备燃煤锅炉,改用新能源或集中建设热电联产机组替代或改由大型热电厂集中供热供汽。

2017 年年底前,计划拆除民用锅炉 687 台,包括 10 蒸吨/时以上锅炉 8 台,10 蒸吨/时以下锅炉 679 台。其中,集中供热的民用锅炉 10 蒸吨/时以下 100 台,10 蒸吨/时以上 1 台,能源置换的民用锅炉拆除 10 蒸吨/时以下 49 台,10 蒸吨/时以上 5 台,更新替代的民用锅炉拆除 10 蒸吨/时以上 30 台,提质提效的民用锅炉拆除 10 蒸吨/时以上 2 台。

2017 年年底前,计划拆除改造工业锅炉 1203 台,其中拆除 281 台、能源置换 711 台、更新替代 32 台、提质增效 143 台。

并且,石家庄市推行煤炭的高效清洁集中利用,用节能高效环保型的锅炉替代燃煤小锅炉,一个项目补贴 1000 万—2000 万元。

(五)加快淘汰落后产能,压缩过剩产能

对未按期完成淘汰任务的县(市、区),严格控制国家、省和市安排的投资项目,暂停对该县(市、区)重点行业建设项目办理核准、审批和备案手续。加大环保、能耗、安全执法处罚力度,建立以提高节能环保标准倒逼“两高”行业

过剩产能的退出机制，认真清理产能严重过剩行业的违规在建项目，坚决遏制产能严重过剩行业的盲目扩张。

2017年年底前，全市炼铁产能削减374万吨，炼钢产能削减482万吨。2013年年底前，先行关停所有水泥粉磨站。2017年年底前，逐步关闭西部山区水泥建材企业。2017年年底前，全部淘汰10万千瓦以下共计23.7万千瓦的常规燃煤机组。

在电力方面，石家庄拥有河北南网最大的两个电厂——上安电厂和西柏坡电厂，这两个大电厂装机容量为240万千瓦，2014年石家庄电力净输出30亿度(其中发电450亿度，总用电420亿度)。未来石家庄可能采取的措施是压缩发电量，以外购电的方式来减少煤炭消费量。

(六)工业园区形式的节能

有条件的工业园区，拆除分散燃煤锅炉，改用新能源或按照用煤量减量替代的原则，建设高效环保型锅炉系统，实施集中供热。比如说陶瓷产业，陶瓷产业需要有煤制气的过程，但是如果分散分布的话，就会使煤制气的过程效率比较低，从而增加了煤炭的消费量。所以石家庄市计划设立一个工业区，将市内所有的陶瓷产业集中到一起，建立一个大的煤制气工程，提高煤制气的效率，进而达到节能的目的。

第五节　天津市

一、社会经济发展现状

天津市地处华北平原东北部，环渤海湾的中心，东临渤海，北依燕山。天津距北京120千米，对内腹地辽阔，辐射华北、东北、西北13个省、自治区、自辖市，对外面向东北亚，是中国北方最大的沿海开放城市。

天津市有12个市辖区、1个副省级区、3个市辖县，乡镇级区划数为240个。市辖区分为中心城区、环城区和远郊区。《天津市空间发展战略》提出“双城双港、相向拓展、一轴两带、南北生态”的城市规划理念。其中，“双城”是指天津市中心城区和滨海新区核心区；“双港”是指天津港和天津南港；“南北”是指市域中北部及南部；“北端”是指蓟州区北部山地丘陵地带。

天津市 2013 年实现地区生产总值 14370.16 亿元,按可比价格计算,比 2012 年增长 12.5%。分三次产业看,第一产业增加值 188.45 亿元,增长 3.7%;第二产业增加值 7276.68 亿元,增长 12.7%;第三产业增加值 6905.03 亿元,增长 12.5%。三次产业结构为 1.3∶50.6∶48.1。根据经济发展阶段分析与判断理论,天津市属于全面工业化向后工业化过渡的阶段。

天津市 2017 年实现地区生产总值 18595.38 亿元,按可比价格计算,比 2016 年增长 3.6%。其中,第一产业增加值 218.28 亿元,增长 2.0%;第二产业增加值 7590.36 亿元,增长 1.0%;第三产业增加值 10786.74 亿元,增长 6.0%,三次产业结构为 1.2∶40.8∶58.0。

为了进一步分析天津市经济增长中生产要素的贡献,构造如下的生产函数:

$$Y_t = A K_t^{\alpha} L_t^{\beta} \tag{7-5}$$

取对数形式得:

$$\ln Y_t = \ln A_t + \alpha \ln K_t + \beta \ln L_t \tag{7-6}$$

根据天津市 1988—2013 年的数据,用计量经济学方法进行回归,回归结果见表 7-9。

表 7-9 天津市多元线性回归结果

	φ	α	β	R^2	DW 值
参数值	-2.26	0.74	0.66	0.942	0.25
T 统计值	-1.16	11.71	1.78		

根据资本存量的产出弹性 α 和劳动力的产出弹性 β,可以计算出 1988—2013 年各要素对天津市地区生产总值贡献率(见表 7-10)。

表 7-10 1988—2013 年天津市地区生产总值增长的要素贡献率

要素变量	1992 年值(2013 年价)	2013 年比 1992 年增加值	要素贡献	要素贡献率(%)
资本存量(亿元)	868.77	14318.95	9067.30	66.54
劳动力(万人)	465.15	382.31	404.72	2.97

续表

要素变量	1992 年值（2013 年价）	2013 年比 1992 年增加值	要素贡献	要素贡献率（%）
综合要素生产力	—	—	4154. 82	30. 49
地区生产总值（亿元）	743. 36	13626. 84	13626. 84	100. 00

由表 7-10 可见，1988—2013 年天津市资本存量对地区生产总值的贡献率为 66. 54%，劳动力对地区生产总值的贡献率仅为 2. 97%，综合要素生产力（广义技术进步）对地区生产总值的贡献为 30. 49%。

二、空气污染现状

2013 年，天津市环境空气质量达标天数为 145 天，占全年的 40%；2014 年环境质量稳步改善，空气质量达标天数为 175 天，同比增加 30 天。

自 2013 年国家实行《环境空气质量标准》（GB 3095—2012）以来，天津市 2014 年二氧化硫、可吸入颗粒物和细颗粒物有所下降，二氧化氮持平。图 7-34体现了天津市大气污染物浓度变化趋势。

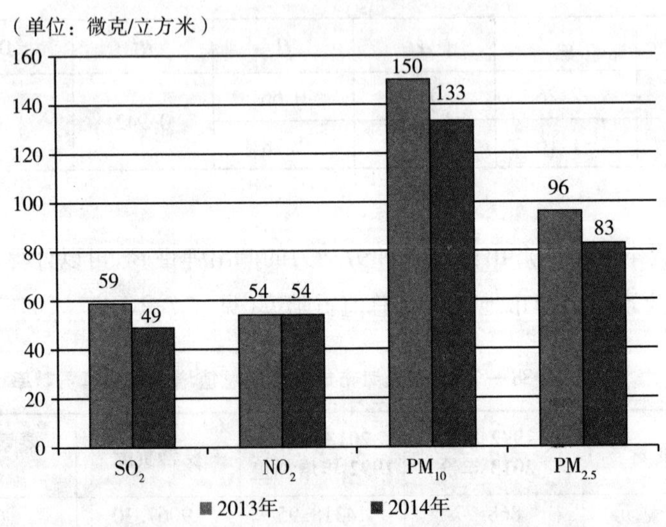

图 7-34　天津市大气污染物浓度变化趋势

三、PM_{10}、$PM_{2.5}$源解析

图 7-35 是天津市 PM_{10}源解析的结果。PM_{10}源解析包含来源和主要成分两部分，天津市环境空气中 PM_{10}来源中本地排放占 85%—90%，区域传输占 10%—15%。在本地污染贡献中，扬尘、燃煤、机动车和工业生产为主要来源，分别占 42%、23%、14%和 14%，餐饮、汽车修理、畜禽养殖、建筑涂装及海盐粒子等其他排放对 PM_{10}的贡献约为 7%。

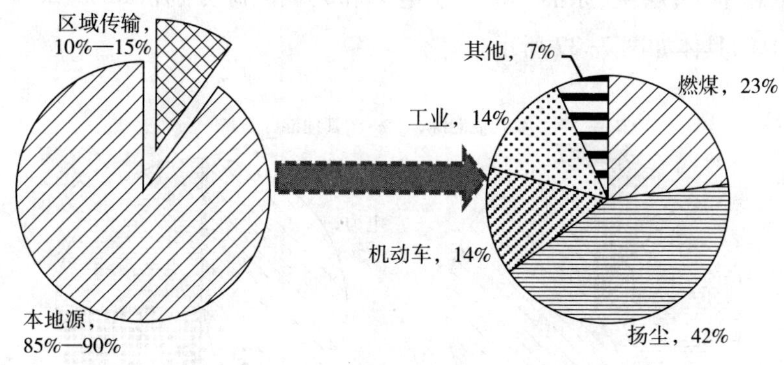

图 7-35　天津市 PM_{10}来源综合解析结果

图 7-36 是天津市 $PM_{2.5}$源解析的结果。$PM_{2.5}$源解析包含来源和主要成分两部分，天津市 $PM_{2.5}$来源中本地排放占 66%—78%，区域传输占 22%—34%。在本地污染贡献中，扬尘、燃煤、机动车和工业生产为主要来源，分别占 30%、27%、20%和 17%，餐饮、汽车修理、畜禽养殖、建筑涂装及海盐粒子等其他排放对 $PM_{2.5}$的贡献约为 6%。

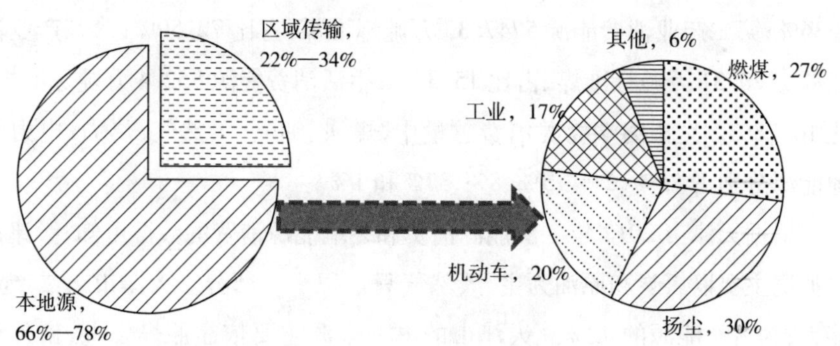

图 7-36　天津市 $PM_{2.5}$来源综合解析结果

根据上述解析结果，天津市 PM_{10}、$PM_{2.5}$ 的主要来源是本地排放。PM_{10} 来源中本地排放占 85%—90%，$PM_{2.5}$ 来源中本地排放占 66%—78%。

四、能源和煤炭消费结构

（一）能源消费结构

2012 年，天津市一次能源消费总量为 8019.04 万吨标准煤。全市一次能源消费总量中，煤炭、原油、天然气、电力和其他能源分别占 58%、28%、5%、8%和 1%，具体如图 7-37 所示。

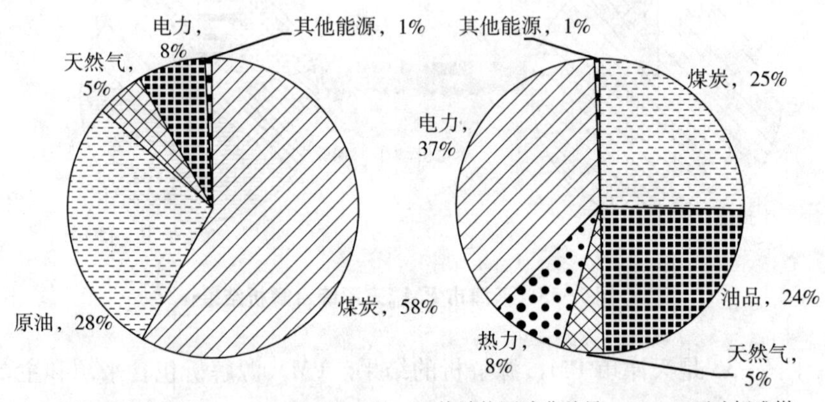

图 7-37　2012 年天津市一次能源消费结构和终端能源消费结构

天津市 2012 年终端能源消费总量为 7927.48 万吨标准煤，具体比例如图 7-37所示。在终端消费中，第一产业消费能源 107.44 万吨标准煤，占比 1.36%；第二产业消费能源 5747.33 万吨标准煤，占比 72.50%；第三产业消费能源 1220.31 万吨标准煤，占比 15.39%；生活消费能源 852.4 万吨标准煤，占比 10.75%。全市终端能源消费总量中，煤炭、油品、天然气、热力、电力和其他能源分别占 25%、24%、5%、8%、37%和 1%。

根据天津市 2012 年一次能源消费和终端能源消费的数据可知，天津市能源消费主要以煤炭和原油为主，天然气只占很小一部分。天津市第二产业耗能大，约占总能源的 72%。天津市的电力来源主要依靠原煤发电，市外调入电力仅占 8.2%。天津市原油产量高，位于滨海新区的大港油田原油产量位列全国第6位,再加上天津港优越的地理位置,原油进口十分便利。天津市60%的原油用于外调和出口,其余40%用于炼油,成品油主要用于第二产业。

(二)煤炭消费结构

天津市2012年煤炭消耗总量为5298.26万吨。不同用途煤炭消耗情况如图7-38所示(其中"发电"项即为火力发电,"居民生活"项包括城镇和农村居民的煤炭消耗量,"其他"项包括除其他五项外的用途带来的煤炭消耗量,主要是第一产业和第三产业)。

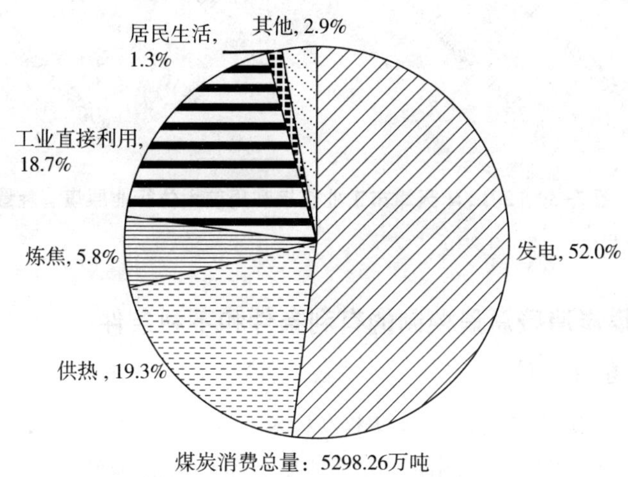

图7-38 2012年天津市不同用途煤炭消耗占比情况

从图7-38可以看出,2012年天津市分用途煤炭消费中,用于火力发电、供暖和工业直接利用的煤炭消耗量相对较多,其中发电耗煤超过煤炭总消费量的一半。进一步分析天津市2012年从煤炭投入到终端消费的情况,天津市第二产业耗煤量远大于第一产业和第三产业,约占煤炭消费总量的65%。其中,第二产业中黑色金属冶炼和压延加工是耗煤大户,约占第二产业耗煤总量的53%。

图7-39是2012年天津市工业直接利用前六位行业的原煤消耗量。由图可知,天津市工业直接用煤中各产业的原煤消耗量差别较大。用于黑色金属冶炼和压延加工业的原煤明显高于其他行业,约占工业直接用煤总量的55%;其次化学原料和化学制品业原煤消耗量也非常高,说明高耗能高污染的钢铁和化工行业仍是天津市的主要产业。

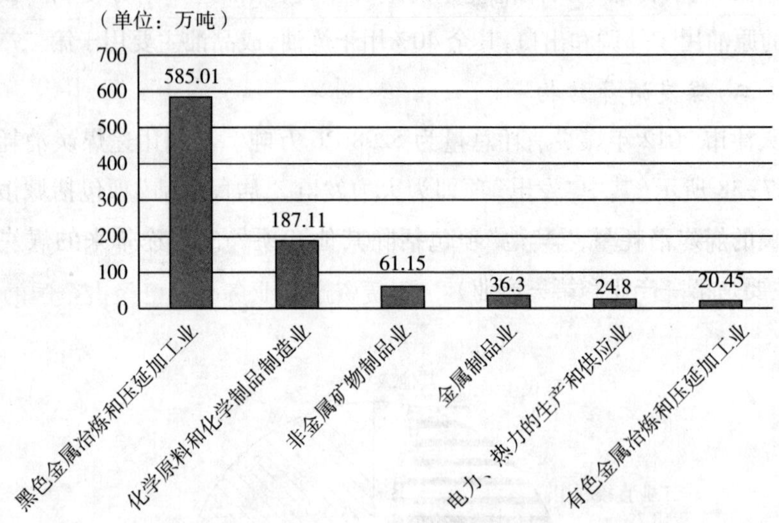

图 7-39　2012 年天津市工业直接利用前六位行业原煤消耗量

五、煤炭消费总量控制的有利条件和不利条件

（一）有利条件

1. 煤炭消费总量控制政策约束力度大

天津市地处京津冀城市群，煤炭消费总量控制政策约束力度大。2012 年 9 月，国务院发布《重点区域大气污染防治“十二五”规划》，要求“实施煤炭消费总量控制”，提出要在京津冀城市群积极开展煤炭消费总量控制试点。2013 年 9 月，国务院下发的《大气污染防治行动计划》要求，到 2017 年，京津冀地区实现煤炭消费总量负增长。2013 年 9 月，环保部下发的《京津冀及周边地区落实大气污染防治行动计划实施细则》明确提出，2017 年天津市要在 2012 年的基础上净削减燃煤 1000 万吨。强大的政策约束有利于天津市煤炭总量控制的实施。

2. 京津冀协同发展契机

天津市具有京津冀协同发展的契机，明确定位“全国先进制造研发基地、北方国际航运核心区、金融创新运营示范区、改革开放先行区”。天津市可以利用和北京的“双城”关系，进一步强化京津联动，全方位拓展合作广度和深度。在推动产业升级方面，天津市可以研发转化北京的原始创新，发展低能耗低污染的高新技术产业，加快产业转型升级，推动产业转移对接。

天津作为我国改革开放的最前沿阵地，当前正面临着自贸区建设的机遇，是继北京、上海之后全国第三个拥有金融全牌照的城市，已经成为具备一定全国影响力的要素枢纽。特别是在融资租赁、离岸金融、商业保底和人民币跨境使用等方面进行了试点，天津的融资租赁资产的业务总量已经占全国的1/3。天津金融创新的氛围基础是非常浓厚的。

3. 先进制造业独领风骚

天津滨海新区已经成为中部先进制造业基地，吸引了诸如空客A320总装线、新一代运载火箭产业化基地、长城汽车、三星、一汽丰田和大众变速箱等一批核心企业。滨海新区已聚集大型央企103家、世界500强企业中的100多家。由此可见，天津的先进制造业发展势头迅猛，呈独领风骚之势。

4. 可再生能源装备制造业初具规模

天津是全国可再生能源产业发展起步较早的地区之一，近年来汇集了一批世界级新能源企业，产业规模呈现出跨越式发展。天津市拥有雄厚的可再生能源科研基础，聚集了电子科技集团、天津大学和南开大学等一批国内领先的科研院所和高校，生物质能源、太阳能利用、地热能源和水电风力发电等方面的科研成果在国内处于领先地位。天津是我国领先的薄膜及聚光太阳能研发基地，在非晶硅薄膜电池、太阳能电池等领域的生产和研发，具备一定的基础和优势，世界仅有的两家柔性薄膜太阳能电池生产企业已全部引入天津。

总体上，天津可再生能源装备制造业初具规模，对优化天津能源结构、削减燃煤总量具有重大作用。

（二）不利条件

1. 第三产业比例偏低

一般而言，一个国家或地区的经济越发达，第三产业的经济主导地位就越明显，第三产业增加值所占地区生产总值的比重也越大，发达国家第三产业比重在65%以上。第三产业发展水平不仅和地区发达程度相关，还与能源消耗的降低密切相连。为此我国许多城市积极调整产业结构，把第三产业占地区

生产总值比重达到60%作为近期目标。图7-40是2012—2014年北京、上海、天津、重庆和西安各城市与全国三次产业比例。相比之下，天津市第三产业发展速度较慢。2012—2014年，天津市第三产业增加值占比分别为47%、48%和49%，相当于全国平均水平，与北京、上海、西安等城市相比存在明显的差距。2012年天津第二产业和第三产业增加值比重分别为52%和47%，而其能源消耗占比分别为71.67%和15.22%，第二产业能耗约为第三产业的4.8倍。第二产业消耗了大量的能源，因此，天津市要想降低能耗，必须要进行产业结构调整。

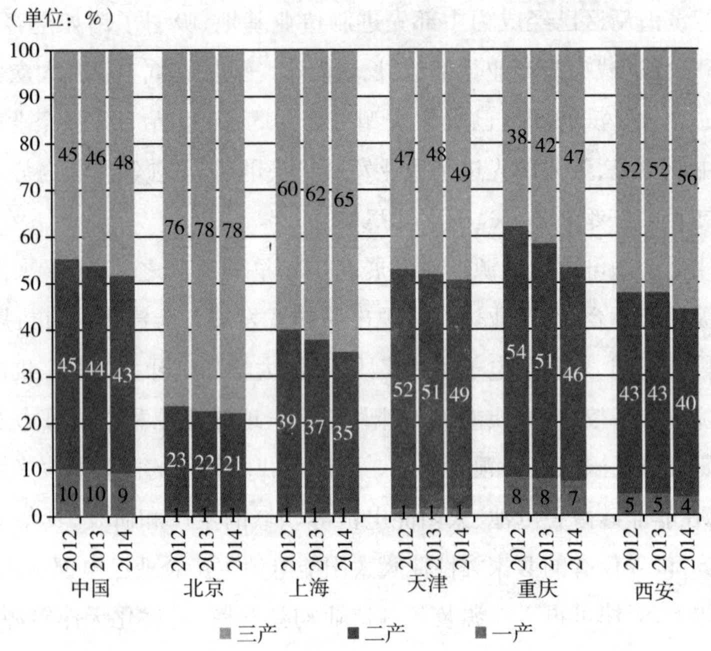

图7-40　2012—2014年各城市三次产业比例

2.第二产业内部高耗能行业比重大

能耗减量要借助产业内部的调整来实现，第二产业内部尤其应该如此。天津市主要支柱产业有：黑色金属冶炼和压延加工业、计算机通信和其他电子设备制造业、汽车制造业、化学原料及化学制品制造业、专用设备制造业、金属制品业、食品制造业、有色金属冶炼和压延加工业。其中，黑色金属冶炼和压延加工业、化学原料及化学制品制造业、金属制品业、食品制造业、有色金属冶炼和压延加工业均属于高能耗行业。因此，天津市第二产业内部行业结构调整是其实现煤炭减量的一个难点。参照天津市统计年鉴的工业行业分类标准，结合天津市的工业发展现状，将天津市的工业分行业划分为 25 个行业，然后按照行业分类分析天津市各行业的分行业工业增加值和分行业的单位工业增加值煤耗。图 7-41 是天津市规模以上工业企业分行业的工业总产值，图 7-42 是天津市规模以上工业企业分行业的单位工业总产值煤耗。

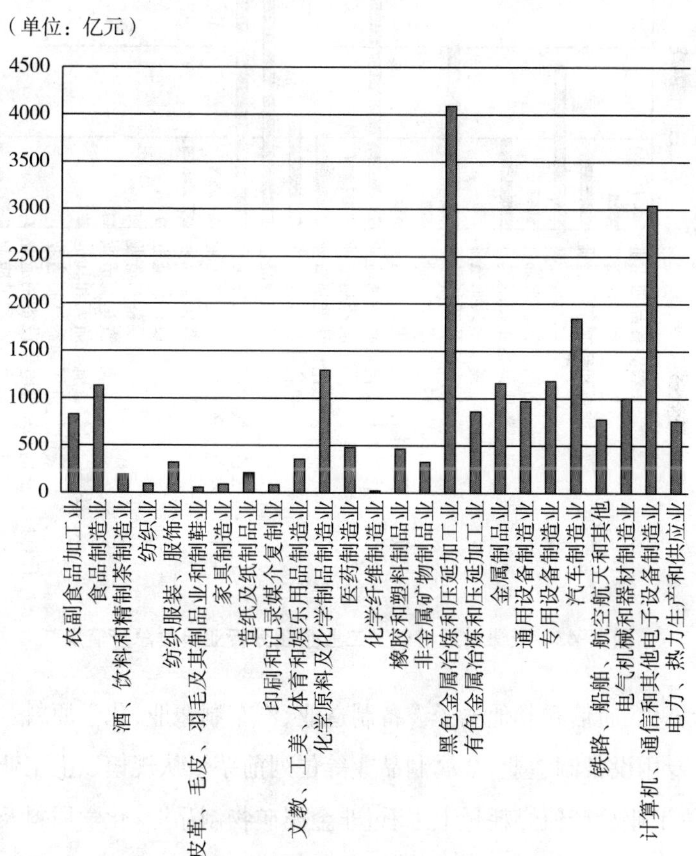

图 7-41　天津市规模以上工业企业分行业工业总产值

从规模以上工业企业分行业的工业总产值来看，黑色金属冶炼和压延加

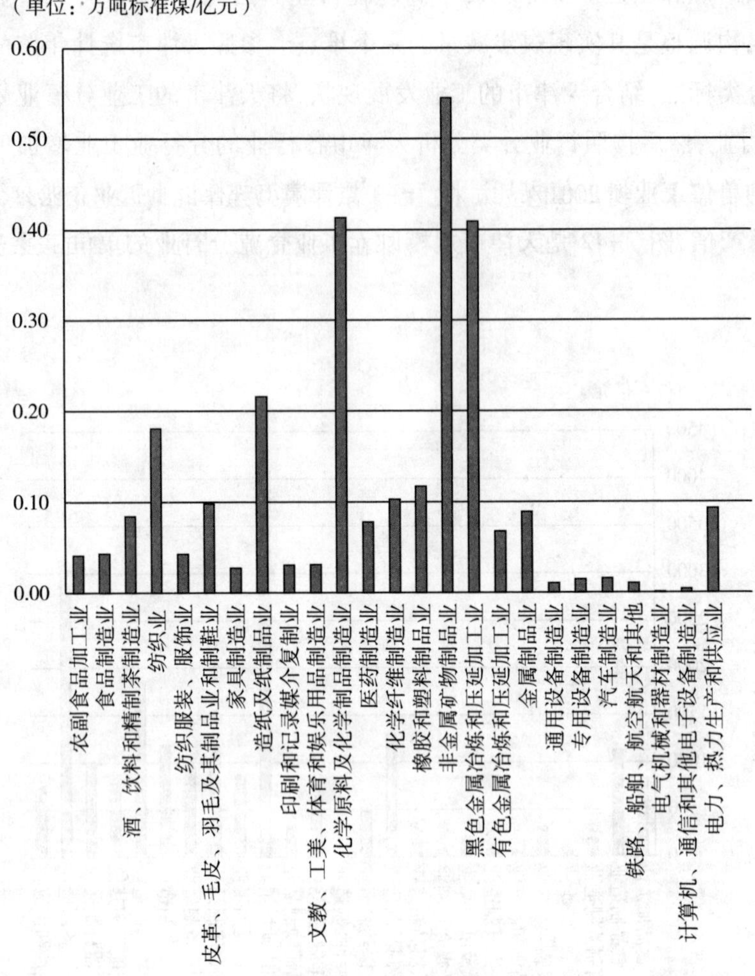

图 7-42　天津市规模以上工业企业分行业单位总产值煤耗

工业，计算机、通信和其他电子设备制造业，汽车制造业，化学原料及化学制品制造业，专用设备制造业，金属制品业等位列前茅。从规模以上工业企业分行业的单位工业总产值煤耗量上来看，非金属矿物制品业、化学原料及化学制品制造业、黑色金属冶炼和压延加工工业、造纸及纸制品业、纺织业、橡胶和塑料制品业位列前茅。无论从消耗煤炭的经济效率还是控制大气污染减少煤炭消耗的角度出发，非金属矿物制品业、化学原料及化学制品制造业、黑色金属冶炼和压延加工业、造纸及纸制品业、纺织业、橡胶和塑料制品业都应该列为天津市限制发展甚至加速淘汰的行业。

3. 天然气气源拓展困难

天津市煤炭消费总量控制的基本思路是以天然气替代煤,相应的天然气气源拓展成为难题。目前,天津的天然气消费量为20亿立方米,2017年天然气的消费需求达到200亿立方米。由于京津冀乃至华北地区迫于治理大气污染和煤炭消费总量控制的压力,各地都在争抢气源。因此,天津市未来天然气供应增加的任务很重,实现难度也很大。面对气源拓展困难的问题,天津市一方面要积极寻找拓展气源,另一方面要加快可再生能源的开发。

六、煤炭消费总量控制目标

2012年,天津市燃煤总量5298万吨,其中:燃煤发电(热)厂约消耗煤炭3182万吨(发电用煤2746万吨,供热用煤436万吨);燃煤供热锅炉约消耗煤炭546万吨;工业耗煤约1300万吨;民用、商业、损失量等约270万吨。

根据环保部下发的《京津冀及周边地区落实大气污染防治行动计划实施细则》,要求2017年天津市要在2012年的基础上净削减燃煤1000万吨。

为达成燃煤削减目标,根据《天津市煤炭消费总量削减和清洁能源替代实施方案》,天津市对削减总量进行分解,2017年分解的削减总量已达1335万吨,超过国家规定日标33.5%。

图7-43是天津市燃煤削减量的分解示意。天津市燃煤总量分解包括以下几个部分:(1)关停淘汰燃煤机组削减燃煤540万吨,占燃煤削减总量40.45%;(2)供热锅炉实施改燃并网或关停削减燃煤385万吨,占燃煤削减总量28.84%;(3)工业自备电站和锅炉实施改燃并网或关停削减燃煤410万吨,占燃煤削减总量30.71%。

七、情景分析

根据天津市的资源禀赋、经济发展阶段、产业特点和政府的各项规划,我们计算了天津市煤炭消费的基准情景和政策情景(见图7-44)。

根据图7-44可知,基准情景下天津市煤炭消费总量在2015年达到峰值,

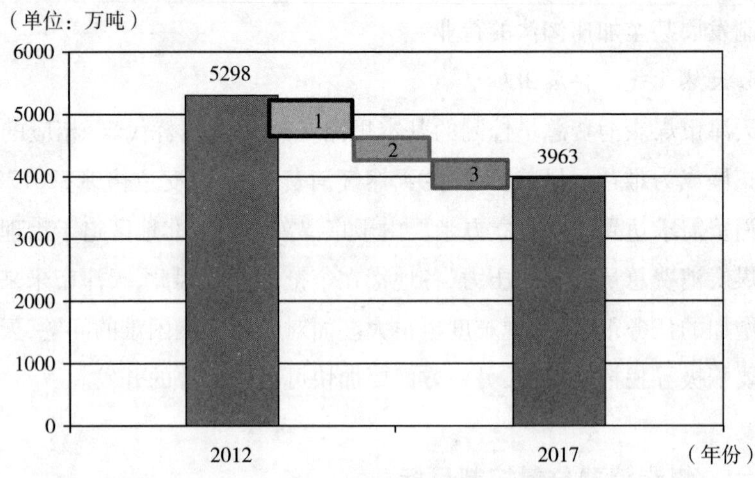

图 7-43　天津市燃煤削减总量分解

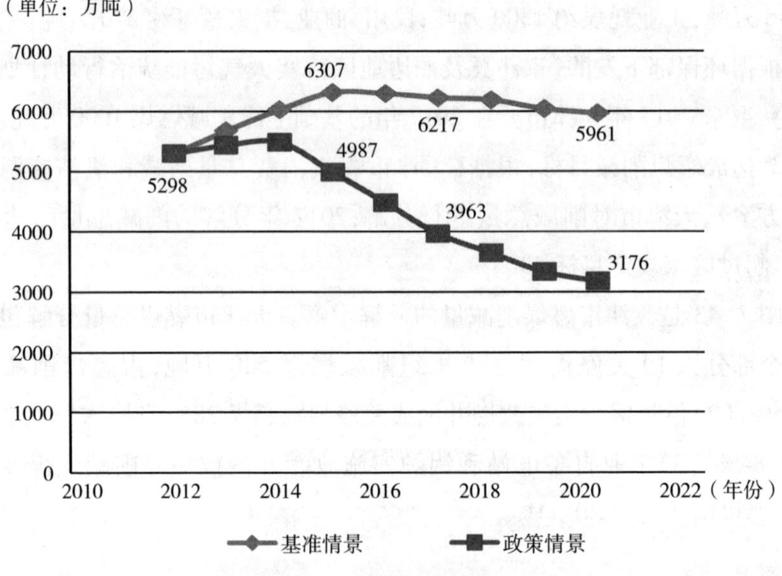

图 7-44　天津市煤炭消费量趋势

“十三五”期间煤炭消费总量呈缓慢下降趋势；政策情景下达到峰值的年限提前至 2014 年。政策情景下，2017 年天津市煤炭消费量比基准情景降低 2251 万吨，2020 年煤炭消费量比基准情景降低 2785 万吨。

八、政策措施

（一）严控耗煤项目审批

天津市应进一步严格控制新建燃煤发电机组，新建项目禁止配套建设自备燃煤电站，对现有的自备电站燃煤火电机组进行改燃或关停。同时禁止新建工业燃煤锅炉，严格控制燃煤供热锅炉房项目审批，建成区禁止新、改、扩建燃煤供热锅炉，推动完成建成区 35 蒸吨/时及以下的燃煤工业锅炉及燃煤供热锅炉的改燃或并网。对于热电联产和燃气管网建设能够覆盖的郊区县，可以实施燃煤锅炉并网和清洁能源改造；对于尚未覆盖的郊区县，则应结合新城镇建设逐步改原煤散烧为集中供热。

（二）促进天然气高效利用

天津市应加大液化天然气应用，落实《天津市燃气汽车推广应用实施方案》，加快 LNG 加气站建设。同时做好煤制天然气项目建设和供应平衡工作，积极落实与内蒙古、新疆等签署的战略合作协议，拓展多方向多气源的供气格局。进一步加快重点输气管道和储气设施建设，提升天然气供应和应急保障能力。加强天然气需求侧管理，引导用户合理、高效用气，优化天然气使用方式，鼓励在开发区、工业园区等区域发展天然气冷热电分布式能源项目，推进天然气的高效利用。

（三）推动产业低碳化发展

天津市应大力发展战略性新兴产业。明确“全国先进制造研发基地”的功能定位，依托现有产业基础，积极抢占低碳发展制高点，大力发展航空航天、新一代信息技术、生物技术与健康、新材料、节能环保和高端装备制造等低能耗、低碳排放的战略性新兴产业，不断提升先进制造业产值占全市工业总产值比重。同时促进传统产业低碳化升级改造。加快淘汰电力、钢铁、化工、水泥、印染等行业的落后产能；加强对冶金、电力、化工、石油石化等高耗能、高碳排放行业的节能监管，充分利用能源审计和清洁生产审核手段，抓好重点用能企业的节能降耗工作，推动产业低碳化升级改造。

（四）加快推进可再生能源利用

天津市地理位置优越，处于沿海风能丰富带，风能资源十分丰富。因

此，天津市应优先发展风力，优化发展陆上集中式风电、大力发展分散式风电，积极推进海上风电。同时继续支持太阳能光伏发电项目，积极推进分布式光伏发电应用示范区建设。组织编制生物质发电规划，因地制宜推动生物质供热示范工程建设。稳步推进地热资源开发利用，提高地热开采量和回灌率，增加地热供暖面积。要把可再生能源纳入天津市整体能源体系，合理规划，统一管理，有序开发，使可再生能源在总能源中的利用比例不断提高。

（五）加快实施“外电入津”战略

天津市首先要加快外受电通道建设，积极落实与内蒙古自治区签署的战略合作协议，加快推进锡林郭勒盟—山东和蒙西—天津南两条特高压输电通道建设。在此基础上，再争取 1—2 条直流输电通道，实现西部省市向天津市“点对点”送电，提高接收外送电保障能力。其次还要推进“外电入津”电源项目建设，鼓励市内能源企业与各大发电集团合作，在内蒙古、山西、宁夏等省市建设燃煤发电项目，建成后优先为天津市送电。最后要完善自身网架结构，提高区内接纳外受电的能力。通过以上措施，不断提高市外购电比例，到 2017 年年底，市外购电比例达到 1/3。

（六）深度融入“一带一路”建设

天津市可依托“一带一路”的新支点，加快“改革开放先行区”的建设，推动基础设施与沿线国家和地区的互联互通，推进产业与技术国际间合作。积极承接沿线国家地区产业和技术转移，推进境外能源综合保障基地建设，加强油气、煤炭、天然气等资源能源联合勘探开发，推动水电、核电、风电、太阳能等清洁、可再生能源合作。

第六节　案例城市的总结

一、案例城市基本情况比较

由上述分析可以看出，四个案例城市既有区别又有联系，下面我们主要从案例城市的社会经济基本情况、煤炭分用途消耗量和生产要素的贡献率等方面对案例城市进行比较总结。表 7-11 是案例城市的基本情况，表 7-12 是案例城市煤炭分用途消耗量,表 7-13 是案例城市的要素贡献率对比。

表 7-11 案例城市的基本情况

	地区生产总值(亿元)	产业结构	人均地区生产总值(元)	市区常住人口(万人)	万元地区生产总值煤耗(吨标准煤/万元)
西 安	4884.00	4.5:43.5:52.0	56988.0	580.00	0.270
宁 波	7128.90	3.9:52.5:43.6	123139.0	253.02	0.434
石家庄	4863.66	9.8:47.2:43.0	46321.5	264.61	0.850
天 津	14370.00	1.3:50.6:48.1	99607.0	1207.00	0.345

由表 7-11 可知,从产业结构上看,宁波、石家庄、天津第三产业占比较低,与西安相比存在较大差距;从人均地区生产总值上看,宁波市远远高于其他三个案例城市;从万元地区生产总值煤耗来看,与其他三个案例城市相比,西安的万元地区生产总值煤耗较低,石家庄万元地区生产总值煤耗最高,达到 0.85 吨标准煤/万元。

表 7-12 案例城市煤炭分用途消耗量

	煤炭分用途消耗量(万吨标准煤)					
	发 电	供 热	炼 焦	工业直接利用	居民生活	其 他
西 安	526.83	166.60	0	293.62	43.10	211.35
宁 波	2424.85	246.04	203.33	210.45	15.47	6.19
石家庄	1297.61	210.73	335.11	1680.62	225.34	80.69
天 津	2416.81	894.33	271.50	853.67	67.60	141.73

由表 7-12 可知,西安、宁波、天津三个城市的煤炭主要用于发电,其中宁波的发电煤耗占比高达 77.6%。从工业直接利用煤耗来看,石家庄的工业直接利用煤耗占比较高,占其煤炭消费总量的 44%,而宁波市工业直接利用煤耗占比仅为 6.7%。西安市“其他”项耗煤占比高达 17%,远大于其他三个城市,“其他”项主要为第一产业和第三产业。

表 7-13　案例城市要素贡献率对比　（单位：%）

要素贡献率	西安市	宁波市	石家庄市	天津市
资本存量	93. 15	77. 37	76. 06	66. 54
劳动力	6. 62	2. 38	17. 12	2. 97
综合要素生产力	0. 23	20. 24	6. 83	30. 49
地区生产总值	100	100	100	100

通过对这四个案例城市进行生产函数的构建以及历史数据的回归分析，可以得出四个城市在经济发展过程中资本存量、劳动力和综合要素生产力三个要素的贡献率情况（见表 7-13）。可以看出，宁波市和天津市劳动力的贡献率较低，资本存量、综合要素生产力的贡献率相对较高。可见，东部沿海地区的经济发展中技术起到的作用还是相当大的。另外，我们可以认为宁波市和天津市作为发展较为迅速的城市，规模以上工业所占比重较大，而规模以上工业所需的资本存量较多，应用的科技也比其他发展相对靠后的城市更为先进，相应的产生同一单位地区生产总值所需的劳动力较少，从而导致了这一现象的发生。

二、面临的挑战

（一）产业结构和能源结构的锁定效应

城市在其发展初期，基于自然资源禀赋驱动、传统企业带动所形成的产业集群不仅有明显的路径依赖特性，而且其结构及功能较为单一，这种路径依赖以及较为单一的产业和能源结构容易形成锁定效应。而这种产业和能源结构的长周期锁定效应是刚性的，短期内在技术上很难突破。

从目前来看，宁波、石家庄和天津陷入了产业结构和能源结构锁定。宁波、石家庄和天津的第二产业在产业结构中仍占主导地位，且工业结构中重工业和低端制造业占比较大，从破解锁定效应的角度来看，短期内较难改变现状，产业调整优化难度较大。此外，受资源禀赋和以工业为主导的发展模式制约，宁波、石家庄和天津能源结构调整潜力有限，未来一段时间内，可再生能源用量大幅提升的难度很大。

（二）能源统计问题较多，煤炭消费总量控制效率不高

目前，城市层面的能源统计存在较多问题。首先，城市对能源的统计仅限于规模以上的工业，第三产业和民用的能源消费量都是国家发展改革委等相关部门估算出来的，并且规模以下的都没有统计；其次，各个城市煤炭转换标准煤的过程中，折算系数是不一样的，有些城市为了使折算后的煤炭消费量看起来小一些，折算系数选择偏小；最后，各地方的能源统计数据之和要大于上一级政府的统计数据，比如一个省各城市的能源统计数据之和大于这个省的能源消费总量统计值，中国各个省份的能源统计数据之和大于全国的能源统计数据。

以上诸多统计问题的存在，也导致了中国煤炭总量控制的效率不高。当前，中国正在推进能源统计改革。

（三）天然气的可得性和可利用性

随着“西气东输”工程、东海油气田开发以及从国外购入天然气等措施的实施，目前各城市天然气的供给是充足的。但是不可否认的是，这种充足是相对意义上的充足，因为目前各城市的基础设施比如说天然气管道的建设还不算发达，农村甚至包括一些县城都没有接入天然气管道，这给天然气的普及带来了一定的阻力。另外，我们也应该考虑到天然气的价格仍高于煤炭价格，对于一些企业和个人来讲，由于承受能力有限，所以用天然气作为燃料来进行生产生活可能不是较好的选择，这也导致了天然气在推行和普及上存在一定的难度。

此外，目前天然气在民用和工业上的推广，都伴随着政府的补贴，但是政府财政毕竟是有限的，这种财政补贴也给政府财政带来了一定的压力，所以此类补贴未来在可持续性上存在不确定因素。

（四）可再生能源利用率不高

虽然各城市积极响应国家政策大力开发可再生能源，但从目前情况来看，可再生能源的利用率仍然较低。可再生能源的发展主要面临以下两个挑战。

一是技术障碍，技术开发能力与产业体系薄弱，关键技术掌握得少。除水电、太阳能热利用以外，其他可再生能源技术水平较低，缺乏自主技术研发能力，设备制造能力弱，技术和设备生产主要依赖进口，技术水平和生产能力与

国外先进水平差距较大。以风电为例,全球风电领域技术已经基本成熟,正向大容量、低风速、高效率等方向发展,目前我国只对少数风电设备拥有自主知识产权,无法完全掌握其核心技术。

二是市场障碍,由于可再生能源开发难度大,开发市场化起步晚,所以商品化程度低,产业化薄弱。虽然在国家支持下可再生能源发展的力度逐步加大,但由于缺乏有效的可再生能源市场保障政策,没有形成稳定的市场需求,可再生能源发展缺少持续的市场推动力。

(五)缺乏市场机制,多为命令控制型政策

目前,我国的能源消费总量控制是一种"命令控制型"政策工具。一般来说,命令控制型政策的效果直接且明显,但是如果没有经济激励与自愿性的市场机制,这种政策效果往往难以长久维持,而且管理者和被管理者都容易产生政策执行的"疲劳感"。此外,对市场机制的监督和考核也存在很大的困难,由谁监督、怎样监督市场机制的运行,这些都是亟待解决的难题。我国目前处于市场化节能减排政策工具应用的起步阶段,完善市场机制还有很长的路要走。如果仅通过"缺乏弹性"的"倒逼机制"来实现节能减排目标,可能难以达到预期效果,甚至会产生一定的副作用。

三、政策建议

(一)完善市场机制

禁燃区建设、淘汰改造燃煤锅炉等措施在短期内比较有效,要长期有效地进行控制煤炭消费总量,还需完善市场机制,从根本上促进产业结构转型升级。天津、石家庄已与北京签订了跨区域碳排放权交易合作研究协议,以京津冀一体化为契机的全国碳市场建设正在展开,天津和石家庄应把握好机遇,充分利用碳市场的建设契机和先行城市如深圳的实践经验,积极探索运用市场机制推动低碳发展,从而进一步实现煤炭总量控制。"一带一路"沿线城市可以依托绿色"一带一路"倡议,与俄罗斯以及东南亚等国家和地区紧密合作,共同建立区域碳市场,以碳交易为手段,促进低碳发展和产业转型升级。

(二)鼓励公众参与和信息公开

2014—2015 年度宁波的信息公开指数为 69.1,在 120 个城市中排名第

二,仅次于温州,西安、石家庄、天津的排名分别为38名、49名、61名。排名靠后的城市可以借鉴宁波“将案件处罚都公开、让老百姓来监督”的做法。除此之外,山东采用“双晒”模式发布污染源日常违规信息;广东搭建“行政处罚信息”平台汇总各地市处罚信息,便于公众查询;湖南在“企业环境信用等级”评价上,引入公众参与,征询公众意见,并在企业环境信用等级升级过程中邀请环保组织监督参与等措施也值得学习和借鉴。

(三)开展建筑节能

住建部的低碳生态城市试点,主要就是指建筑领域的低碳。一方面,对于一个城市来讲,造成空气污染的重要源头就是供暖,同时供暖也是城市煤炭消费的一个重要组成部分,所以开展建筑节能对于控制城市煤炭消费总量很有必要。另一方面,绿色建筑的实际建成比例应该说在整个建筑当中非常低。绿色建材、绿色能源的应用并不十分普及,绿色能源使用的方式还很粗放,大多数的建筑过程还缺乏全过程的绿色发展理念,虽然四个案例城市相关的政府文件和政策措施中都有提到建筑节能,但是目前真正落实建设的绿色建筑占比仍然较小。

所以,建筑节能领域的潜力和空间是十分巨大的,换个角度讲,城市层面也应该更加重视建筑节能的发展。

(四)加快推进发电中心建设和电网建设

中国地区间资源分布不均,政府应该在煤炭资源较为丰富的地方建立大的发电中心,从而降低煤炭的运输成本,也可以实现发电的规模效应,提高煤炭发电过程中的转换效率。同时,城市之间应该推进电网建设,尤其是特高压直流输电网的建设,使供电中心发出的电可以高效地传输到各城市中,从而减少受电城市因为自身发电所需要消耗的煤炭量,有助于城市煤炭消费总量的控制。

(五)积极推进近郊、城中村的燃煤替代

郊区县和城中村问题是城市实施煤炭总量控制的难点和“暗点”,这些地区的散煤燃烧是城市大气污染的主要来源之一。各城市应加快建设郊区县、市及周边的天然气管网设施,促使农村地区及城中村进行燃煤替代,削减原煤散烧,加大罐装液化气和可再生能源的供应,推广乡镇、村洁净煤使用。城中

村和周边具备条件的城郊村实施煤改气、煤改电,全面拆除小火炉和小锅炉,推进集中供热全覆盖。

(六)创新政府融资模式,优先建设天然气管道

通过对案例城市的调研,我们发现这些案例城市气源供应可以保障,阻碍天然气规模应用的瓶颈是管道设施和用气价格,特别是县级市和城乡结合区域的天然气管道设施存在很大缺口。可以逐步扩大天然气管道的铺设范围,先使近郊使用上天然气,之后逐步推广到农村。

对于政府而言,财政资金远远不足以支撑此类公共基础设施的建设。其本质就是地方政府融资难的问题,城市政府可以用一些创新的方式来解决这一问题,比如最近财政部、国家发展改革委都在力推的 PPP(Public-Private-Partnership)模式,以这种模式来代替政府发行地方债的形式融资。

PPP 模式,是指公共部门与私人部门为提供公共产品或服务而建立的各种合作关系。这种模式正越来越受到政府部门的重视,2015 年 4 月国务院办公厅转发了财政部、国家发展改革委、中国人民银行《关于在公共服务领域推广政府和社会资本合作模式指导意见的通知》,首次系统、全面地明确了推广 PPP 的目标、制度体系和政策保障等,提出在能源、交通运输、水利、环境保护、农业、林业、科技、保障性安居工程、医疗、卫生、养老、教育、文化等公共服务领域,广泛采用 PPP 模式。同时,支持地方政府与金融机构共同设立基金,用好税收优惠、奖励资金和转移支付等手段,多措并举吸引社会资本参与公共产品和服务项目的投资、运营管理。

同时,城市也可以通过融资租赁的形式来与政府合作,进行基础设施项目的建设。基础设施建设需要耗费大量的政府财政,所以现在的政府在进行基础设施建设上缺乏的是一次性付款的资金,而不是分期按年支付的资金,所以政府也会更倾向于接受这种通过融资租赁来进行天然气管道建设的方式,以降低政府的融资压力。并且,有些互联网金融公司也在尝试通过 P2P、股权众筹等方式来为此类项目募资,公众也比较倾向于把自己的资金投向此类项目,因为此类项目的背后体现的是政府的信用,政府的信用是要高于社会一般信用的。

政府融资模式的不断创新和丰富,对于城市天然气管道建设的推进具有

积极意义。当然也不仅仅是天然气管道的建设需要创新融资模式。新疆、青海、甘肃、内蒙古等地风能充足，也需要财政资金来进行基础设施的配套建设予以推广，政府也可以通过这种方式来缓解资金方面的压力。

（七）推行产业园区建设，促进产业集聚化

现在中国很多城市都存在产业分散化的情况，可以通过建设产业园，把同一种产业或者可以实现循环经济、资源最大化利用的产业都聚集到一起，实现能源的有效利用，减少能源消费量，进而减少煤炭消费量。

同时，这种措施也有助于政府有关部门的检查和监管，在国家大力治理大气污染的背景下，这样的园区化布局使监管效果更好，这样也就更有效地降低了煤炭的消费量。

（八）把握新机遇，优化能源配置

要充分把握“一带一路”的契机，优化配置本地能源结构。在 2013 年之前，从我国能源的进口来源地看，地缘政治局势不稳的西亚和非洲仍是中国的主要能源进口地，这给我国的能源安全带来诸多隐患。“一带一路”倡议的提出，为我国能源开源提供了机遇。在“一带一路”沿线，蕴藏着丰富的煤炭、油、气等传统资源，也有发展水电、风电、太阳能等可再生能源得天独厚的优势。沿海沿线城市应该要充分利用好“一带一路”的契机，积极拓宽能源进口渠道，建立长久合作共赢机制。同时，开源还要求立足国内，加强国内油、气和可再生能源的开发，并与“走出去”相结合，对能源进行进一步优化配置。

第八章 研究的局限性分析

第一节 数据的局限性

一、各市地区生产总值和能源消费量的数据

由于中国所处的发展阶段，目前经济统计和能源统计都存在地方统计数据和全国统计数据的不统一和不协调之处。在本书开始撰写之初，我们进行了数据的校核，但是这种校核只能使总量上达到地方数据与全国数据的吻合，却不能达到结构上的完全吻合，真正有效地解决这个问题取决于统计体系的逐步完善。目前存在的一些问题不可避免地带来城市煤炭问题研究的局限性。

二、各市煤炭消费量及按用途的煤炭消费量数据

在我们所研究的294个城市中，仅有不到10个城市有能源平衡表，可以得到煤炭消费量及分用途的煤炭消费量的数据，这是我们研究初期遭遇的最大的挑战。在研究过程中，我们将大量没有能源平衡表的城市分为两类，即重点省份城市和非重点省份城市。其中，非重点省份城市煤炭消费占比简单化处理，即依据省的煤炭消费占比数据；重点省份主要包括煤炭消费总量超过2亿吨的省份，依次为：山东省、山西省、河北省、内蒙古、河南省和江苏省。在重点省份内，设置了三组不同的煤炭消费水平，包括：高煤耗水平、平均水平和低煤耗水平，根据之前参与的其他项目调研的数据和公开的新闻报道的信息，以进一步区分不同城市的能源和煤炭消费结构特点。

各市煤炭消费主要包括以下用途:发电、炼焦、供热、工业直接利用、居民生活以及其他。我们根据调研的数据和公开的新闻报道的信息,编制了重点省份所辖城市粗略的煤炭平衡表,以得到分用途的煤炭消费量的数据。在这个过程中,由于信息不透明,必然造成数据的误差,也必然为后续的情景研究和政策分析带来局限性。

第二节　城市分类的局限性

由于研究对象的庞大,必须进行适当的简化和模型化,为了突出实质性的、关键的、重要的、主流的问题,本书基于两个维度对研究对象进行了分类。首先,基于市区常住人口将294个城市分为五类:超大型城市、特大城市、大城市、中等城市和小城市;其次,基于煤炭消费强度将除超大型城市外的其余四类城市分为高、中、低三类,因此一共有十三类城市。

单从城市分类的角度,还可以进行更加细致或者更加有针对性的分类。由于本书紧紧围绕城市层面的煤炭总量控制,因此选用了现有的按照常住人口和煤炭消费强度进行分类的方式。需要注意的是,由于分析时间跨度较大,各地区城市化发展的进程、经济发展阶段不同等因素,研究中还应该考虑城市分类的动态变化。但是,由于本书涉及的维度较多,一是要考虑未来不同的时间段,二是要考虑不同类型的城市及其所处的经济发展阶段及其变化,三是要考虑煤炭消费结构的动态变化,四是要考虑不同类型的政策措施的适用性等,目前还没有将如何进行城市分类的动态变化的研究方法考虑成熟。同时,城市分类的动态化对现有研究结果带来的误差比较小,按照优先解决主要矛盾和矛盾的主要方面的原则,本书中没有考虑城市分类的动态化。但是不可避免地,现有的城市分类也为情景和政策措施的研究带来了局限性。

第三节　基准年选取造成的局限性

如前所述,由于数据获取和数据处理的难度,行业和中、小城市数据的可

得性不高，数量分析中部分基准年选择了2010年。与本书要面对的主要问题相比，即一是要考虑未来不同的时间段，二是要考虑不同类型的城市及其社会经济的发展变化，三是要考虑煤炭消费结构的动态变化，四是要考虑不同类型的政策措施的适用性等，模型的基准年偏早所造成的误差是非常小的。

但是由于受国际国内各种因素的综合影响，“十二五”“十三五”期间不管是社会经济还是能源消费的总量和结构都与“十一五”末期发生了变化，尽管在研究中我们已经使用各种方法尽量纠正了由于基准年偏早所造成的误差，这个因素还是不可避免地给整体研究带来了一些局限性。

第四节　经济增长率估算的局限性

本书中经济增长率的估算参考了中国煤炭消费总量控制在全国情景研究中经济参数的确定，并综合考虑近年来中国国内生产总值的变化趋势和各类城市当前的经济发展及技术水平。由于煤炭消费强度是各个城市煤炭消费量与地区生产总值的比值，能够在一定程度上反映城市的经济发展水平和生产技术水平，是城市所处经济发展阶段的表现。因此，我们选择以城市煤炭消费强度为分类依据，在保持地区生产总值增长总体趋势减缓的同时，考虑现有经济规模基数、生产边际效益递减和技术水平发展趋势，进行地区生产总值年均增长率的设置。其中，低煤炭消费强度城市的总体经济较为发达，经济总量基数大，技术水平较高，因此地区生产总值年均增长率相对较小；中等煤炭消费强度城市的总体经济发展处于全国中等水平，技术水平也适中，因此地区生产总值年均增长率处于中间位置；经济发展水平相对最低，生产技术也相对落后的高煤炭消费强度地区的生产总值年均增长率最高。

但是对一国地区生产总值及其增长率的估计常常存在局限性。这主要源于对某些概念理解上的偏差、数据的缺失、基层报告的不准确、抽样误差、统计的非一致性以及其他若干不可避免的因素。因此，本书对三类煤炭消费强度城市分别设定的经济增长率必然存在一定局限性。

第五节　政策建议的局限性

本书是一项致力于多影响因素的研究。首先按照常住人口和煤炭消费强度进行城市分类,然后进行了基准情景和政策情景的研究,其中政策情景的研究主要是根据不同城市面临的不同的空气污染制约进行的。但是空气污染控制和煤炭消费总量控制有一致性,也有不一致的方面。比如强调空气污染控制的政策主要集中于城市和农村居民生活用煤、小型燃煤锅炉、城市热电联产等缺少末端处理、空气污染物排放量大的环节,而从煤炭消费结构上来看,这些环节的整体耗煤量并不大,中国煤炭消费量大的环节主要还是集中在发电、钢铁、水泥等重工业部门。那么如何协调这两个不同的控制目标呢?对不同的城市,在不同的发展阶段,应该有所重点,但是各个城市的目标和全国的目标是否能够协调也是有挑战的。

在政策建议部分,本书既考虑了煤炭总量控制的政策措施,也考虑了气候变化和空气污染控制的相关政策措施,还有经济结构调整等宏观经济政策,希望借助多部门多类型政策的协同作用达到控制不同类型城市的煤炭消费总量的目标。显然,本书触及了一个非常现实又非常复杂的问题,如果中国的国情不能在研究中得到充分重视的话,就不可能得出真正有针对性的政策建议。

总之,如何在不同的城市、不同的时间段、面临不同挑战的前提下,提出有建设性的政策建议来达到共同的目标是非常有挑战性的,有待于后续更加深入的研究来进行补充。

参考文献

[1]曹军骥:《中国大气 $PM_{2.5}$ 污染的主要成因与控制对策》,《科技导报》2016 年第 20 期。

[2]陈潇君、金玲、雷宇:《大气环境约束下的中国煤炭消费总量控制研究》,《中国环境管理》2015 年第 5 期。

[3]董冰清:《惠天热电:锅炉改造有望提高效率 30%》,《第一财经日报》2013 年 7 月 6 日。

[4]段新虎:《日本钢铁行业节能减排经验及启示》,《节能与环保》2009 年第 2 期。

[5]国家发展改革委环资司节能处:《钢铁行业重点节能技术》,《广西节能》2004 年第 2 期。

[6]国家能源委员会科技局:《国外能源统计》,能源出版社 2008 年版。

[7]胡云岩、张瑞英、王军:《中国太阳能光伏发电的发展现状及前景》,《河北科技大学学报》2014 年第 1 期。

[8]华建社、樊建利:《我国高炉渣余热回收技术进展》,《钢铁研究》2008 年第 4 期。

[9]姜雅:《日本的煤炭资源利用简析》,《国土资源情报》2006 年第 8 期。

[10]金洪文、韦节廷:《太阳能热水供应工程效益分析》,《中国高新技术企业》2007 年第 11 期。

[11]康鹏、岳兵:《最后一座小焦炉退休武钢告别小焦炉时代》,《长江日报》2012 年 12 月 5 日。

[12]李娟文、王启仿:《区域经济发展阶段理论与我国区域经济发展阶段现状分析》,《经济地理》2000 年第 4 期。

[13]李慷、刘春峰、魏一鸣:《中国能源贫困问题现状分析》,《中国能源》2011 年第 8 期。

[14]李香才:《节能潜力大工信部力推电机产业转型升级》,《中国证券报》2013 年 8 月 7 日。

[15]梁朝明:《散装水泥、预拌混凝土(砂浆)的节能减排作用》,《中国建筑报》2008 年 8 月 12 日。

[16]刘明明、辛未、杨富强:《煤炭消费减量化和清洁利用国际经验》,《中国能源》2014 年第 11 期。

[17]马丽梅、张晓:《中国雾霾污染的空间效应及经济、能源结构影响》,《中国工业经济》2014 年第 4 期。

[18]潘昊、于海斌、苑明哲:《钢铁工业节能技术进展及应用》,《节能》2010 年第 1 期。

[19]齐天宇、周丽、张希良:《中美煤炭消费现状对比与分析》,《现代化工》2012 年第 3 期。

[20]乔振祺:《煤炭消费总量应有控制目标——访全国人大代表、湖北省政协副主席、法学专家吕忠梅》,《国家电网》2014 年第 128 期。

[21]施强、乌晓江、徐雪元、刘建斌:《整体煤气化联合循环(IGCC)发电技术与节能减排》,《节能技术》2009 年第 1 期。

[22]宋红丽、董会忠、郭尚媛:《钢铁行业节能减排的思路与对策》,《工业技术经济》2007 年第 11 期。

[23]宋宇、唐孝炎、方晨:《北京市大气细粒子的来源分析》,《环境科学》2002 年第 6 期。

[24]王菊、李娜、房春生:《以长春为例研究环境空气中 TSP、PM_{10} 和 $PM_{2.5}$的相关性》,《中国环境监测》2009 年第 2 期。

[25]王维兴:《提高炼铁炉料球团矿配比,促进节能减排》,《世界金属导报》2014 年 6 月 17 日。

[26]武荣成、许光文:《焦化过程煤调湿技术发展与应用》,《化工进展》

2012 年增刊。

[27]许明轩、张九根:《Web 技术在智能建筑中央空调中的应用》,《微计算机信息》2009 年第 8 期。

[28]薛文博、武卫玲、付飞:《中国煤炭消费对 $PM_{2.5}$ 污染的影响研究》,《中国环境管理》2016 年第 2 期。

[29]余江、张凤青:《煤炭消费对中国 $PM_{2.5}$ 污染影响的实证分析》,《生态经济》2016 年第 7 期。

[30]袁家海、徐燕、雷祺:《电力行业煤炭消费总量控制方案和政策研究》,《中国能源》2015 年第 3 期。

[31]张国富:《SCOPE21 炼焦技术的研发与实用》,《燃料与化工》2010 年第 2 期。

[32]张学才、郭瑞雪:《情景分析方法综述》,《理论月刊》2005 年第 8 期。

[33]张雅婷:《我国洗选设备面临的技术升级》,《现代矿业》2009 年第 3 期。

[34]赵昂:《风力发电行业何时走出“寒冬”?》,《工人日报》2014 年 5 月 21 日。

[35]朱久发:《国外高炉炉顶煤气循环利用新技术》,《世界金属导报》2007 年 7 月 3 日。

[36]诸骏生:《加快废钢铁产业化进程为促进我国钢铁工业平稳健康发展做贡献》,《中国废钢铁》2012 年第 3 期。

[37]庄贵阳、雷红鹏、张楚:《把脉中国低碳城市发展:策略与方法》,中国环境科学出版社 2011 年版。

[38]Chan C.Y., Xu X.D., Li Y.S., et al., “Characteristics of Verticalprofiles and Sources of $PM_{2.5}$, PM_{10} and Carbonaceous Species in Beijing”, *Atmospheric Environment*, Vol.39, No.5, 2000.

[39]Friedlingstein P., Andrew R.M., Rogelj J., et al., “Persistent Growth of CO_2 Emissions and Implications for Reaching Climate Targets”, *Nature Geoscience*, Vol.7, No.10, 2014.

[40]Jun T., Zhang L. M., Kinfai H., et al., “Impact of $PM_{2.5}$ Chemical

Compositions on Aerosol Light Scattering Guangzhou: The Largestmegacity in South China", *Atmospheric Research*, Vol.136, No.1, 2014.

[41] Karl Storchmann. "The Rise and Fall of German Hard Coal Subsidies", *Energy Policy*, Vol.33, No.11, 2005.

[42] Ma Q., Cai S. Y., Wang S. X., et al., "Impacts of Coal Burning on Ambient $PM_{2.5}$ Pollution in China", *Atmospheric Chemistry and Physics*. Vol.17, No. 7, 2017.